集人文社科之思 刊专业学术之声

集 刊 名：东方研究
主办单位：北京大学东方学研究院　北京大学东方文学研究中心

ORIENTAL STUDIES No.25

主　　编　唐孟生

副 主 编　李　政

执行主编　岳远坤

编　　委（以汉语拼音为序）

陈　明　付志明　李　政　林丰民　刘英军　史　阳　唐孟生

王　丹　王一丹　吴杰伟　岳远坤

第二十五辑

集刊序列号：PIJ-2023-481

中国集刊网：www.jikan.com.cn / 东方研究

集刊投约稿平台：www.iedol.cn

东方研究

Oriental Studies

第二十五辑

北京大学 东方学研究院 东方文学研究中心 主办

唐孟生 主编

李政 副主编

岳远坤 执行主编

社会科学文献出版社

SOCIAL SCIENCES ACADEMIC PRESS (CHINA)

目 录

上田秋成的语言观[*]

〔日〕稻田笃信　著

岳远坤　译^{**}

【内容提要】上田秋成是日本近世最为著名的文学家之一，他在自己的三部小说（《诸道听耳世间狙》《雨月物语》《春雨物语》）的序言中均表达了对虚构文学创作的疑惧。其在晚年的随笔中，也经常论及语言的局限性，认为人们无法通过语言抵达或还原真实。本文拟在日本近世的语言文化背景下，从语言的局限性、解读与过度解读的角度，以《世说新语补》中的"言尽意、言不尽意"论、陶渊明的"读书不求甚解"说、本居宣长的"言事意相称"论为观照，考察上田秋成的语言观。

【关键词】上田秋成　言不尽意　读书不求甚解　言事意相称

*　　本文为 2018 年 11 月稻田笃信教授受邀在北京大学以《上田秋成的语言观》为题所做的学术演讲的讲稿，后来由作者本人整理成论文。

**　　稻田笃信，日本首都大学（东京都立大学）名誉教授。
岳远坤，北京大学日语系、北京大学东方文学研究中心，副教授。

　　上田秋成（1734~1809）是日本近世著名的文学家，其创作与著述涉及俳谐、和歌、小说、日本古典学、茶道等诸多领域，取得了非凡的成就。在他的著作中，最著名的作品是《诸道听耳世间狙》、《雨月物语》和《春雨物语》。《雨月物语》是怪谈小说的名作，被翻译成多国语言，现在已经成为世界文学的一部分。《春雨物语》受到芥川龙之介、佐藤春夫等日本近现代作家的极力推崇。近年来，其晚年写的《春雨物语》自抄本被发现，这部作品再次受到关注。①

　　上田秋成在这三部小说的序言中均表达了对虚构创作的恐惧。而其在晚年的著作中，也不厌其烦地指出语言的局限性，主张语言无法还原客观世界的真实。对语言功能的怀疑，是上田秋成独特的语言观吗？② 本文拟在日本近世的语言文化背景下，从语言的局限性、解读与过度解读的角度，对上田秋成这种语言观进行考察。

一　三篇序言

　　《诸道听耳世间狙》（1766 年刊）是一部短篇小说集，共由九篇短篇小说组成。这部小说集是一部浮世草子作品，继承了井原西鹤的写实主义创作手法，以上田秋成所在的大阪（今日本大阪）为舞台，以当地的名人、奇人怪人、歌舞伎演员等为人物原型，生动地描绘了大阪的人情世态。上田秋成

① 《春雨物语》有数种抄本传世，关于各抄本形成的时间，目前学界还存在争论。天理图书馆收藏的新出文自抄本中有"文化六年"（上田秋成去世当年）的识语。另外，本文中对上田秋成著作的引用，若无特别说明，均引自中央公论社出版的《上田秋成全集》。此外，《诸道听耳世间狙》序的注解，参考：宍戸道子・高松亮太「『諸道聴耳世間狙』評釈」、近世文芸研究と評論（七十五）、2008 年。

② 上田秋成有一部名为《灵语通·第五假字篇》的语言学论著。据越智鱼臣的序言介绍，这本书原本由神名、国号、名物、咏歌、用语、假字共六卷组成，但现存只有假字卷。上田秋成晚年曾提及此书，说"写的是原本没有使用假名的事，鱼臣帮我印了书"（《胆大小心录》）。假名是将听到的声音直接转写的符号，任何人看到这个符号都能看懂，可以直接咏唱出来，能按照假名的读法读出来，并非为个别人创造的秘密读法。小说的语言也会超越某个人的个人意图，在这一点上，与上田秋成的这种语言观是相通的。

在这部小说的序言中写道（以下为中文大意）：

　　竹林七贤有一个约定，（他们之间）可以讲像谎言一样的真实，但不讲像真实一样的谎言。释迦的《大藏经》、老子的《道德经》亦是如此。谎言才是真实，真实则是真的谎言。心中所思所想，经过口口相传，意思便会发生变化，不知不觉间，就变成貂或鼬那种奇形怪状的东西。然后，（语言）又死死咬住它们的尾巴，成为世间广泛流传的谣言。苍天没有口。面对婆婆妈妈背地里说的坏话，若秉承"不看"之训，就会被当作愚蠢的猴子。不妨早晚辛勤收集一些像猴子笑人红屁股似的戏文，取书名为《听耳世间狙》，或可为那些平日不读书的人带来一些慰藉。

　　明和三年　戊年　浪华　和译太郎

　　鼬是一种吃老鼠、会发出恶臭的小动物。貂比鼬大一些，也是一种肉食动物。二者虽然相似，却并非同一种动物。"我"原本要谈论可爱的小动物，但读者的理解也许完全不同，可能以为"我"在讲貂或者鼬之类的奇怪的故事。这就是上面这段话的主旨大意。

　　经年之后，田宫仲宣写给江户的大田南亩的信中提到《诸道听耳世间狙》（见大田南亩《一话一言》第二十七卷）。两人与上田秋成都十分熟悉。其中有一段这样写道：

　　知道《世间狙》这部作品的老人已经很少了。于是我问余斋（秋成的号），他却大发雷霆，扬言与我绝交，进行种种辩解。（中略）这本书总体上是一种毁损他人人格的写法，我不喜欢。

　　那么，田宫仲宣所说的，是《诸道听耳世间狙》里面的哪一部分呢？

《诸道听耳世间狙》中有一则以正庆尼为原型的故事（第三卷第一话《胆量见于烦恼的避雨地》）。这位叫作正庆尼的女性在当时绯闻不断，非常有名。正庆尼还未出嫁时，曾在大阪的天王寺村偷偷养了情人，那人是京都的一个武士。上田秋成以正庆尼为原型，将主人公的名字改为净庆尼，故事的舞台改为江户的隅田川附近，在小说里塑造了一个叫作柳泽里江的武士。柳泽里江打扮成町人模样，到净庆尼家中避雨，净庆尼挽留他在庵中住宿。男人以为她在勾引自己，于是心花怒放，但他的期待落空了。原来，净庆尼只是想与他切磋武艺。武士闻言，大吃一惊，慌忙逃离。以上是小说的主要内容。

当时的读者很容易联想到故事的女主人公的原型是正庆尼，而男主人公的原型是柳泽里恭（淇园）。柳泽淇园是大和郡山藩的大名，因生活作风问题而失去了继承爵位的资格。他虽出身名门，却绯闻不断，据说他十分好色且喜欢男色女色二道。上田秋成在作品中尖锐地讽刺了这个声名狼藉的大名，将其当成笑柄。

《诸道听耳世间狙》中的故事均以当时的大阪人为原型。若是当今的作家如此创作，一定会被人以侵害名誉的诽谤罪起诉。田宫仲宣说这部作品集中的故事含有毁损别人名誉的"毒"。

《诸道听耳世间狙》的序言署名"和译太郎"。所谓"和译"，日文读作わやく，有调皮捣鬼、荒唐之意，意为令人大跌眼镜的荒唐捣鬼之人。作者虽然明智地隐匿了自己的真实姓名，但想必周边的消息灵通人士都知道这部作品的作者是上田秋成。随着时间的流逝，很多人已经不知道这件事。于是田宫仲宣便向本人确认，上田秋成听了之后大为光火。这就是田宫仲宣这封信的大致内容。

《雨月物语》（1776年刊）的序言中，作者首先指出紫式部因写《源氏物语》而一度堕入地狱等，认为这是因为生前做了蛊惑他人的恶业才遭到报应。然后，他又论述了虚构文学的功罪，认为虚构的故事可以打动人心，可以将千年以前的事情栩栩如生地展现在读者面前。序言的结尾这样写道：

> 余今适有鼓腹之闲话，冲口吐出，雌雏龙战，自以为杜撰。则摘读
> 之者，固当不谓信也。

这段话的意思是：我现在正巧也有一些（酒足饭饱之后的）盛世之闲话，说出口来，就是那种雌雏龙战一样不吉利的故事。我自己尚且觉得都是无稽之谈，想必读者也不会当真吧。这里提到的"雌雏龙战"一词，出自明代作家瞿佑《剪灯新话》的序言。剪枝畸人为作序者的名字，实为上田秋成的别号。

《春雨物语》（1809 年前后）的序言中，没有署作序者的名字。其中一段文字大意如下：

> 古往今来之事，我一直信以为真，以至受人欺骗至今。如今我也
> 杜撰故事，诓骗他人。罢了罢了，且继续编写子虚乌有的故事吧。念
> 及也会有人把我杜撰的这些故事当成信史，读得津津有味，那就继续写
> 下去吧。

上田秋成 60 岁时，从大阪移居京都，居住在御所附近羽仓信美居住的百万遍屋敷，在那里结束了一生，享年 67 岁。《春雨物语》是他人生最后的著作之一。他在上述序言中说，自己虽非出于故意，但自己写的故事终归也是杜撰，终将欺骗他人。

《春雨物语》一共收录了十篇小说。《血染帷帐》讲述了平城天皇退位后到出家期间的故事。平城天皇退位后被称为平城院，移居旧都奈良。其宠臣为了让他复位，发动叛乱，却以失败告终，最后平城院只好出家为僧。《樊哙》则讲述了一个力大无穷的青年，因误杀生父而成为盗贼，踏上流浪之旅，游历日本，最后顿悟，成为一代高僧的故事。

《春雨物语》现存自抄本、转抄本数种。其中竹内弥左卫门抄写的转抄

本（漆山本《春雨物语》）中，删掉了《舍石丸》和《樊哙》这两篇小说，并在批注中说明了删除的理由，即"故事内容极不道德，事无巨细地描绘了天理不容之事，读来令人极其不快，由是删之"。

《舍石丸》写了弑主，《樊哙》中描写了弑兄、弑父以及强盗的生活，这些内容触怒了竹内弥左卫门。

如上所述，上田秋成在其三部小说的序言中均表达了对虚构文学创作的恐惧。但这种序言更像一种客套之辞，如同如此声明：本故事纯属虚构，希望读者不要对号入座，自己可不会为此负责。因此，我们或许没有必要认为序言中的说辞直接表达了作者的真实想法。但若读过下面这段文字，又让人感觉并非仅仅如此。

上田秋成在柿本人麻吕的传记《歌圣传》的序中这样写道：

原本文以载道，与人乘坐的轿子或马匹一样，是交通工具，但虚假也会与之同乘。

另外，《文反古》上卷中收录了一封写给木村蒹葭堂的书信，其中这样写道：

《和名抄》之类的书，被认为是中古时期的人们将古代之事记录下来，传递给今日之读者。但与此同时，中古时期的理解错误，随之传递至今，因此这本书也是传递错误的桥梁。读古书便知，不可尽信之。

木村蒹葭堂是上田秋成的同乡好友，也是著名的本草学者和藏书家。《和名抄》是平安时代中期（中古）即 10 世纪由源顺编纂的古辞书。木村蒹葭堂入手一部十卷本，寄信询问上田秋成的意见，上田秋成在回信中如此回复。语言不仅可以传递真实，同时也是搭载虚假的交通工具或者媒介。这种观点见于《荀子》和《老子》，并非上田秋成的独创。日野龙夫将上田秋成的这种语言观称为文献怀疑主义。[①]总而言之，上田秋成认为语言会超越说话人（写作者）的意图，搭载虚假，拥有伤害别人的攻击性和暴力性。语言本身包含这样的性质。

二 寓言论

狂言绮语观主张不打诳语，不打诳语也是佛教五戒之一。《雨月物语》序言中提到的紫式部堕地狱传说，就是这种文学观的一个反映。狂言绮语观的展开，又有如"和歌即陀罗尼"说。这种观点认为语言是佛之真言，吟咏和歌是领悟佛道、修成正果的方便法门。寓言乃使用虚构的譬喻，具有双重含义，这种做法一方面被认为背离人道，另一方面也被认为是传播佛德的有效的方便法门。

文艺理论中的寓言意识，以这种狂言绮语观为文化背景。另外，作为近世文艺特有的倾向，林希逸在《庄子鬳斋口义》中提出的寓言论产生了巨大的推动作用。[②]各务支考和蕉门俳人根据林希逸的注释，认为《庄子》使用夸张的比喻（比如首篇《逍遥篇》中有"北冥有鱼，其名为鲲。鲲之大，不知其几千里也"之句），通过夸张的表现手法表达真意。

这种寓言论作为日本近世文学的文艺理论，非常重要。对于上田秋成来说也是如此。上田秋成作为日本古典学者，整理了《大和物语》的文本，在《伊势物语》和《源氏物语》的研究方面有自己独特的见解。他认同虚构文学的社会功能与意义，但在此前提下，却指出语言无法传递真意，

---

① 日野龍夫「秋成と復古」『日野龍夫著作集』第二巻宣長·秋成·蕪村、ぺりかん社、2005 年。

② 湯浅佳子『近世小説の研究－啓蒙の文芸の展開－』、汲古書院、2017 年。各务支考的俳论书（作法书）中提出"诗歌、连俳等，应善于就虚"（《二十五条》）。不仅限于支考，蕉门的这种虚实论和寓言论是受《庄子》，尤其是林希逸的《庄子鬳斋口义》的影响而形成的。《庄子鬳斋口义》之所以受到欢迎，其中一个原因应该是这本书对《庄子》中的比喻进行了浅显易懂的解读。《庄子鬳斋口义》有和刻本，刊行于宽文三年（1663），京都山屋治右卫门刊刻。

会伤害他人。

三 "言不尽意"论

上田秋成在其小说的序言和学术著作中表达的语言观，应该如何在同时代的学术思想背景中进行定位呢？

在"言尽意、言不尽意"的争论中考察上田秋成的语言观。

"言尽意、言不尽意"的命题，作为以何晏和王弼为代表的魏晋玄学的理念，是中国语言哲学中非常著名的主题之一。争论基于《易经·系辞上》中的"书不尽言，言不尽意"一句。"言尽意"在《世说新语·文学》（第21则）（《世说新语补·文学》第27则"王导"条中，作为三论题（"声无哀乐""养生""言尽意"）之一出现。注释中引用的欧阳建的"言尽意"论出自《艺文类聚》第十九卷，是日本自古以来常见的命题，也有学者考证其与空海的佛教理论之间的关系。① 一方之言不能尽意的思想，在《世说新语补》王世懋的序言中有如下解释："易称，书不尽言，言不尽意，然则书者言之余响，而言者意之景测也。""余响"是余音的意思，"景测"是影子的意思。按照《易经》所言，文字并非语言的全部，语言不能完全表达意义。如此，文字便是语言的余响，语言便是意义的影子。

日本人自古以来便阅读《世说新语》。近世之后，增补版的李卓吾批点《世说新语补》在日本刊刻和刻本，被广泛阅读。对于近世的日本人来说，所谓《世说新语》即指《世说新语补》，因为《世说新语补》中增加了陶渊明、李白和王安石的故事，内容更加有趣。上田秋成和与谢芜村当然也读过《世说新语补》。若从"言尽意、言不尽意"论的角度思考语言的内涵与外延的问题，

---

① 藤井淳「空海と言尽意論」、印度学仏教学研究一〇六、2005 年。关于中国语言哲学研究史及其思想内容，日本学者和久希的论文『言尽意·言不尽意論』（中国文化六六、2008 年）中的分析十分有益。

那么上田秋成当然也是站在后者的立场上，主张言不尽意。

四 陶渊明

作为与陶渊明相关的思想学说考察上田秋成的语言观。

上田秋成晚年在《胆大小心录》《远驼延五登》（意为断弦琴）等中引用陶渊明的"无弦琴""读书不求甚解"的典故（《陶渊明全集·陶靖节集》，昭明太子撰《陶渊明传》），反复强调语言无法表现客观世界的真实，人们不可强行理解语言背后的世界。这种思想指出了所谓知识的局限性。

陶渊明对日本近世文学的影响巨大。他不仅经常出现于上田秋成的笔下，也是与谢芜村崇拜的诗人。与谢芜村曾画过许多陶渊明的画像。芜村的俳号即出自《归去来辞》中的"田园将芜"一句。与谢芜村有俳句"桐火桶，抚无弦琴之心"（意为怀抱桐火桶，即能感受到陶渊明的心境）。月溪在陶渊明像的画赞中提到与谢芜村案头的《陶靖节集》中夹着一张写有这首俳句的纸片。①月溪是日本的著名画家，是与谢芜村的弟子，也是上田秋成的好友。上田秋成和与谢芜村也是朋友。天明三年（1783）与谢芜村去世时，上田秋成曾作追悼俳句："假名诗人西去，东风吹。"（可做如下解读：春天来了，东边吹来春风，诗人乘着春风去了西方净土。一定会经过他深爱的中国上空吧。）陶渊明是与谢芜村深爱的中国诗人。

五 本居宣长

在与本居宣长的对比中考察上田秋成的语言观。

①　《陶渊明全集》十卷四册，明历二年菊池耕斋跋、宝历十一年野田藤八求版本。这是万历庚申春华亭蔡汝贤谨跋、天启纪元二年浙江杨氏重梓的和刻本。另外，《归去来辞》等文章，通过《古文真宝后集·谚解大成》等通俗性注释书等传播，拥有广泛的读者。（『蕪村全集』第六卷絵画·遺墨、講談社、1998 年）

本居宣长是日本伊势松阪人，以《古事记》和《源氏物语》物哀论而闻名于世。天明六年（1786）前后，其与上田秋成围绕古典语言和神话的问题展开过激烈的争论。

本居宣长在《古事记》的总论中，将言、事、意称为"相称之物"。汉语中的"称"为"相适合、符合"（王力《古汉语词典》）之意。和语中的"かなふ"为"二者完全对应"的意思。他的意思是说言、事、意三者相称，《古事记》中的语言，完全表达了其要表达的意思，充分传达了当时的事件或事实。

本居宣长的三者相称说受到契冲的语言论的重要影响。契冲在《万叶代匠记》总释、《和字正滥钞》卷一等中称语言乃真言陀罗尼，"知晓声、字、实相三种无二，正确使用者称为一切知者"（《万叶代匠记》总释）。另外，他又说"有事有必有言有。有言必有事。（略）声字分明义趣兹彰"（《和字正滥钞》序）。言（声字）、事（实相）、意（义趣）是一致的，这是契冲的观点。①

本居宣长在注释中是如何使用三者相称说（"三种无二"）的呢？《古事记》中有对"高天原"和"天之浮桥"的考证。这两个词都出现在《古事记》的开头部分。"高天原"指天上的世界，神灵居住的地方。"天之浮桥"是连接天上的高天原和地上的桥梁，也有人说现在的天桥立就是"天之浮桥"的残迹。天桥立是京都府宫津市的名胜古迹，被称为日本三景之一。它是一条从陆地延伸到海中，长约3.6公里的细长形沙滩。本居宣长认为，既然《古事记》中有如此记载，言即事，按照字面意思，天之浮桥就是真实存在的。因此，他认为只要穷究古语，就能抵达客观的真实。②本居宣长在注释中指出，这个国家的一切，都是模仿高天原的模样创造出来的。这个世界上所有的人

---

① 契冲著作的引用文本来自久松潜一等编『契冲全集』（岩波书店、1973 年）。参考井野口孝『契冲学の形成』、和泉书店、1996 年。

② 本段关于本居宣长的观点根据《古事记》第一卷《古记典》等总论及其他部分的内容概括而出（大野晋·大久保正校訂『本居宣長全集』卷九、筑摩书房、1968 年）。

和物，都曾是高天原上存在的。地上是天上的复制。

对于这种观点，上田秋成是怎么想的呢？上田秋成在城崎（兵库县的温泉地）旅行的归途中，顺路前往天桥立，当时这样写道（见于《秋山记》，《藤篓册子》第三卷，以下为大意）：

《风土记》中称天桥立乃伊邪那岐、伊邪那美站在天之浮桥上手持天沼矛搅拌，创造国土之时，从天上掉落的残片。但其实根本看不出来是那样的。其只是一个人工建造的防波堤，用来装卸货物。自古以来就有这种蛊惑世间的人，爱说一些奇怪的话。

"自古以来就有这种蛊惑世间的人，爱说一些奇怪的话"，批判的矛头直接指向《风土记》的作者，暗里则有意指向本居宣长。上田秋成认为复古的主张是赘言，回归古代的主张没有意义。古代的事和神灵的事，均非人知可以估测。他主张人们不必一定弄清楚。这受到陶渊明"不求甚解"典故的影响。像本居宣长说的那样，通过人知窥探神明的世界是不可能的，也是没有意义的。他认为通过古人记录的文字探寻客观真实，是不可能的。这就是上田秋成的主张。

结　语

以上，上田秋成的议论，为我们提出了几个有益的问题。

上田秋成认为，读者的理解可能与作者的真意完全不同。但从读者的角度来说，如何解读又是自己的自由。现在我们常说，有多少读者，就有多少种解读和评价，这是读者论的趋势。若是如此，那么怎样的解读才是恰当的解读呢？上田秋成的序言为我们提出了几个重要的问题：何为解读与过度解读，何为阅读与深度阅读，何为误读？

　　还有一点，声音和影像的重要性不亚于文字。上田秋成认为，人们通过语言以及作为其集合体的书籍形成的知，具有一定的局限性。上田秋成的这种思想，具有重新考察的价值。我们不必认为上田秋成对语言与知的认识是悲观的。我们只要认为他在思考并审问文与知的分野：语言真正的作用是什么？所谓恰如其分的文本解读是什么？"知"被赋予的真正职能是什么？

中巴建交 70 年：人文交流的回顾与思考

潘　焱　唐孟生*

【内容提要】中国和巴基斯坦山水相连，人文相亲，患难与共，携手相伴。2021 年值中巴建交 70 周年之际，本文从多方面回顾与思考中巴人文交流的历史，以进一步推进中巴命运共同体构建，推动中巴人文交流迈上新台阶。

【关键词】巴基斯坦　中巴建交　人文交流　政治互信

中国和巴基斯坦山水相连，人文相亲，患难与共，携手相伴。建交 70 年来，无论国际风云如何诡谲，国内形势如何变幻，两国人文交流从未中断，中巴友谊历史基础深厚且历久弥坚。中巴人文交流在两国政治互信、经贸深化、民心相通中均发挥了重要作用。面向未来，中巴双方通过建立人文交流机制、发挥社会力量作用，创新交流方式，推进中巴命运共同体构建，推动中巴人文交流迈向新台阶。

---

*　潘焱，外交部安全司。
唐孟生，北京大学外国语学院教授。

一 中巴人文交流震古烁今，两国友谊地久天长

中巴两国友好交往源远流长，历史跨越数千年。正如周恩来总理所说，从历史的黎明时期起，中巴两国人民就开始了友好往来。如今，中巴两国的人文交流正跨越时空，民心相通正串联起古代丝绸之路和新丝绸之路。从历史看，中巴人文交流可分为四个阶段。

1. 古代时期：文明曙光中的相遇，丝绸之路的缘起。1世纪起，大月氏人[①]在现巴基斯坦的土地上建立了贵霜帝国[②]，推动了丝绸之路的繁荣，印度河流域随即成为古代各国文明交融之地。巴基斯坦北部地区与中国新疆接壤，是中国与南亚次大陆陆路交通的必经之地。早在两千多年前，从中国新疆经巴基斯坦北部地区通往西亚和欧洲的著名的丝绸之路，便成为中国和巴基斯坦两国以及其与欧亚大陆之间政治、经贸和文化交流的纽带。中国的丝绸、茶叶，南亚次大陆和波斯湾等地区的香料及工艺品均由此得以互通。可以说，中国和巴基斯坦两国分享着早期历史文化和文明的"断层线"。

历史上，人员往来促进了文明的交融。古代的僧侣和使节不畏山势险峻，穿越喀喇昆仑山脉（Karakoram Range）、兴都库什山脉（Hindu kush Mountains）和喜马拉雅山脉（Himalayas），将中华文明[③]与犍陀罗艺术[④]、印度河流域文明[⑤]

---

① 大月氏人（People in Central Asia），是公元前2世纪中亚地区的游牧民族。大月氏人在公元前2世纪以前居住在中国西北部，后迁徙到中亚地区，公元前2世纪后半期，大月氏人赶走塞种人，控制了阿姆河（Amu Darya）与锡尔河（Syr Darya）流域。

② 贵霜帝国（Kushan Empire），1世纪初，大月氏人在南亚次大陆西北地区建立的统一国家，国号贵霜。

③ 中华文明亦称华夏文明，是世界上最古老的文明之一，也是世界上持续时间最长的文明。

④ 指南亚次大陆西北部地区（今南亚次大陆地区的巴基斯坦北部及中亚细亚的阿富汗东北边境一带）的希腊式佛教艺术，形成于1世纪，5世纪后衰微。

⑤ 南亚次大陆迄今发现的最早的城市文明。1921年第一次在巴基斯坦旁遮普省（Punjab）的哈拉帕（Harappa）发现，亦称哈拉拉文化；1922年又在信德省（Sindh）境内印度河畔的摩亨佐·达罗（Mohenjo-daro）发现。印度河流域文明的年代有不同说法。英国人M·惠勒在《印度河文明》一书中提出印度河流域文明的年代为公元前2500年至公元前1500年，一段时期被多数学者接受，后来碳测确定的时间为公元前2300年至公元前1750年。

联结起来。5 世纪初，中国东晋高僧法显①到达白沙瓦（Peshawar）和塔克西拉②（Taxila）等地，走访了印度河流域，并与当地的名僧们沿丝绸之路把佛教经典从西域传到东方。7 世纪，中国唐代著名高僧玄奘③也到达白沙瓦和塔克西拉等地，并在塔克西拉的寺院讲经授学。15 世纪初，明代著名航海家、军事家和外交家郑和④七下西洋，其中第二次远航沿印度半岛西海岸到达了卡拉奇附近。郑和作为一个商人、航海家、外交家，在航海的过程中促进了古代中国与巴基斯坦的文化交流，将古代海上丝绸之路推向了巅峰。

2. 中巴建交到冷战结束：曲折前行，务实合作。1951 年 5 月 21 日，巴基斯坦冲破美国阻力，在西藏问题、朝鲜问题等方面支持中国立场，中巴正式建立外交关系。巴基斯坦是第一个宣布承认中华人民共和国的伊斯兰国家，也是第三个与新中国建交的非社会主义国家。建交初期，中巴两国间的联系主要依靠商业及文化团体进行。

两国互信关系的建立，很大程度上得益于人际交流。1954 年，巴基斯坦妇女代表团受邀来华参加中国的国庆节活动。是年，北京大学在全国率先开设乌尔都语专业，并开始培养乌尔都语本科人才，为中巴两国人文交流的稳步推进奠定了智识基础，提供了人才保障。1955 年 11 月，中国妇女代表团回访巴基斯坦。1955 年万隆会议⑤期间，周恩来总理和巴基斯坦总理穆罕默

---

① 法显（334~420），东晋高僧，平阳郡（今山西临汾西南）人，中国佛教史上的一位名僧。399 年，法显以 65 岁的高龄从长安（今西安）出发，经西域至天竺（古代南亚次大陆的总称）寻求戒律，游历 30 余国，收集了大批梵文经典，前后历时 14 年。

② 塔克西拉（Taxila），位于巴基斯坦首都伊斯兰堡西北约 50 公里处，是一座有着 2500 年历史的著名古城，其佛教遗迹有 2000 多年的历史，是举世闻名的犍陀罗艺术的中心，也是南亚最丰富的考古遗址之一。中国古代高僧法显、玄奘等都到过这里。

③ 玄奘（602~664），唐代著名高僧，中国汉传佛教四大佛经翻译家之一，中国汉传佛教唯识宗创始人。

④ 郑和（1371~1433），明代商人、航海家、外交家。

⑤ 万隆会议（Bandung Conference），即 1955 年 4 月 18 日至 24 日，29 个亚非国家和地区的政府代表团在印度尼西亚万隆召开的亚非会议。这是亚非国家和地区第一次在没有殖民国家参加的情况下讨论亚非人民切身利益的大型国际会议。这次会议在万隆召开，故称万隆会议。

德·阿里·博格拉（Muhammad Ali Bogra）就加强两国交流与合作达成共识。1955年5月23日，毛泽东主席会见巴基斯坦驻华大使苏尔坦·艾哈迈德（Sultan Ahmad）时，表达了将中巴关系发展得更加牢固、更加友好的意愿。1956年，中国开始组织国内穆斯林前往沙特朝觐，鉴于当时中国与沙特尚未建交，巴基斯坦成了中国穆斯林前往沙特朝觐的中转站。随后，巴基斯坦伊斯兰教代表团访华。借助穆斯林朝觐，巴基斯坦民众得以了解中国的民族与宗教政策，拓宽了中巴交流途径，密切了两国民间关系。同年，中巴友好协会在北京成立。

20世纪60年代开始，中巴民众之间的人文交流在以中国援助为主的经济合作中得以开拓，在文化、艺术、体育和教育交流中得以深化。60年代初，大批中国工程技术人员和工人因援建项目来到巴基斯坦，帮助巴基斯坦工人和技术人员学习先进技术，并为当地民众提供医疗服务和农业技术培训。70年代初，中巴开始互派留学生，中国留学生在巴基斯坦学习乌尔都语，巴基斯坦留学生来华学习中国的历史、文化、语言，增进了两国人民的相互理解，为加强两国关系提供了智力支持。80年代中期，中巴作家代表团实现互访，作家学者的互动不仅加强了文学方面的交流，更深层次从文化方面促进了相互认知，并创作出许多脍炙人口的作品。巴基斯坦作家伊本·英夏的游记《旅游就到中国去》（*Chalte ho to cheen ko chaliye*）就是其中的传世之作。艺术家的交流更是可圈可点，中国著名歌唱家朱明瑛演唱巴基斯坦歌曲《万岁巴基斯坦》（Jeevay Pakistan），感动了几代中国人和巴基斯坦人。

1966年至1978年，中国援助巴基斯坦修建了红其拉普（Khunjerab）至达科特（Takot）的喀喇昆仑公路，公路全长1023公里，在当时耗资2.7亿人民币，先后有2.8万名筑路者参与公路建设。中巴筑路员工手挽手、肩并肩，汗水和鲜血融汇在一起，他们冒严寒、战酷暑，在喀喇昆仑山的悬崖峭壁间筑成人间通途，架起了中巴两国之间的友谊之路，在世界公路建筑史上创造了奇迹。

中巴正式建交后，两国人文交流使中巴双方的了解更为客观和深入。"项目加民生"的人文交流方式起到了增信释疑、价值沟通的作用，为两国高度互信关系的确立奠定了坚实的民意基础。

3. 冷战后至中巴经济走廊建设前：经受考验，全面发展。随着苏联解体，冷战宣告结束，世界格局再次发生深刻改变，但是中巴间相互信任关系并没有受到影响。相反，中巴人文交流呈现出多领域全面开花的状态，对中巴友好合作的发展和建设起到重要作用，成为两国"全面合作关系"的最好人文注脚。

媒体合作促进两国民众的相互了解与相互认知。1992 年 6 月 12 日，应巴方要求，中国国际广播电视台正式开办了《中国穆斯林》广播节目。同年，中国伊斯兰教协会组织了 2000 多人的全国朝觐团，分别由北京和乌鲁木齐赴麦加朝觐，中国国际广播电视台也进行了跟踪报道。

中巴青年代表团互访，把"中巴友谊"的火种一代一代传递下去。2004 年以来，中巴青年代表团互访人次过千，以"世代友好"为理念的"百人青年团"互访成为中巴两国人文交流的"品牌项目"。2006 年，胡锦涛主席访问巴基斯坦时进一步宣布，中方决定 5 年内邀请 500 名巴基斯坦青年来华访问。

教育合作在人文交流中扮演着重要的角色。2005 年，中国教育部与巴基斯坦国立现代语言大学在伊斯兰堡合作建立伊斯兰堡孔子学院，并于 2009 年开设了 10 门主要学习课程。2013 年，在巴方支持下，卡拉奇大学设立了孔子学院，进一步扩大了在巴孔子学院的建设。2011 年是"中巴友好年"，100 名巴基斯坦高中生应邀来到中国参加汉语桥夏令营，中方也决定此后 3 年向巴方提供 500 个政府奖学金名额。

文艺交流搭建了文化碰撞的平台，两国人民进一步相认相知，拉近心灵距离。2001 年，中国云南杂技团在伊斯兰堡图书馆大礼堂举行文艺表演。2008 年 11 月，"中国文化周"在巴基斯坦国家艺术馆举办。2010 年，温家宝总理再次访问巴基斯坦，与巴基斯坦总理吉拉尼一起为巴中友谊中心落成剪彩。

面对无情的自然灾难，中巴两国政府和民众携手奋战，相互支援，书写了一篇篇感人的故事。2008 年，中国汶川大地震，当时中国急需帐篷。巴基斯坦了解到这一情况，立即筹划向中国捐赠帐篷。巴基斯坦本身并不富裕，当时其国内仅有 4 架运输机，2 架用于日常飞行，2 架作为紧急备用。为了尽快将巴基斯坦医务人员和帐篷送到地震灾区，巴政府经过紧急协调后决定，动用 2 架备用运输机赶赴中国，连同陆路运输，共向地震灾区运来了 22260 顶帐篷。数字何以如此精确，因为巴方把国家战略储备的所有帐篷倾囊相送。考虑到这么多帐篷是一大笔开销，巴方也不富裕，中方提出希望采取购买的方式，但巴方坚持说"不要谈钱"。为了多运输物资，巴方又把飞机的座椅全部拆除，让来华医护人员全部坐在机舱地板上。中国遇地震大灾，巴基斯坦朋友慷慨解囊相助，深深地感动了中国人民。2008 年，北京奥运会开幕式上，当巴基斯坦代表团步入会场时，全场观众报以最热烈、最持久的掌声。

时隔两年，2010 年巴基斯坦遭遇特大洪灾，1500 多人丧命，2000 万人遭灾。中国政府紧急援助自己的友好邻邦，第一时间向巴基斯坦提供了总价值 1.2 亿元的紧急救灾物资，并宣布向巴灾后重建提供 2 亿美元无偿援助。中国商务部官员多次会见巴驻华大使，了解灾情，研讨援助方案，并派出综合考察组赴巴实地了解巴方援助需求，落实灾后重建项目等有关事宜。巴洪灾发生后，巴驻华使馆接到了中国各行业人士的慰问和捐赠，北京大学乌尔都语系的师生举行了"为巴基斯坦灾区献爱心"的募捐活动。时任巴基斯坦驻华大使马苏德·汗（Masood Khan）说："中方的援助是最实用、最迅速、最急需的。这是中巴友好的最好诠释。"[1]

---

① 时任巴基斯坦驻华大使马苏德·汗在使馆救灾义卖募捐活动上的讲话摘录。

中巴双方在中国汶川大地震、巴基斯坦特大洪水等自然灾害面前的倾囊相助和真挚友谊极大地感动了中巴两国人民，极大地促进了中巴民心相通。

4. 中巴经济走廊建设启动以来："两全"①新时代，友谊愈闪耀。2015年 4 月 20 日，习近平主席访问巴基斯坦，中巴双方正式将两国关系提升为全天候战略合作伙伴关系，中巴经济走廊建设也随即正式启动。中巴经济走廊项目不仅是巴基斯坦建国以来最大的经济项目，也是迄今为止中国在海外所启动的最大建设项目。中巴经济走廊项目实施以来，在两国领导人共同关心和引领下，在中国国家发展和改革委员会及巴基斯坦计划发展部的务实推进下，中巴经济走廊框架下一批能源、交通、基础设施建设项目相继落地，项目建设风生水起，如火如荼。中巴经济走廊成绩斐然，硕果盈枝。早期收获项目 22 个，总投资 190 亿美元，带动巴基斯坦每年经济增长 1~2 个百分点，给巴基斯坦创造了 7 万个就业机会。这些成果实实在在，有目共睹。现在，走廊建设已进入第二阶段，社会民生、产业园区和农业作为合作重点，在走廊框架下确定了 27 个社会民生优先项目，其中 17 个在 2020 年全面启动。总体上，中巴经济走廊在为巴基斯坦的发展提供重要机遇的同时，也为当地民生改善带来了实实在在的好处。同一时期，人文交流成为走廊建设的重点内容，其重要性越发凸显。

学术交流方面，中巴两国智库和学术机构积极合作，服务于走廊建设，增进两国人民的相互理解和友谊。中巴每年都会举行多场次国际学术研讨会，或增设新的研究中心，以开展学术研究和应用科学领域合作。双方智库和学者互访将对加强中巴两国学术及人文交流起到开创性和建设性作用。人才联合培养方面，中巴合作主要体现在大学合作、语言教学合作和对巴技能培训方面。为适应发展的需要，2017 年，中国高等教育学会和巴基斯坦教育委员会共同发起，组建"中巴经济走廊大学联盟"，标志着中巴两国高等教育交

---

① 即全天候友谊，全方位合作。

流合作迈出了新步伐。据不完全统计，目前在中国的巴基斯坦留学生约 2.8 万人，中国留学巴基斯坦的学生超过千人。两国大学的合作集中在水利、机械、科技和医药等领域，如中国石油大学与巴基斯坦理工大学和巴基斯坦信息技术学院的合作。此外，两国的语言教学合作也顺利展开，通过巴基斯坦的孔子学院和孔子课堂，以及中国 6 所大学开设的乌尔都语专业，两国的语言互通建设进展顺利，为人文交流打下坚实基础。在中巴经济走廊建设的时代契机下，中国面向巴基斯坦的职业技能培训备受欢迎，中巴两国联合为巴政府公务员及一线职工举办了 5 期青年职工"互学互鉴"研讨营，不但提升了巴方官员和工人的业务能力，也增进了两国人民的深厚友谊。此外，中巴在影视媒体、医疗卫生援助、文艺、旅游等方面的互动交流也在不断扩大规模、提高层次。

中巴经济走廊建设为人文交流"添砖加瓦"。2020 年以来，中巴经济走廊项目各方一手抓防疫，一手抓生产，在建项目平稳推进，竣工项目良性运转，为当地抗击疫情、发展经济、保障民生注入动力。其一，走廊项目培养当地人才，丰富就业岗位。项目实施以来，中方通过严格的培训、实践和劳动技能竞赛，已经培养了一批擅长测量、试验等技能的当地专业技术人才和专业施工队伍。而且随着项目的竣工，周围的宾馆和商铺也多了起来，为当地创造了大量就业机会。其二，疫情期间互助，彰显中巴真情。2020 年初，新冠疫情暴发，巴基斯坦总理伊姆兰·汗表示，愿调集巴全国所有库存向中方提供抗疫医疗物资援助；2020 年 3 月 16 日，在中国抗击新冠疫情的关键时刻，巴基斯坦总统阿尔维访华，表达了对中国政府和人民的坚定支持与亲切慰问。中国政府和人民对此铭记于心。当疫情冲击巴基斯坦时，中方尽心尽力回馈，并派遣专家组赴巴帮助、指导抗疫。是年 6 月以来，为保障走廊项目建设进度，中方向巴派驻工程队和医疗队一起参与现场项目建设、运维指导和疫情防控，确保建设不停步、项目不停工。新时代以来，"中巴是风雨同舟、患难与共的好邻居、好伙伴、好朋友、好兄弟"的定位不断被证明，充分体现了中巴全天候战略合作伙伴关系和久经考验的深厚情谊。

二 中巴人文交流助力两国关系行稳致远

文化是沟通心灵和感情的桥梁，人文交流是国家间关系发展的重要基础和动力。中巴两国是友好近邻、文明之邦。两国长期立足于相互尊重、相互借鉴的原则推进文化交流与合作，人文交流成为推动中巴关系的重要力量。

1. 人文交流是促进中巴建立政治互信，服务于两国全天候战略合作伙伴关系的重要基础。信任的构建是决定国家间关系性质的必要条件，也是国家间关系得以历经国际国内变局考验、保持稳定的核心变量。构建国家间信任关系一直都是中国外交的重要目标，在中华人民共和国成立 70 年以来的外交实践中，人文交流作为我国构建、维系和提升国家间信任关系的重要路径，已成为重要经验总结。

一方面，人文交流是增进两国战略互信的重要基础。国家间互信关系的构建是一个长期的过程，只有在相互尊重、相互了解的前提下才可能发展并最终构建起信任关系。中国和巴基斯坦的人文交流正是在相互尊重的基础上进行的。正如巴基斯坦学者所言："两国在语言、种族、文化甚至意识形态上存在差异，遵从着明显不同的经济政治发展模式。尽管在冷战时期巴基斯坦与西方结盟，但中巴特殊友谊却一步步得到增加。""中巴关系建立在共同利益、共同理想和相互尊重基础上，所以经久不衰。"[①] 另一方面，人文交流有助于中巴两国互信关系的维系和强化。细读中巴两国人文交往历史，两国人民的友谊既有深厚的历史基础，又有未曾间断的友好历程。大力开展人文交流可以增进彼此了解，提升国家形象，进而加强和维系已经建立的互信关系，全面深化中巴战略合作伙伴关系。

---

① 库瑞希：《中国崛起与中巴关系的战略走向》，《南亚研究季刊》2009 年第 2 期。

2. 人文交流是深化两国经贸合作，助力中巴经济走廊建设平稳有效推进的重要保障。21 世纪开始，中巴关系逐渐向经贸领域倾斜。2015 年中巴经济走廊正式启动建设，这是双方着力打造巴基斯坦"贸易和能源走廊"、为巴基斯坦吸引外资和经济增长注入活力的战略决策。在逆全球化倾向抬头、贸易保护主义和地缘政治冲突显著加剧的新变局下，中巴对建立双多边自贸区以深化经贸合作的重视程度不断上升。只有依托广泛的人文交流，并依此加深相互理解和信任关系，经贸合作才能成为中巴关系稳定的新的压舱石。与此同时，人文交流本身也可以为经贸合作带来巨大的直接收益。文化、教育、体育、卫生等领域都能培育出具有巨大潜力的新兴产业，中巴两国也应抓住历史机遇，开辟更加广阔的经贸舞台。

3. 人文交流是推进民心相通，讲好"一带一路"故事的重要途径。国家间关系包含政治关系、经济关系、社会关系诸多方面，社会层面的人文交流则是两国关系的基石。人文交流可以通过触动人们的思想，影响到政府决策，从而对国家关系产生影响，因此具有"软实力"的特征。随着通信技术与智能终端的发展，中巴两国媒体应充分发挥融媒体平台的作用，满足中巴广大民众各自不同的咨询需求，加大即时性新闻报道力度，增强资讯的文化性与在地感，讲好"互助双赢的故事"。以文化交流为先导，推进两国人民之间的相互了解与认知认可，促进更深层次的相互信任。

三 多措并举，促进中巴人文交流迈向新台阶

2021 年是中巴正式建交 70 周年，也是中巴友谊不断开花结果的第 70 个年头。70 多年来，中巴关系历经国际风云变幻，始终坚如磐石、牢不可破。"比山高、比海深、比蜜甜"的中巴友谊历久弥坚，"巴铁"称谓跨越时空，铿锵有力。未来，中国应继续在高层互动的引领下，凝聚各方力量，打造中巴命运共同体，引领中巴人文交流走向新阶段。

1. 保持高层互访传统，加强战略沟通，推动建立固定的中巴高级别人文与社会领域交流机制。领导人定期互访和会晤是中巴关系长盛不衰、保持活力的根本源泉。进入新时代，两国关系的持续高质量发展和政治互信的不断增强，为两国人文交流指引了新的方向，擘画了新的蓝图，同时也对人文交流提出了更高的要求。中巴应在国家层级进行整体统筹并给予相应支持，全面推进教育、卫生、社区、文化、旅游、法律、安全、媒体等领域的交流互鉴。其一，加快推进人文交流平台建设，借助中巴建交 70 周年的契机，不断扩大两国智库、媒体、青年及学术界对口交流，以友城交流、文化中心、新闻媒体等为平台，开展形式多样、内容丰富的文化交流活动。其二，拓宽现有教育合作领域，尽快制定中巴经济走廊教育培训战略规划。一是以语言沟通、人才培养为中心开展校际合作。重视学科专业建设、师资队伍建设、学校管理制度与运行机制建设，引导和鼓励社会力量进入教育领域，扩大两国留学生规模。二是建立联合实验室。加强与巴方在油气勘探、能源化工、建材建筑、节水灌溉、可再生能源等技术方面的交流和合作。其三，重视旅游合作，共同挖掘中巴经济走廊旅游资源，建立旅游合作协调发展机制，增强跨省、跨国合作。通过互办旅游推广周、宣传月等活动，联合打造具有中巴经济走廊特色的国际精品旅游线路和旅游产品。其四，增强双方媒体的相互交流互鉴，加强政府主办媒体以及地方媒体的合作，丰富媒体交流合作方式，加大对走廊建设的舆论引导，发挥信息传播和舆论引导的优势，及时阻断化解各种负面舆论影响。

2. 社会力量应积极参与中巴人文交流，形成有序的中巴民间交流合作局面。目前，中巴人文交流主要在政府引导下进行，社会力量的自主自觉参与较少，人文交流的不平衡和不全面较为明显。未来，以民间和企业为代表的社会力量应有序参与进来。其一，结合巴基斯坦的具体需求，民间组织交流活动可以放在人道主义和社区建设经验方面。一方面，积极推动救灾减灾、医疗卫生、人员培训、民生扶贫等多领域合作项目的开展，可通过设立社会人文基金等为两国民心相通提供必要的资金保障。另一方面，加强社区建设的交流，建立城市社会管理相互学习借鉴机制，支持民间组织为低收入人群、老年人、残疾人、妇女儿童等社会弱势群体提供各种社区公益服务。其二，企业需要充分履行社会责任，形成合力，可面向中巴经济走廊的所有企业组织建立社会捐赠与社会责任监测、发布、激励与惩罚机制，建立志愿服务回馈机制，建立社会舆论形象宣传机制。

3. 发挥智库的引领性作用，创新人文交流方式。智库拥有巨大的社会影响力，其成果可帮助中国企业、社会组织和公众更加客观地了解巴基斯坦。加强两国智库的深入合作与交流，促进了解彼此政策，传递政策信息，消除巴方政策疑惑，加强沟通。设立两国人才培养工程，加大对乌尔都语的推广，让更多的中国人学习乌尔都语，通过语言了解巴基斯坦的习俗与文化，增进对巴基斯坦国家和人民的深层次了解。同时也通过智库的渠道真实有深度地讲述中国和"一带一路"的故事，切实增进巴公民对中国的了解和信任。通过和风细雨、水滴石穿的努力，开辟并维护新的沟通渠道，将中巴互联互通的根本 —— 民心相通落到实处。

浅论赫梯人的义理思想[*]

李　政^{**}

【内容摘要】赫梯人是公元前两千纪安纳托利亚半岛最为重要的族群之一，他们创造的思想文化内涵同样丰富和深刻。赫梯人的历史、法律和宗教以及神话文学等类别的文献鲜明地反映出他们已经具有了基本的和朴素的义理观念，初步形成了他们的义理思想。

【关键词】赫梯人　历史文献　法律文献　宗教文献　义理思想

赫梯人是公元前两千纪青铜时代中晚期安纳托利亚半岛最为重要的古代居民之一，他们创造的思想文化内涵丰富且深刻，反映在流传于世的赫梯人的历史、法律和宗教以及神话文学等类别的文献中。这些文献涵盖了赫梯文明史的全过程，针对的群体范围比较广泛，很可能广泛存在于他们社会生活的各个方面。因此，赫梯人的思想具有鲜明的延续性和广泛性，基本上构成

---

　*　本文为国家社科基金冷门绝学研究专项项目"赫梯历史铭文译注"（项目批准号：20VJXG016）阶段性成果，北京大学人文学部"古代东方文明纲要"项目的阶段性成果。
　**　李政，北京大学东方文学中心专职研究员，北京大学外国语学院西亚系教授。

了比较完整的思想观念，体现了赫梯人的思想文化具有的义理思想价值，形成了比较完整的义理观念，是赫梯人思想文化的重要组成部分。

一

义理是指符合正义的行为准则和道理。[①] 我们认为，符合公正、正义、善良仁义和正直的社会行为准则和道理都可以看作义理思想的范畴。此外，符合特定社会发展阶段文明化的且人们共同遵循的某些行为规范和人的基本权益的保护以及国家建立的行为准则和规范也是应当考虑的重要方面。在赫梯人的现实社会生活中，公正、正义、善良仁义和正直的观念形成和发展为他们人与人社会思想文化中的一个重要内容。

赫梯古王国时期，哈吐沙历史的开创者哈吐什里一世国王在他的政治遗嘱中宣称他对待恶人采取寻求议事会"潘库斯"来进行公开和公正的审判。对待他的姐妹及其姐妹之子的作恶，他要求军队中的高官和贵族不要对他们作恶。尽管他本人遭受到亲人的打击和迫害，但是，哈吐什里一世强调自己将不对他们作恶，而且为他们创造了一条生命之路，把他们安置在乡间，让他们在那里生活。[②] 这样，一方面，哈吐什里一世的所作所为表明他有着仁义善良的境界；另一方面也说明，赫梯国家在早期发展阶段已经产生了正义、正直和仁义清白的观念和思想，而且这个思想的表白似乎并不是随意的和简单的，相反，其表现出相当的完整性和全面性，且十分成熟。

虽然《汉提里一世辩解词》这篇文献残损严重，我们无法准确和具体阐明汉提里对自我的描述和形象刻画，但是，我们认为，汉提里一世强调穆尔什里一世对神灵的冒犯和他的恶行，从而为他的图谋杀戮和篡权洗刷罪名和耻辱。汉提里一世尽管作了恶，实际上他也在不遗余力地表现自己的清白和

---

① 《现代汉语词典（第7版）》，2016，第1551页。
② 李政：《自辩与自我——论印欧赫梯语文献中的自辩思想》，《国外文学》2006年第1期。

正义的思想境界。①

在赫梯古王国晚期，铁列平在敕令中提出，要宽恕恶者，善待他人。他指出，赫梯王室内部发生的流血事件太多了，杀害他人是不对的，因此，禁止任何人在王室内部杀戮，并以流血事件作为对人们行为的一个警示。②铁列平还宣布禁止在哈吐沙施巫术。③此外，他通过对王位继承法的颁布、自己王位合法性的正言和胡兹亚对他的迫害以及他对作恶者的宽大，表明他对正义的倡导和自我的正义和正直的品性。④

铁列平对待他的陷害者，他的岳父胡兹亚，没有将其杀害，而是把胡兹亚和他的兄弟放逐并且妥善安置他们，让他们吃和喝，使他们成为农夫。虽然他们的武器被剥夺了，但是，铁列平却给了他们牛轭。铁列平自己还承诺："他们对我作了恶，我将不对他们作恶。"⑤同时，铁列平宣布人们也不应对他们作恶，他阻止了其他官员对胡兹亚及其兄弟的迫害。可见，铁列平也给自己树立了一个仁义和善良的形象。⑥同时，我们应该看到，更重要的是，他通过政令的形式强化了赫梯国家人们之间的行为准则和思想观念中正义和善良仁义思想，这个政令无疑推进了赫梯人义理思想的建立和发展。

赫梯帝国时期，苏皮鲁流马一世在他的业绩一文中通过表现出他对埃及人的友好态度为自己树立起一个与人善良以及和平友好的形象。⑦在瘟疫祷文中，穆尔什里二世国王向神灵祷告他是这场瘟疫灾难的受害者，极力表现出他内心的伤痛。通过揭示他父亲的罪恶行为，表明他绝没有作恶，并且极

---

① 李政：《自辩与自我——论印欧赫梯语文献中的自辩思想》，《国外文学》2006 年第 1 期。
② 李政：《赫梯文明研究》，昆仑出版社，2008，第 131~132 页。
③ 李政：《赫梯文明研究》，昆仑出版社，2008，第 133 页。
④ 李政：《赫梯文明研究》，昆仑出版社，2008，第 66 页。
⑤ H. H. Figulla, E. Forrer and E. F. Weidner, Keilschrifttexte aus Boghazkoei, Vol. 3, Nr. 1, Col. II, Line 14-15, Osnabruck, 1970.
⑥ 李政：《自辩与自我——论印欧赫梯语文献中的自辩思想》，《国外文学》2006 年第 1 期。
⑦ 李政：《自辩与自我——论印欧赫梯语文献中的自辩思想》，《国外文学》2006 年第 1 期。

力表现出他的无辜和清白形象。① 哈吐什里三世国王在他的辩解词中也不遗余力地宣扬他是一个具有正义、公正和仁义之心的人。他在这篇文献中视自己为正义的代言人，是再现和宣告伊施塔尔女神正义和公正的化身。在这篇文献的序言部分之后，他紧接着宣称："我来讲述女神伊施塔尔的正义。"②

哈吐什里三世又通过把自己描写成一位受到他人忌妒和迫害的人，标榜自己是一位正义和公正的人。对待阿尔玛－达达等人的反对和迫害，他总是在寻求神和法律公正的审判，将所有纠纷、恶行都通过神意和法律的手段来解决，而不是玩弄阴谋和凭个人的武力来解决。他接受了兄长穆瓦塔里二世国王将他绳之以法的审判，并因此在诉讼中获得胜利。他说："我的兄长使我受到法律的考验。"③ 哈吐什里三世也接受诸神为他和乌尔黑－泰苏普之间的诉讼案进行审判。在这个诉讼事件上，他大声疾呼："来吧！沙姆哈城的伊施塔尔女神和奈里克城的雷雨之神为我们仲裁。"④

哈吐什里三世也把自己刻画成一位仁义和善良之人。尽管不断受到阿尔玛－达达的打击，哈吐什里三世仍能够顾及他是自己的血亲和长辈。在接受了阿尔玛－达达表达的痛苦之情后，哈吐什里三世释放了他和他的儿子什帕－兹提，而且对他们不仅没有做任何坏事，相反，还归还了没收的部分田产。虽然遭受了乌尔黑－泰苏普在各方面长期的迫害，哈吐什里三世说自己一直在忍让，而且忍受了七年之久。哈吐什里三世说："他使我陷入困境、痛苦和悲伤，他夺走了我所有的臣民，我使那些毫无人烟的地方焕发生机，他却夺走了那些地区，他削弱了我，他试图用神意和贵族们的话来迫害我，他夺

---

① A. Goetze, Keilschrifturkunden aus Boghazkoei, Vol. 14, Nr. 8, rev. Line 10–19, Berlin, 1928.
　　"噢！赫梯雷雨神，我的主和诸神，我的主们——它是这样的情况：人们经常犯罪，我父亲犯了罪，违背了赫梯雷雨神，我的主的诸言。但是，我绝没有犯罪。但是，情况是这样的：父亲的罪恶转移给了他的儿子。我父亲的罪恶波及到了我，我现在向赫梯雷雨神，我的主和诸神，我的主们坦白：它的确如此。我们做了它。因为我已坦白我父亲的罪恶，让赫梯雷雨神，我的主和诸神，我的主们心灵再次得到平息，愿你们再次对我友好，把瘟疫再次远离赫梯，让那些活下来的为数不多的献祭面包工和持杯者不要死去。"
② 李政：《古典自传之我——论赫梯国王哈吐什里三世的自辩策略》，《国外文学》2003年第1期。
③ 李政：《古典自传之我——论赫梯国王哈吐什里三世的自辩策略》，《国外文学》2003年第1期。
④ 李政：《古典自传之我——论赫梯国王哈吐什里三世的自辩策略》，《国外文学》2003年第1期。

走了我的哈克皮什和奈里克城。"① 但是，哈吐什里三世说他并没有侮辱乌尔黑－泰苏普，也没有向他动武或在宫中发动叛乱，而是以一种仁义和坦率、高尚的方式与他据理力争。诸神依法使乌尔黑－泰苏普臣服于哈吐什里三世。因此，这使得哈吐什里三世不仅把自己刻画为一位并不是以恶还恶之人，同时又树立了自我的一个正大光明的形象。② 此外，他还妥善地安葬了那些在战争中和因年老而故去的人们。可见，即使是在遭受别人嫉妒和迫害的情况下，哈吐什里三世也表现出他对作恶者能够宽宏大量，显示出他的仁义之心。③ 普吐海帕在她和哈吐什里三世的致阿丽那太阳女神的祷文中通过又一次强调哈吐什里对乌尔黑－泰苏普的拥立和支持宣扬了哈吐什里三世的仁义心怀。④

吐塔里亚四世国王在王位继承这个问题上把自己摆在了一个被动的位置上，旨在表明他不是篡权者，他的继位完全是他的父亲一手安排的，他个人完全是清白的。⑤

赫梯国家末代国王苏皮鲁流马二世在他的一篇誓言文献中把自己描写成一个他兄弟阿尔努旺达国王的支持者。对于兄长王位继承人的选择这个问题，他突出自己是兄长义无返顾的支持者，他把自己的继位称王看作兄长没有后代的结果，哪怕是一位尚未出生的胎儿也没有的结果。⑥ 这样，苏皮鲁流马二世也表现了他的磊落、清白和正义。

赫梯人的义理思想在一些法律文献中也得到充分证实。在伽尔－乌和十人长乌库拉等人以及库尼亚－苏姆的诉讼文献中，⑦ 乌库拉和伽尔－乌等人对他们的一系列所作所为和财产进行了申辩。乌库拉为自己没有觊觎王室的工具、没有拿走任何物品和他没有抛弃女王所馈赠的物品进行正言。他坦率

---

① 李政：《古典自传之我——论赫梯国王哈吐什里三世的自辩策略》，《国外文学》2003 年第 1 期。
② 李政：《古典自传之我——论赫梯国王哈吐什里三世的自辩策略》，《国外文学》2003 年第 1 期。
③ 李政：《古典自传之我——论赫梯国王哈吐什里三世的自辩策略》，《国外文学》2003 年第 1 期。
④ 李政：《古典自传之我——论赫梯国王哈吐什里三世的自辩策略》，《国外文学》2003 年第 1 期。
⑤ 李政：《自辩与自我——论印欧赫梯语文献中的自辩思想》，《国外文学》2006 年第 1 期。
⑥ 李政：《自辩与自我——论印欧赫梯语文献中的自辩思想》，《国外文学》2006 年第 1 期。
⑦ R. Werner, Hethitische Gerichtsprotokolle, Harrassowitz Verlag, 1967, pp.11-27.

承认，瓦尔瓦亚拉事件的发生是他的疏忽造成的，但是，他绝没有任何敌意。乌库拉还坦陈自己先前虽曾套住三头驴，它们也都死了，但是，他已经为此赔偿了二头，现在还有一头没有赔偿，而且他发誓不再为自己拿走任何东西。[①]

十人长乌库拉还坦言道："他未曾给拉拉米斯加印，这是他的过错，但是，这不是他故意所为。"他又说道："那件东西丢失与否，他没有牵走马匹和驴子，他没有向任何人赠予。"[②]

伽尔－乌在神灵面前从多个方面为自己的行为进行澄清和申诉："我在节日上为自己拿了三个马的挽具，但是，我把其中的一个给了一位宫廷官员。当人们带来新的马嚼和轻勒，我拿来为国王使用，我为自己索取的都是旧的。当人们带来布匹，我为王宫拿去新的布匹，但是，我为自己只是拿了旧的布匹，我是这样为自己的。"[③]伽尔－乌还就他对驴子的管理进行了辩解。他说，"我管理驴子，我没有带走。五头驴死了，我用我的财产赔偿……王室侍卫官使五头驴死了，他没有赔偿，但是，我什么也没有拿走"。[④]

木板书吏胡兹亚为他的行为进行了澄清和辩护，也说道："他们给我的已加印的工具，我完好无损地送了出去。我没有打碎印章，我没有打开盒子，我拿着它，交给了伽尔－乌。如果伽尔－乌为他自己拿了东西，我难道没有说吗？"[⑤]

在另一篇被称作库尼亚－苏姆的审判词中，[⑥]库尼亚和其他一些人对自己的行为进行了交代和申辩。萨皮卡说："我所取的东西，我先前都做了记载。……我的父亲为了他自己的利益把它们卖了，他对其他不知道的还没有发誓。"一位不知名的人说："但是，现在我为自己什么也没有拿。……我把青铜工具给了他，前院的清洗工，用作日常工作。"里斯－苏姆，印工的

---

① 李政：《自辩与自我——论印欧赫梯语文献中的自辩思想》，《国外文学》2006 年第 1 期。
② R. Werner, Hethitische Gerichtsprotokolle, Harrassowitz Verlag, 1967, p. 14.
③ R. Werner, Hethitische Gerichtsprotokolle, Harrassowitz Verlag, 1967, p. 6.
④ R. Werner, Hethitische Gerichtsprotokolle, Harrassowitz Verlag, 1967, p. 8.
⑤ R. Werner, Hethitische Gerichtsprotokolle, Harrassowitz Verlag, 1967, p. 12.
⑥ R. Werner, Hethitische Gerichtsprotokolle, Harrassowitz Verlag, 1967, p. 21–26.

监工说："库尼亚－苏姆给我的银，我早已交到宫中，我为自己什么也没有拿。"库尼亚－苏姆说："那尼亚查送去了……但是，我不知道这件事。他是否把银子交给了国王或者把……"纳尼说："库尼亚－苏姆为了20舍客勒把一个银质牛颈给了楚瓦那，楚瓦那不在场。"哈拉塔鲁帕沙尼说："库尼亚－苏姆把一个银质牛形酒具给了阿里黑什尼……阿里黑什尼不在场。"可见，他们都在试图说明自己的光明磊落和清白正直。

总之，伽尔－乌等人通过详细陈述和交代他们的所作所为以及他们对自身和职责等方面的坦诚和恪守，展现了他们诚实的品性和清白。

赫梯人的这个思想也体现在他们的宗教和神话文献中。我们看到，他们把太阳神视为正义之主，认为他具有公正、仁慈、宽恕和怜悯的特征，是受压迫者和孤寡者的父母，他热爱正义之人，也赞扬正义之人。太阳神还被视作法官，主持公道。这一点已经广泛体现在太阳神的赞美诗和多篇宗教祷文中。[①] 我们认为，赫梯人在宗教祷文中所赋予太阳神的这些品性实际上与他们的那些历史和法律等文献中体现出来的正义、公正、仁慈和怜悯的思想是一脉相承的。赫梯人赋予神灵的这些特性也正是他们社会生活的需要，他们的一致性恰恰说明了赫梯人义理思想已经不是个别现象，而是发展得比较全面和成熟了。

此外，恶或罪的概念在赫梯人的思想观念中已经产生而且有了比较全面的认识。赫梯人把不洁净、伪誓、流血事件、诽谤、眼泪、违反誓约和神意、背信弃义、殴斗、瘟疫和风俗习惯的违反等都视为恶。赫梯语中有了专门表示"罪"、"恶"（waštumar 或者 waštul）的名词，犯罪或作恶的动词形式是"waštai"。赫梯人还有所谓犯罪者、"罪恶之手"[②] 和"罪恶之头"[③] 的概念，

① 如赫梯人"人类之子"太阳神颂诗（CTH 372）和穆尔什里二世致阿丽那太阳女神的颂诗（CTH 376）。

② O. Weber, Keilschrifturkunden aus Boghazkoei, Vol. 5, Nr. 3, Col. I, Line 3 and 8, Berlin, 1922，见"关于国王越冬的占卜"文献，第 3 行，ŠU–aš wa–aš–tul–it；第 8 行，ŠU–aš wa–aš–tul。

③ H. Otten, Keilschrifttexte aus Boghazkoei, Vol. 13, Nr. 5, Col. IV, Line 66, Berlin, 1967，见"致神职人员的训诫条例"，SAG.DU waštul。

这些概念和表达方式实际上是他们寻找罪恶渊源的具体反映。他们对罪或恶的这些认识在赫梯古王国时期的"查尔帕神话"文献、"消失了的雷雨之神神话"和中王国时期的"王子坎吐兹里致太阳神的祷文"以及帝国时期的"穆尔什里二世的瘟疫祷文"和赫梯国王"哈吐什里三世的辩解词"等历史、宗教和神话文献中都得到具体的体现。①恶或罪观念的产生很可能源于消除罪恶,维系人与神和人与人之间的基本秩序,维系社会的稳定和发展。从古王国到赫梯帝国,恶或罪的思想已经逐渐发展成为他们思想观念中的一个普遍现象,所以,罪恶本身揭示了赫梯人的一种共同思想观念,同样是赫梯人义理思想的反映。

善与恶是人类思想史上一对最古老的道德范畴。通过上文,我们已经不难看出,赫梯人善的思想已初步形成并具有一定的广泛性。从赫梯国王哈吐什里一世的政治遗嘱、铁列平敕令以及哈吐什里三世的辩解词和赫梯法律文献等许多赫梯文献,②我们已经看到赫梯人对作恶者的宽宏大度、不以恶还恶、对兄长的关爱、对在战争中阵亡和年长者的安葬等行为在他们的思想观念中被看作善的一面。善的思想在赫梯人的社会思想观念中已经建立起来,并成为他们社会生活中所推崇的行为准则和追求乃至坚守的一个行为规范。③

二

义理思想的体现恐怕不能局限在人们思想行为和观念所推崇的公正、正义、正直、清白这个层面上,还应该从更广泛的赫梯人的世俗生活中去考察。在赫梯法典中,各项条款制订的基本原则很可能并不是以神灵和国王为核心

---

① 李政:《赫梯文明研究》,昆仑出版社,2008,第494页。
② 李政:《赫梯文明研究》,昆仑出版社,2008,第494、495页。
③ 当然,赫梯人的善恶标准仍带有一定的局限性,如以国王和以国王为代表的王室贵族为中心,违背国王意志为恶,以神灵为中心,触怒神灵意志,没有履行宗教义务为恶。此外,赫梯人的善恶观也有被扭曲的一面,具有明显的政治目的,国王的恶常常通过神灵的意志伪装起来。

的，相反，法典的基础是国家和社会的基本秩序，确立的是对人们基本生活财产及其权利保护的原则，针对的是这个社会最广大的社会群体。

众所周知，赫梯法典具有鲜明的温和性。其实，这个特点不如说是相对公平社会秩序的一个反映，是对不同阶层人们权益的一个基本保障。法典的惩罚是有限度的，基于犯罪者的身份建立起了适度和能够承受的一个惩罚体系。惩罚不论等第之别，自由身份者作恶，同样会面临法律的惩罚，而不是只对非自由民或者地位更为低下的人群。所以，我们说，赫梯法典针对的是社会的大多数群体，而不是某个特定人群，它建立的是一个社会行为思想规范和制度体系。它很可能表明赫梯人认识到正如神界，人们的基本生活财产和权利也应得到保护，否则，必将产生恶，产生犯罪，以至于社会动荡不安。因此，在某种意义上，赫梯人已经有了侵犯和忽视人的基本生存条件是一种罪行的伦理观念。在这个意义上，赫梯法典一定程度上也体现了赫梯人的公正行为和秩序的思想。

同样，根据赫梯人诸如"致神职人员的训诫条例"等其他文献的记载，在赫梯人的经济生活中，欺骗行为将受到惩罚，乃至被禁止。谁在谷物缴纳中有任何欺骗行为，他将得到劣质谷物。谁吃掉了牛，却说成牛死了或者跑掉了，这件事情暴露后，他将要赔偿。[1]这些内容既是对赫梯法典内容的补充，也进一步说明赫梯人社会生活中倡导诚实、公正和正直的行为和思想，这个文化现象的普遍存在。所以，我们似乎可以比较确定地提出，基本生存条件的维系和保护已经成为这个社会的一个共同观念，毕竟我们在哈吐什里一世的年代记这篇文献中看到了赫梯国王解放被压迫者的自白，他宣称使女奴们摆脱了地租和徭役，获得了自由。[2]

---

[1] 见致神职人员的训诫条例。麦克马洪，见哈罗主编《经典文集》第一卷，圣经世界经典文献，1997，第 217~221 页。

[2] H. G. Güterbock and H. Otten, Keilschrifttexte aus Boghazkoei, Vol. 10, Nr. 2, Col. II, Line 16-17, Berlin, 1960. 哈吐什里一世的年代记："我，伟大的国王，塔巴尔那收管了磨石女奴仆们，我也接收了男性镰刀工匠，并使他们摆脱了地租和徭役。我解开他们的腰带，把他们派遣到阿丽那太阳女神，我的女主人那里。"

宗教思想与现实社会生活思想的联系性和一致性很可能也体现在这个层面上。在赫梯人的宗教思想里，国家最终属于神灵，国土和房子源于神的馈赠，人不过是被委托来的管理者。因此，人们要尊重神灵对国家财产的占有，每年第一批植物的果实和动物的幼崽都要献给神灵。不可忽视对神灵义务的履行，不能忽视神的基本要求。此外，在赫梯人的神话文学作品中，神灵的世界也是有秩序的，某一个神灵的消失将会破坏整个神界的秩序并且带来混乱。因此，确保神界的稳定是必不可少的。同样，现实社会生活中的人们也需要一个基本的生存保证，这样才能确保社会秩序的稳定。这一宗教观念实际上反映了世俗社会赫梯人尊重人的基本权益的观念和思想，这种朴素的观念实际上也透射出一个一定程度上公平和公正的思想。可以说，赫梯人的义理思想通过人的基本生存条件的保护和维系体现出来。

三

我们认为，在赫梯历史上，人们能够普遍接受的并且是进步和文明的行为也是义理思想表现的一个方面。这种文明的行为也就是他们认为的合乎自身需要和具有普遍价值观的正义行为，是人们在社会生活中恪守和建立起来的，它构建的是人与人之间共同遵循的行为准则。

无论是成文法还是非成文法，赫梯人在他们的生活中注重以法的形式确立人与人之间婚姻关系中的一些行为规范，同时，在人与动物之间的性关系中，也制定了一个可遵循的行为规范。

除了确立婚姻关系中的诸如嫁妆等一般原则，赫梯人禁止男人与他的母亲或女儿及儿子发生性行为。一位男人在他父亲在世时，不许与他的继母发生性行为。一位男子在其兄弟还健在时，不许与其兄弟的妻子发生性关系；一位自由男子与一位自由妇女成婚，但不得与她的女儿发生性关系；一位自由男子与某妇人的女儿成婚，不得与她的母亲或她的姐妹发生性行为。一个自由男子若在同一地点与多位自由姐妹或她们的母亲发生性关系，而且他知道这些女人之间是亲属的话，这种性行为是不允许的。①

赫梯法典同样证实，赫梯国家禁止男人与牡牛、羊发生性行为，任何人与猪和狗的性行为也不被允许，否则他将被处以死刑或受到国王的其他惩罚。虽然赫梯人在法律上允许男人与马或者驴子有性行为，但是，这样的人不能接近国王，也不能成为祭司。显然，有这样行为的人是不能完全被社会行为规范所接受的。②可见，无论是人与人之间的，还是人与动物间的这些性行为，都被赫梯人置于法则的监督和管理之下，从而确立社会关系中可遵循的性行为规范。

特别值得一提的是，在赫梯法典之外，其他赫梯语文献证明了兄弟姐妹之间的近亲结婚受到禁止，这一点从赫梯古王国时期的一篇查尔帕神话文献和帝国时期苏皮鲁流马国王与胡卡那的条约中得到证实。

查尔帕神话文献的第一部分讲述了小亚半岛中部卡奈什城女王的 30 个儿子寻母以及与他们的母亲的 30 个女儿的婚姻故事。但是，文献借用年龄最小的儿子的话，告诫兄长们这样做是不对的，③因为他已经意识到了他们是在与自己的亲妹妹结婚。尽管这不过是一段神话内容，但是，赫梯国王苏皮鲁流马一世向他的邻国附庸胡卡那说的一句话道出了兄妹婚在赫梯国家绝不是神话，他说道：

> ……但是，在赫梯，一个兄弟不能与他的姐妹或堂姐妹结婚，
>
> 这是不允许的。在赫梯，无论谁犯了这样的罪，都要被处以死刑。④

所以，查尔帕神话中的这段内容很可能就是现实生活中人们婚姻思想和

---

① Harry A. Hoffner, *The Law of the Hittites*, Brill, 1997, pp. 149–158.
② Harry A. Hoffner, *The Law of the Hittites*, Brill, 1997, pp. 149–158.
③ 李政：《赫梯文明研究》，昆仑出版社，2008，第 440–441 页。
④ Gary Beckman, *Hittite Diplomatic Texts*, Atlanta Scholars Press, 1999, pp. 31–32.

习俗的具体反映。

所有这些性行为和婚姻条款看似不过是他们习俗的反映，实际上，揭示了他们的一种共同社会生活原则和共同观念或者说价值原则。这些观念当然是赫梯人在文明化进程中自觉自省认识的结果，这些自我约束的行为和思想是文明社会进步的表现，是赫梯国家和社会共同价值观的一个发展方向。

四

行为的约束与规范思想很可能体现在赫梯国家君臣之间的关系中。简单说，赫梯国家君臣之间的关系可以概括为臣忠于君，君赐于臣，君既律他，君亦律己。

在赫梯王国建立的早期阶段，君臣之间的行为规范主要体现为众臣对国王的忠诚，国王对王室成员和下级行为的约束和规范。哈吐什里一世的政治遗嘱已经鲜明地体现出这个思想，国王要求臣子忠诚和履行他们的行为规范，支持国王的决定和保护国王的接班人等。[1] 在铁列平国王的敕令中，昔日王室成员团结在国王周围的行为受到推崇。同样，敕令明确指出任何人不得拔刀反对国王和王子，王室成员不得图谋王权，杀害国王。任何王子犯罪，都必须以头抵偿。军队也应忠诚国王。此外，都城内的大小官吏和仆人也都不得作恶。[2]

更重要的是，正是从铁列平时代开始，他在敕令中对国王的行为也提出了明确的要求。根据铁列平敕令的记载，国王的行为也受到一定的约束。国王应站出来以武力使敌国臣服，不能宽恕恶者，不可杀害家族中的任何成员。国王若杀害兄弟和姐妹，将遭到众神的惩罚。此外，敕令要求人们敢于面对未来国王的杀戮行为：

---

① 李政：《赫梯文明研究》，昆仑出版社，2008，第 123 页。
② 李政：《赫梯文明研究》，昆仑出版社，2008，第 493 页。

今后，无论谁成为国王，并且试图伤害兄弟、姊妹，你们就如同潘库斯直接对他说："读读这泥板上记载的流血事件！先前，在哈吐沙流血事件是很多的，众神惩罚了王族中的叛乱者。"①

铁列平的这一规定实际上表达了臣子们监督和管理国王的思想，是臣律君子思想的体现。所以，铁列平敕令的颁布不只是君律臣子和君律己行为规范的确立，也是臣对君行为规范的建立。

赫梯中王国和新王国时期以来，随着赫梯国家的发展，赫梯国王对外扩张的加强和势力范围的扩大以及帝国的建立，王权统治不断加强，赫梯国王对内对外的统治政策也在不断调整。君臣关系一方面强调了臣对君的效忠，臣要保护赫梯国王和赫梯国王的王位继承人继承王位以及履行各项义务。另一方面，随着帝国统治体系的建立和需要，赫梯国王也进一步注重臣子们的权益。在赫梯新王国时期的文献，赫梯国王与封王大臣之间的关系悄然发生了一些变化，被赋予了一些新的内涵。赫梯国王承认和保护各地王室封侯的王位，授予各地封侯独立解决当地各项事务的权力，保护各地封侯的后裔及他们选定的王位继承人。这些变化突出地反映在赫梯历史上的那些赫梯国王与他们的儿子以及后代们之间签订的封侯条约之中，最为典型的代表是赫梯国王吐塔里亚四世与塔尔浑塔沙库伦达的条约。该条约不仅证明了赫梯国王与塔尔浑塔沙封侯王库伦达之间的君臣关系，也证明了与叙利亚地区的卡尔开米什封侯之间的君臣关系，君赐于臣或者说臣子们所不断获得的权益得到充分的证明。②

---

① H. H. Figulla, E. Forrer and E. F. Weidner, Keilschrifttexte aus Boghazkoei, Vol. 3, Nr. 1, Col. II, Line 46–49, Osnabruck, 1970.

② 事实上，在赫梯古王国时期，铁列平敕令告诉我们赫梯先王们已经开始实施了分封政策，国王们向他们的那些血亲和姻亲成员以及将领们赐予土地和行政管理权力。这一时期土地赠予文书的出现很可能就是这一时期该政策实施的表现形式，是君赐于臣的具体体现。所以，君赐于臣的政策很可能早在赫梯古王国时期已经开始了。

从赫梯国王君臣关系的演变来看，赫梯王国君臣之间既有君对臣行为的约束，也有君对臣的赐予，更有君对自身行为的约束，同时，很可能在一定程度上也存在着臣对君这样的下级监督和管理上级行为的规范。这些要求反映出赫梯国家君臣之间的行为规范具有一定的相互性，而且在赫梯帝国时期表现得越来越明显和突出，逐步建立起针对双方的约束管理机制，体现出某种程度上的所谓"平等"精神。①

结　语

虽然赫梯人不可能有完整直接论述关于他们义理思想内容的文献，但是，我们认为，以上各个方面的总结分析，可以说，义理思想已广泛存在于赫梯人的现实生活中。这个思想通过赫梯人的正义公正、善良仁义、正直与诚信、基本生存权益的保护、善恶观念、婚姻与性关系中的文明行为观念等朴素的思想体现出来，这些内容反映出赫梯人有着一个基本的、共同的社会生活准则，形成了共同遵守的思想观念。这个思想的建立是赫梯人自身意识与社会发展相结合的产物，这个思想源于他们的社会生活，而凝练成社会发展需要的一个准则和价值原则。虽然这样的思想表面散见于他们的各类文献中，似乎并没有联系和构成一个完整的认识，而且不可避免地带有时代局限性和统治阶级层面的虚伪性，但是，零散的文献却足以反映出一个共同一致的思想，而不是相互矛盾和相互对立的，它们之间的共同性和一致性共同揭示了赫梯人思想的基本面貌。

所以，我们认为，赫梯文明的发展使赫梯国家和社会很可能基本上有了一个共同的核心价值观。在自我、社会、人与人之间和人与自然之间，一个

---

①　当然，赫梯国王与臣子们之间的平等是有历史局限性的，一定意义上而言，这是赫梯国王为了自身统治的需要，不得不采取妥协的策略。但是，整体上而言，赫梯历史上国王们自我行为的约束和管理的确为一种比较普遍的现象，反映出他们的一种精神文化。

共同遵循的、基本的社会规范和原则在这个古老的社会已经发展和建立起来，并在他们的政治、经济和宗教生活中体现出来。从赫梯国家的建立开始，这个思想和原则已经产生，在整个赫梯文明的历史上，它发展成为一个比较完整的思想，而不是个别零散或者支离破碎的现象。我们说，赫梯国家不能简单看作一个军事、外交和政治强国，赫梯人的思想文化反映了这个文明古国的文明化发展程度，这很可能超越了赫梯人在世界军事史和外交史上的地位，凸显赫梯文明在人类思想文化史上特定的历史地位。

政治竞技的新舞台

——社交媒体对印度政治的影响探析

叶倩源 *

【内容提要】作为世界互联网市场的"新大陆"，网络社交媒体不仅影响着印度民众的生活方式，同时也引发了印度政治文化的革新。2014 年和 2019 年印度大选时，印度人民党候选人纳兰德拉·莫迪（Narendra Modi）借鉴了 2012 年的美国大选中，奥巴马的社交媒体选举策略和思路，充分利用社交媒体增加其政治影响力。莫迪团队专业化、多元化、多样化的社交媒体竞选策略使其政治思想快速获得了群众基础。通过社交媒体实现的政治活动不但改变了传统的印度大选文化，也带来了民众政治参与度的提升。由社交媒体引发的政治变革已经成为各界分析印度政治发展过程不容忽略的影响因素。

【关键词】社交媒体 印度政治 印度大选

---

* 叶倩源，云南民族大学南亚东南亚语言文化学院（国别研究院）讲师。

一 社交媒体在政治活动中的应用

随着科学技术的发展，社交媒体为沟通交流与信息传递提供了多元化的媒介。与传统媒体相比，依托互联网技术搭建的社交媒体平台由于其自身所具有的快捷性、廉价性以及在传播过程中产生的互动性与时效性，已成为当今社会人们沟通交流与信息传播的主要媒介。通过 Facebook、Twitter、WhatsApp 和 You Tube 等全球热门的社交媒体平台，人们可以快速地实现跨地域、跨时区的信息交流。目前，社交媒体已经成为全球最受欢迎的媒介。2020 年，全球有超过 36 亿人使用社交媒体，预计到 2025 年这一数字将增加到近 44.1 亿。[1]

基于社交媒体的各种优点及其庞大的使用者基数，社交媒体吸引了众多政客的目光。2008 年的美国大选中，美国政客最先将社交媒体应用到竞选活动当中。在 2012 年的美国大选中，共和党候选人奥巴马（Barack Hussein Obama）积极采用社交媒体造势，其他竞选人也加强了在社交媒体平台上的个人形象塑造。仅仅在奥巴马和罗姆尼（Willard Mitt Romney）最初的辩论中，就创造了 1000 万条推文。[2]奥巴马在大选中的胜利无疑为各国领导人的"社交媒体政治"提供了成功的案例。在此后的美国大选、阿拉伯大选、韩国大选以及印度大选中，社交媒体成为政客们的新阵地。社交媒体不但在大选中发挥着重要的作用，在执政过程中也同样成为政客宣扬思想、与民众互动以及塑造个人形象的绝佳舞台。

---

[1] Number of social media users worldwide from 2017 to 2025 (in billions), Statista, 10th September 2021, https://www.statista.com/statistics/278414/number-of-worldwide-social-network-users/.

[2] Himanshu Rajput, "Social Media and Politics in India: A Study on Twitter Usage among Indian Political Leaders", Asian Journal of Multidisciplinary Studies, Volume 2, Issue 1, January 2014, P63–69.

二 社交媒体对政治活动的影响

社交媒体为用户群体搭建了一个信息交流平台，依托该平台信息的传播过程得到优化。在此过程中，社交媒体呈现的主要特征有：信息传递的快速性，信息传递的廉价性，信息传递的便捷性，信息互动的及时性。在政治活动中，结合上述四个特点，社交媒体产生了新的社会效应和深远影响，并且拓展了政治活动的范围。社交媒体的介入使政治活动焕发新的活力。社交媒体提升了公民的政治参与度，有效提升了政治互动，促进了线下政治活动的开展。

（一）社交媒体与公民的政治参与度

当利益群体为维护本群体利益时会产生强烈的政治参与意愿。作为大众性媒介，社交媒体为各阶层参与政治提供了更大的可能性。社交媒体在政治活动中的广泛应用，使得政治人物和政治事件的曝光频率与曝光平台增多，从而提升了整个政治活动的社会知晓度与关注度。在提供政治资讯的同时，社交媒体的讨论功能为民众的政治参与提供了更大的空间。

话题在短时间内密集性地重复出现并最大限度地引起了民众的关注。而快速的评论功能能够让每个人都成为话题的参与者与讨论者。这在很大程度上满足了各阶层表达倾诉的愿望，唤起了民众的政治参与意识。在印度，女性在大选中的参与率一直较低。很多女性选民在前往投票站投票时却发现自己的名字没有登记在册，因此失去了投票权。同时，由于男尊女卑的社会风气依然在发挥影响，长期以来印度女性在政治活动中的参与度一直比较低迷。但在2019年的印度大选中，一个显著的变化是女性选民的投票率创历史新高，很大一部分原因就是该群体通过社交媒体获取了相关政治资讯。在政治信息的引导下，该群体出现了强烈的利益诉求和投票愿望。通过社交媒体，女性群体不但可以接受信息，而且通过网络互动，也成为信息的传播者。越来越多的女性选择为自己发声，积极行使自己的政治权利。

事实上，印度选民中女性选民众多，该群体一直是不容忽视的选票来源。2012~2018 年，印度三分之二的邦中，女性投票率均高于男性。[①] 类似的还有年轻群体的选票、少数族裔的选票。因此，如何通过社交媒体获得各群体的关注度，激发其政治参与度已成为印度政客绕不开的话题。

（二）社交媒体与政治互动

在传统的政治活动中，政治资讯的发布主要依靠报纸、广播、电视频道等传统的媒体手段。从信息的交流过程来看，整个过程偏向于单一的发布与输出。信息的主导权控制在行业群体手中。信息的接收者在整个过程中常处于被动接受的状态。当下"受众"的概念越来越多地被"用户"的概念所取代，这体现着被动接受信息的时代已经逐渐远离，用户在新媒体时代拥有更多主动性，多种社交媒体及新媒体平台也为用户提供了参与的渠道。[②]

政治信息通过社交媒体平台发布后，民众可以依据自身的条件选择在何时何地接收信息。同时，社交媒体平台所具有的评论、留言和回复功能为信息的发酵创造了巨大的温室。首先，用户可以利用评论和留言功能最快速地将自身的利益诉求和观点看法通过平台分享出来。这就打破了传统信息交流中的单一性。其次，以社交媒体为平台产生的信息交流不仅是双向的互动，更是多向的互动。信息发布者和留言者、平台创建者和用户，以及留言者之间都形成了相互影响的网络社群。

政治家在利用社交媒体发布信息的同时既可以保证时效性，也可以通过与民众的线上互动增强其形象塑造，获取民心。同时可以及时了解民意走向，为接下来的政治活动提供有效的社会参考价值。

（三）社交媒体与线下政治活动

社交媒体为政治人物开辟了线上活动的新阵地，线上的政治活动同时能

---

① 《印度大选时间终于确定，4 月 11 日开选，5 月 23 日见分晓》，印中经济文化促进会，2019 年 3 月 11 日，https://mp.weixin.qq.com/s/k-dD5vU2K95iubxpB3fQlQ。
② 田智辉、张晓莉、梁丽君：《社交媒体与特朗普的崛起》，《网络空间研究》2017 年第 1 期。

为线下活动的开展带来巨大的宣传效应。自媒体平台对政治活动的宣传，能够在一定程度上扩大其知晓范围，激发民众线下活动的参与度。例如在2014年的印度大选中，莫迪团队的一系列线上宣传与线下活动形成了良好的互动和循环效应。在竞选过程中，莫迪团队首先通过社交媒体平台发起了Cha Pe Charcha（印地语：चाय पे चर्चा，茶话会）的主题活动宣传。在早期宣传中，该活动计划从全印度1000个茶摊中选取30个，莫迪会亲自前往这30个茶摊，与被选取并受邀前来的普通民众一起利用喝一杯茶的时间就民众所关心的社会民生问题展开讨论。整个讨论过程通过卫星和互联网进行线上直播，民众在此过程中也可以通过视频会议加入其中。

线上宣传首先为活动增加了关注度，其次通过民众的转发形成了二次传播的效果。同时，由于莫迪的参与，很多茶摊在活动结束后生意火爆。这也证明了社交媒体与政治活动结合所带来的商业价值。

三　社交媒体中的群体意识

所谓群体意识是指一定人群所结成的社会共同体的共同意识，它是为群体的实践、利益和需要服务的，是人群集合体社会关系的反映。[①] 社交媒体的产生为人们的利益诉求搭建了新的平台。在现实生活中有相同境遇的人、有共同利益诉求的人或者在某些思想认知上有共同理解的人能够通过虚拟世界重新集合，从而形成一个新的社会群体。社交媒体中群体的产生以实际诉求为基础，由网络信息认同感引发新的群体聚集，通过信息互动获得群体结构的持续，以利益的实现和认同感的获得为目的。自媒体传播能够让更多人敢于向社会公众表达自己的意见或看法，这种来自大众的声音极大地缩短了传播者与受传者之间的距离感，很大程度上激发并深化了群体意识，并对其

---

① 陈联俊：《网络社会中群体意识的发生与引导》，《政治学研究》2010年第2期。

产生深刻的影响。①社交媒体在改变人们生活习惯的同时也带来了社会结构内部的变化。对社交媒体中不同群体的认知、分析和正确的引导能够对现实的社会活动产生积极的效应。

以印度政治为例。由于不同的语言、宗教、民族以及种姓制度的影响，印度社会有着极其强烈的群体意识。民众在政治参与过程中，深受自身所处的现实群体文化的影响。社交媒体构建的虚拟社群为人们表达政治诉求提供了一个相对安全的环境，他们不用担心个人诉求与族群文化的冲突，获得了一个平等讨论的平台。正是利用民众的这种心理，莫迪及其竞选团队在2014年的大选中，主打莫迪的草根背景，而这样的背景与社交文化中的平等发声相呼应，因此在印度的各大社交媒体上很快形成了为普通人的利益发声、象征草根文化的社群。2019年大选期间，印度人民党拍摄了一部讲述莫迪从卖茶小商贩到印度总理的电影，企图再次塑造莫迪来自普通阶层、为普通民众无私奉献的政治人物形象。虽然该影片最终被禁止上映，但印度人民党的这一举动也为莫迪圈粉不少。

四 社交媒体在印度大选中的应用

（一）印度的大选文化

印度号称世界上最大的民主国家。每五年一次的大选也被视作全球参与人数最多、耗时最长、花费最高的选举之一。单从参选政党数目来看，印度大选就已经令人眼花缭乱。2019年的印度大选耗时473天，分为7个阶段，超过6亿选民通过在全国设立的100万个投票站完成了投票。此次大选中，共有2293个政党在中央委员会登记注册。在众多参选政党中，被印度官方认定的全国性政党主要有：印度人民党（BJP，以下简称印人党）、印度国民大会党（INC，以下简称国大党）、草根国大党（TMC）、印度共产党

---

① 何柱威：《自媒体传播对群体意识的影响分析》，《传媒观察》2018年第16期。

（CPI）、大众社会党（BSP）、印度共产党（马克思主义者）（CPIM）和民族主义国大党（NCP）。地方性的主要政党有：全印安纳德拉维达进步联盟（AIADMK）、普通人党（AAP）等。这场全球最大的政治拉力赛对于普通民众来说更像是一场持续的"政治狂欢"。在官方公布的2019年印度大选宣传海报中，则直接用印地语书写着"国家的盛大节日"这一标语。

印度的大选除了繁杂的程序之外，另一特殊之处在于选民群体的复杂性。印度虽已废除种姓制度，但难以忽视的现实是，种姓带来的等级分化依然存在于印度社会之中。虽然在独立之初，印度就宣布其是一个世俗化国家，然而纷繁复杂的宗教依然在社会群体之间制造了鸿沟。再加上语言等因素，印度大选的复杂性可见一斑。在投票过程中，选民通常不会将个人政治行为与国家的宏观发展联系在一起，更多人考虑的是与自身利益有直接关系的，诸如语言、宗教等因素。因此，如何分群体渗透，由小到大获取选票，成为印度政客们非常关注的问题。

（二）大数据分析在印度大选中的应用

随着大数据时代的不断变革，科技不仅改变了人们的日常生活，同时也改变了政治家思考问题的方式。越来越多的印度政党和政客意识到了大数据分析、社交媒体与政治活动结合的重要意义。2014年印度人民院大选中，印人党率先将大数据分析应用于选举活动中。通过对选举委员会网站、政府网站、选举期间使用的委托数据、社交媒体平台的数据和历史选举记录大数据进行分析，候选人能够了解特定人群的选民立场并据此调整其政治活动，同时更精准地选择信息发布平台和技术媒介。例如，印人党利用GPS，将语音广播瞄准移动选民，并在其网站上使用cookie来收集用户的互联网活动信息并进一步制作广告。[1]2014年选举期间印人党IT部门负责人阿文德·古普塔

---

[1] Richa Bhatia,"Lok Sabha Elections 2019: Data And Analytics Are Going To Rewrite History", *Analytics India Magazine*, 1st October 2018, https://www.analyticsindiamag.com/lok-sabha-elections-2019-data-and-analytics-are-going-to-rewrite-history/.

（Arvind Gupta）表示，在 18 个月的时间内，特别是 2012 年 12 月至 2014 年 2 月期间，该党的主要活动在数据和社交媒体上。[①]与此同时，在新德里地区拥有广泛影响力的普通人党同样热衷于大数据分析与社交媒体平台建设。根据 NASSCOM 和市场情报公司 Blueocean 的联合报告，目前印度的大数据分析部门价值 12 亿美元。这使其成为全球十大大数据分析市场之一。通过进一步预测，到 2025 年，印度大数据分析市场规模将增长 8 倍，到 2025 年将达到 160 亿美元。[②]

（三）印度主要政党对社交媒体的应用

2014 年，纳兰德拉·莫迪凭借打破传统的社交媒体竞选策略赢得大选，为印度政治活动开辟了新的领域。此后，越来越多的政党及其成员紧随其后开始向这片新大陆进发。最初，作为最大反对党的国大党对社交媒体政治一直没有表现出较大的兴趣。然而，不同于 2014 年，现在社交媒体已经覆盖了 3 亿多印度公民，而且这个数字仍在继续增长。这意味着它对选举收入的影响可能会继续扩大。[③]因此在 2019 年的大选中，社交媒体的重要性被越来越多的政党及其候选人所认识。据位于新德里的媒体研究中心主席 N·巴斯卡拉·拉奥（N. Bhaskara Rao）介绍，本次大选在社交媒体方面的支出为 500 亿卢比（约 7.2 亿美元），是上一届大选的 25 亿卢比的 20 倍。[④]

社交媒体产生后，印人党非常重视利用社交媒体平台联系选民。印人党竞选人拉里·克里希纳·阿德瓦尼（L. K. Advani）就曾利用移动手机平台发起了当时印度历史上最大的在线竞选广告，并获得了 2.5 亿的订阅量。之后，

① "Big Data and Indian Politics", OrangeTreeGlobal, 7th April 2019, https://www.orangetreeglobal.com/big-data-and-indian-politics/.

② "Big Data In India: The country is rapidly catching up, but there are still issues", Innovation Enterprise Channels, 2019, https://channels.theinnovationenterprise.com/articles/big-data-in-india.

③ "Social media is a key battleground in India's elections — and Modi is currently king", *The Washington Post*, 30th April 2019, https://www.washingtonpost.com/opinions/2019/04/30/social-media-is-key-battleground-indias-elections-modi-is-currently-king/?noredirect=on&utm_term=.faa81107f430.

④ 李天宇：《印度大选：将成世界第一贵》，2019 年 3 月 12 日，https://www.sohu.com/a/30068829 9_115479。

纳兰德拉·莫迪同样选择了不断扩大社交媒体的使用来塑造其个人政治形象。印度众多的政党领袖都希望通过社交媒体宣传其思想并能够在选民心中塑造一个永久性的良好政治形象。在印度 2019 年的大选中，最具竞争力的几位候选人均开设了自己的社交媒体账号。不难看出，近 10 年间，社交媒体受到了大部分政客的关注。作为印度使用人数最多的社交媒体平台，Facebook已成为政客们同场竞技的新舞台。其中，印人党领袖莫迪无疑是社交之王。详见表 1。

表 1　2019 年印度大选主要竞选者 Facebook 使用情况

候选人名称	所属党派	粉丝数量（人）	累计点赞数量	主页创建时间
Narendra Modi	BJP	4359 万	4408 万	2009 年
Rahul Gandhi	INC	302 万	284 万	2017 年
M. K. Stalin	DMK	201 万	201 万	2014 年
Mamata Banerjee	AITC	309 万	308 万	2012 年

数据来源：Facebook。

作为印度最大的两个政党，印人党和国大党的纷争早已从线下延伸到了线上。在执政和大选中，印人党对社交媒体的使用一直处于积极主动的位置。在竞选过程中，印人党候选人莫迪提出 "Main Bhi Chowkidar"（印地语：मैं भी चोकीदार，我也是看守者）的口号，并将其 Twitter 名称改为Chowkidar（印地语：चोकीदार，看门人、看守者），以此表达其守卫国家和社会的决心。随后，印人党党员纷纷将其社交媒体信息备注为 Chowkidar。针对这一口号，印度国大党候选人拉胡尔·甘地则在社交媒体上发布了"Chowkidar Chor Hai"（印地语：चौकीदार चोर है，监守自盗）的口号作为回应。一时间，"Chowkidar" 一词引爆了社会话题，成为网络热搜词语。印人党在社交媒体的使用上处于积极位置，其经常在社交媒体上塑造勤政爱民、热心国家发展的形象。而国大党在社交媒体的使用上相对被动，除了宣传其政治思想外，也不时发布对印人党的抨击。这一点在后期常被大众所诟病，认为这是其政治思想不够成熟的表现。

（四）莫迪的社交媒体策略

现任印度总理莫迪被称为"社交媒体总理"。从 2014 年第一次作为印人党候选人参加竞选开始，社交媒体始终是莫迪的制胜法宝之一。2014 年大选开始之初，莫迪并没有得到传统媒体的认可。莫迪将更多的资源投入以互联网为载体的社交媒体上。

莫迪的社交媒体策略并非某一个人的一时心血来潮，而是由专业团队策划的极其成功的媒体现象。其特征主要有以下三点。

1. 团队策划专业化

据报道，莫迪的博客、网站、Twitter 和 Facebook 账号一直由一位名叫希伦·乔希（Hiren Joshi）的软件工程师进行管理；[1] 由全国专业的团队协助乔希完成日常的数据分析和信息发布工作。在乔希的主导下，该团队创建了莫迪的个人网站 www.narendramodi.in。在组建国内团队的同时，莫迪的科技竞选团队还积极探索与国外大型传播机构的合作。例如国际知名的传播巨头 Ogilvy、Mather 和 McCann 都曾为莫迪的竞选广告做出了重要贡献。与此同时，通过与 Google 的合作，莫迪不仅仅在印度本土获得关注，更收获了海外印度裔的支持以及 116 个国家的关注。

2. 传播形式多元化

与特朗普专注于 Twitter 发文不同，莫迪在竞选过程中充分调动了所有的社交媒体资源，不仅依靠 Twitter、Facebook 等已搭建的平台，而且自发创建了为莫迪量身定做的社交平台。例如上文中提到的莫迪个人专属网站 www.narendramodi.in。利用这些平台，莫迪的相关信息被制作加工成以视频、音频、图片、文字为载体的内容进行发布。通过多元化的社交媒体宣传，最后成功

---

[1] Hiren Joshi, "Meet the man behind PM Narendra Modi's Japanese tweets", *The Economic Times*, 3rd September 2014, https://economictimes.indiatimes.com/news/politics-and-nation/hiren-joshi-meet-the-man-behind-pm-narendra-modis-japanese-tweets/articleshow/41549357.cms.

塑造了莫迪个人的"品牌"。

3. 传播语言多样化

值得一提的是，在莫迪社交媒体现象成功的背后是其团队对语言问题敏感度的捕捉与实践。印度是一个多元化的国家，其中一点就体现在其语言上。印度注册总署和人口普查专员办公室（Office of the Registrar General & Census Commissioner, India）公布的数据显示，2011 年，印度的语言总数为 121 种，宪法中的表列语言数目为 22 种。[①]不同的语言造成了文化和族群的分化。莫迪及其团队在进行社交媒体宣传时充分考虑到了这一因素。2013 年 8 月，莫迪就用乌尔都语、卡纳达语、马拉地语、马拉雅拉姆语、泰米尔语和孟加拉语推出了自己的 Twitter 账号，并确保推文被翻译成各种语言。截至 2019 年 6 月，莫迪的官方网站已推出英文、流行于北印度的印地语、孟加拉语、古吉拉特语，以及流行于印度南部的泰米尔语、泰卢固语等在内的共 13 种版本。不同语言译文的成功推出及其成功使用为莫迪的竞选最大化地联系了分布在不同区域的不同民族群体。

社交媒体成功推倒了建在政客与普罗大众之间的高墙。它帮助印人党和莫迪取得了历史性的胜利。

（五）莫迪的社交媒体策略产生的影响

2014 年被视为社交媒体与印度政治的首次成功结合。在 2014 年的竞选中，莫迪最终带领印人党获得 282 个席位，取得压倒性的胜利。而在 2019 年的竞选中，印人党再次刷新历史，赢得 303 个议席。同时值得注意的是，自莫迪执政以来，印度的外交策略也发生了改变，由之前的相对被动保守变得更为主动积极。莫迪与各国领导人在社交媒体上的积极互动也是其外交思路的风向标。通过社交媒体的使用，莫迪在外交和内政方面都掀起了一阵莫迪风。

---

① *CENSUS OF INDIA 2011*, PAPER 1 OF 2018, LANGUAGE, http://www.censusindia.gov.in/2011Census/C-16_25062018_NEW.pdfa.

首先，在印度国内，通过社交媒体，莫迪及其团队赢得了最广泛的民众的支持，并且通过一系列持续不断的宣传，使莫迪的形象在民众心中固化为一个稳定的、相对良好的政治人物。在印度的移动互联网使用者中，35 岁以下的年轻使用者占据半壁江山，这一群体也是大选中主要的投票群体。通过社交媒体互动，年近七旬的莫迪成功消除了年龄代沟。通过对不同社会群体的分析和有针对性的宣传，莫迪尽可能多地与各群体进行接触和交流，最大限度地争取民心。其次，由于莫迪的支持者在社交媒体平台进行的转发，政治信息得到了二次传播，这种传播具有成本低、影响大、关注度高的特点。除了莫迪团队运营的社交媒体账号，其粉丝和支持者还为其创建了许多自发社交媒体账号，如 Modi-Fying India。最后，莫迪的社交媒体政治为其成功塑造了一个政治形象品牌。在印度社交媒体上流行着一个词——NaMo。该词随着莫迪的竞选走红印度网络，它是莫迪（Narendra Modi）名字的缩写，同时在梵语中指向某人致敬和祝福。这一词语不但成为线上热门话题，在线下更是推出了 NaMo 品牌实体店。从女士莎莉到智能手机，NaMo 实现了政治与商业的双赢。

在世界十大社交网络政治家排名中，莫迪也是榜上有名。执政以来，莫迪积极开展与周边国家的外交，成为活跃在世界舞台上的重要政客之一。而莫迪所到之处，通常都会有相关的推文。在莫迪访问中国、日本、美国期间，其团队都使用了对应的中文、日文、英文发布推文。在中国，其团队还为莫迪注册了新浪微博账号。莫迪的社交媒体政治不但着眼于国内，更期待在全球范围内产生更大的国际影响。

（六）社交媒体的负面影响

尽管社交媒体的介入对于印度政治来说有非常积极的改革作用，但其带来的负面影响也在 2019 年的大选中引起了人们的注意。大量的虚假信息给本就紧张的印度大选增添了更多"乱花渐欲迷人眼"的景象。随着手机在印度的普及，越来越多的印度人把大量的时间花在了社交媒体平台上。而互联网信息审核和监管力度的提升远远赶不上日新月异的互联网行业的发展。"政党的社交媒体策略可能会继续在发布各种信息时插入虚假信息以获取政治利益。"①此外，伴随着社交媒体的广泛使用，用户信息和数据安全问题受到质疑。在印度，无论是在法律体系中还是在公民的意识中，隐私保护的观念依然有待加强。如何使大数据在政治活动中发挥正确的功能将是每一个政治活动参与者都不容回避的问题。

结　语

随着"Web 2.0"时代的到来，社交媒体正在快速地对世界各国的传统政治模式形成冲击。印度社交媒体的介入在提升其民众政治参与度方面发挥着越来越重要的作用。2021年，印度拥有超过5.6亿互联网用户，②印度用户与全球其他互联网用户共有的特征是对社交媒体的热情。2020年，超过50%的印度人正在访问社交网络。据估计，到2025年，社交网络的普及率将达到该国人口的67%。③随着社交媒体使用人数的增多，政治话语权的争夺也将在此舞台再度上演。虽然目前印度社交媒体环境还存在诸多需要完善的方面，但毫无疑问，社交媒体在未来将为这个多元化社会文化的国家创造更多具有统一政治诉求和心理需求的社交群体。莫迪现象是印度政治现代化进程中打破精英统治的开始，但绝不是结束。信息化时代将为印度政治提供更广阔的竞技场地。

---

① "India election 2019: The debunked fake news that keeps coming back", *BBC News*, 19ᵗʰ April 2019, https://www.bbc.com/news/world-asia-india-47878178.

② "Internet usage in India - statistics & facts", Statista, 2ⁿᵈ August 2021, https://www.statista.com/topics/2157/internet-usage-in-india/.

③ "Social network user penetration in India from 2015 to 2020, with estimates until 2025", *Statiata*, 2ⁿᵈ June 2021, https://www.statista.com/statistics/240960/share-of-indian-population-using-social-networks/.

"后疫情时代"的孟加拉国成衣制造业

王垚淼[*]

【内容提要】成衣制造业是孟加拉国的支柱产业，每年为孟加拉国带来巨额外汇收入，出口额在孟加拉国总出口额中的比重高达 80% 以上。然而，新冠疫情严重冲击全球供应链和产业链，并影响了成衣制造业的发展，不仅导致其面临升级转型的难题，而且使其订单大幅减少，成衣出口额断崖式下跌，大量成衣工人减薪失业。"后疫情时代"，孟加拉国成衣制造业应抓住全球供应链和产业链重构的契机，加大对基础设施建设的投入，高度重视对高质量、高附加值服装产品的生产，进一步开发中国和印度等非传统市场。后疫情时代，孟加拉国成衣制造业发展任重而道远。

【关键词】孟加拉国　成衣制造业　新冠疫情

---

[*]　王垚淼，昆明医科大学海源学院药学系见习助教。

一 孟加拉国成衣制造业发展现状

成衣制造业（Ready Made Garments，RMG）是孟加拉国国民经济支柱产业之一。作为孟加拉国最主要的出口创汇产业，成衣制造业历来受到政府的重视和优惠政策的扶持，逐渐成为孟加拉国出口导向型产业的领跑者，其出口额在孟加拉国总出口额中的比重由独立初期的 3.8% 稳定上升到目前的 81%，堪称孟加拉国的经济命脉。"孟加拉制造"的标签成为孟加拉国的一张名片，并逐渐成为享誉全球的品牌。在孟加拉国独立之初，正是成衣制造业为国家重建和经济发展做出了重大贡献。20 世纪 70 年代末，来自美国和欧盟等地的高成本生产商为外包商品而将生产迁移至成本较低的孟加拉国，孟加拉国的生产商在外国买家的要求下根据特定条款生产服装并出口。除了生产成本较低以外，当时国际纺织品贸易体制的改革，特别是多边纤维协定及其配额制的实施，为欠发达的孟加拉国带来了前所未有的发展机遇，并为成衣制造业的繁荣发展奠定了基础。1999 年，孟加拉国服装出口总额为 41.6 亿美元，占孟加拉国出口总额的 75.6%，为大约 250 万人口提供了直接、间接的就业机会，其中直接就业人数超过 150 万，成衣制造业成为孟加拉国的第一大外汇收入来源，并带动了运输、银行、保险等其他相关行业的发展。到 2008 年时，服装出口额突破百亿美元大关，达到 118.7 亿美元，约占全国外贸出口总额的 79%。2018/2019 财年，成衣出口额更是达到了 341.3 亿美元，占全国出口总额的 84.2%。[①]

成衣制造业自 20 世纪 80 年代以来稳步发展，目前该行业不仅在孟加拉国生产总值中的占比达到了 16%，而且为 440 万人提供了就业机会，其中女

---

① Bangladesh Garment Manufacturers and Exporters Association, http://bgmea.com.bd/page/Export_Performance.[2021-08-10].

性从业人员超过 80%，①为孟加拉国女性社会地位的改善做出了不可估量的贡献。根据世界贸易组织（WTO）发布的《2021年世界贸易统计回顾》，2020年孟加拉国成衣出口市值为280亿美元，在全球服装市场份额中的占比为6.3%，略低于越南的290亿美元和6.4%。而位列第一的是中国。中国成衣出口市值为1420亿美元，占比为31.6%。②目前，孟加拉国已成为继中国、越南之后的世界第三大成衣出口国。孟加拉国成衣制造业是通过本国大量廉价劳动力和来自欧盟、美国的多边纤维协定配额制以及免关税优惠待遇发展起来的。孟加拉国内生产商接收到外国订单后，进口原材料并加工制作成具有竞争优势的中低端服装制品，然后出口到国外。欧盟和美国是孟加拉国成衣主要出口市场，2019年约有80%的孟加拉国成衣出口至欧盟和美国，其中欧盟是孟加拉国最主要的贸易合作伙伴和最大的出口市场，占比约62.7%，成衣出口总额为204.2亿美元；其次是美国（60.2亿美元），占比约18.2%。剩余部分还出口到加拿大（11.1亿美元）、日本（10.7亿美元）、澳大利亚（6.9亿美元）、印度（5.1亿美元）等其他国家。虽然孟加拉国成衣制造所需的大部分原材料都依赖进口，但成衣制造业仍表现出强劲的发展势头。③

然而2020年伊始，新冠疫情在世界范围内迅速蔓延，世界各国纷纷停工停产以控制疫情，社会经济发展突然被按下暂停键，世界各国的实体经济都受到了严重影响，对孟加拉国等欠发达国家的经济发展造成了巨大冲击。作为孟加拉国经济命脉的成衣制造业担负着推动经济发展的重任，该行业的兴衰将直接影响孟加拉国经济发展情况。但孟加拉国成衣制造业因深度参与全球价值链而十分脆弱，新冠疫情严重阻碍了商品进出口贸易，所依赖进口的

① 驻孟加拉人民共和国大使馆经济商务处《孟加拉国投资指南》，2020年12月，http://www.mofcom.gov.cn/dl/gbdqzn/upload/mengjiala.pdf.[2021-08-12].
② World Trade Organization, World Trade Statistical Review 2021, July 2021,https://www.wto.org/english/res_e/statis_e/wts2021_e/wts2021_e.pdf.[2021-08-13].
③ Bangladesh Garment Manufacturers and Exporters Association，http://bgmea.com.bd/page/Export_Performance.[2021-08-10].

棉花等原材料价格上涨、外国服装订单大量减少为其带来了巨大损失，该行业所存在的问题在疫情冲击下也暴露无遗。孟加拉国成衣制造业该如何解决自身问题、克服疫情影响、继续推动孟加拉国经济向前发展呢？

二 新冠疫情对孟加拉国成衣制造业的影响

2020 年爆发的新冠疫情对全球经济造成了毁灭性打击。随着世界各国相继实行封闭管理，人口流动大大减少，消费需求的断崖式下跌使得世界各国的经济发展速度放缓甚至衰退。国际货币基金组织（IMF）最新发布的世界经济展望中的数据显示，2020 年全球经济发展状况不容乐观，GDP 的跌幅达到 3.2%，[①] 世界各国的经济均呈现出不同程度的负增长，全球供应链、产业链也受到一定影响。随着全球产业链分工体系的深化与经济全球化的深入发展，世界各国、各经济体之间的联系也日益紧密，往往更容易受到不利因素的影响。外部环境一旦发生改变，便会对各国经济产生较大且具有连带性的影响，不仅破坏经济全球化进程，还会导致全球供应链和产业链断链及分化重构。因此，新冠疫情对孟加拉国成衣制造业产生的影响一方面取决于其国内情况，另一方面受到全球供应链、产业链重组调整以及来自欧盟和美国等重要国际市场的关联性影响。[②]

（一）全球产业链分化重构影响孟加拉国成衣制造业

过去二三十年以来，经济全球化一体化进程稳步推进，全球产业链深度融合与发展。但是新冠疫情的蔓延冲击了经济全球化进程和全球产业链格局，为其接下来的发展带来了诸多不确定性因素，使得全球产业链及供应链格局

---

① International Monetary Fund, International Monetary Fund World Economic Outlook Update, July2021, https://www.imf.org/en/Publications/WEO/Issues/2021/07/27/world-economic-outlook-update-july-2021.[2021-0815].
② 韦倩青、农宁宇：《后疫情时代全球产业链重构趋势与中国的应对》，《全国流通经济》2021 年第 19 期。

面临重构重组。在此背景下，发达国家纷纷主张高端制造业回流，希望重振制造业以克服疫情对经济发展的负面影响，开始出现"逆全球化"与"贸易保护主义"抬头等现象；在此过程中，发展中国家只能被动参与一些价值较低的加工制造，无法融入高端产业链、享受应得福利。随着后疫情时代的到来，疫情前的全球产业链已不能适应新形势的发展需要，其原有平衡被打破，开始出现断链、重组的新趋势。在疫情冲击下，全球产业链缩短，表现出区域化、集群化、数字化、智能化、重心东移等明显特征。

一直以来，孟加拉国成衣制造业是参与全球产业链和价值链的典范。但是孟加拉国成衣制造业不仅高度依赖欧美等国际市场，而且所需的棉花等原材料也严重依赖进口，因此其经济极易受到不利因素的冲击与影响，并且很难迅速恢复正常。自疫情暴发以来，棉花等原材料价格持续上涨，再加上欧美等传统市场的普通民众购买力下降、需求低迷等因素，以生产棉制品为主的孟加拉国成衣制造商的利润空间进一步受到挤压，并面临巨大的生存压力，导致孟成衣出口额持续下滑。目前，全球产业链的重组与调整向孟加拉国成衣制造业提出了更高的要求，即向高附加值服装产品转型，提升产能，实现兼顾安全与效率且高质量的可持续发展。否则，短期内孟加拉国成衣出口市值在世界服装市场份额中的占比将继续下降，孟加拉国经济复苏难度加大。从长远来看，孟加拉国成衣制造业将逐步丧失竞争优势，阻碍经济社会的进一步发展。

（二）孟加拉国经济发展速度放缓

作为南亚经济发展新秀，近年来孟加拉国的经济发展取得了举世瞩目的成就，在新冠疫情之前便已是世界上经济发展速度较快的国家之一。世界银行（World Bank）数据显示，2018 年孟加拉国 GDP 增长率达 7.86%，2019 年则更是高达 8.15%。然而突如其来的疫情对孟加拉国经济造成重大打击，2020 年孟加拉国 GDP 增幅急剧下滑，只达到 2.37%，虽然其 GDP 总量持续增长，达到了 3242 亿美元，但与 2018 年、2019 年相比，增速明显放缓。① 由于经济发展状况不乐观，2020 年孟加拉国的失业率也有所上升，达到 5.3%，而 2019 年仅为 4.2%。② 此外，孟加拉国政府债务占 GDP 的比重由 2019 年的 29.6% 上升到 2020 年的 31.7%，③ 表明孟政府为应对财政赤字而增加了借款额，反映出在疫情影响下，2020 年孟加拉国 GDP 增速放缓的事实。值得注意的是，由于失业人口增加，孟加拉国的贫困率由 2019 年的 20.5% 攀升至 2020 年的 35%，④ 孟加拉国的经济复苏面临着巨大压力。

（三）订单减少，成衣出口额大幅下跌

欧盟和美国是孟加拉国成衣出口的主要对象，2019 年约有 80% 的成衣出口到这两个市场。随着疫情的到来，欧盟地区和美国的经济都出现不同程度的衰退，普通民众的消费需求大大减少，再加上服装属非必要消费品，服装市场迎来寒冬，孟加拉国大量成衣订单被取消，许多中小规模、资金不足的成衣工厂纷纷倒闭，大量工人失业，孟加拉国成衣出口额也随之大幅下跌，成衣制造业遭受沉重打击。孟加拉国服装制造商和出口商协会（BGMEA）发布的数据显示，2019/2020 财年孟加拉国成衣出口额大幅下跌，仅为 279.4 亿美元，与上一财年的 341.3 亿美元相比下跌超过 60 亿美元，成衣出口额占孟加拉国总出口额的比重也由 84.2% 下降至 83%。⑤ 另，联合国在最新发布的《2021 年世界经济形势与展望》报告中提到，来自外国的主要零售商已经取消了价值约 30 亿美元的成衣订单，该举措已对孟加拉国内一千多家成衣制造工厂产生不利影响，有些零售商甚至已经申请破产，一些关键的供应链也暂时中断了。但是在政府的大力支持下，成衣制造工厂克服困难，恢复生产。⑥

① World Bank, World Bank national accounts data, https://data.worldbank.org/.[2021-08-16].
② Trading Economics, https://tradingeconomics.com/bangladesh/unemployment-rate.[2021-08-18].
③ Trading Economics, https://tradingeconomics.com/bangladesh/government-debt-to-gdp.[2021-08-18].
④ Bangladesh Government, Bangladesh's Eighth Five Year Plan, https://bdplatform4sdgs.net/wp-content/uploads/2020/12/Deb.Bhattacharya_Eighth-Five-Year-Plan_091220.pdf.[2021-08-21].
⑤ Bangladesh Garment Manufacturers and Exporters Association, http://bgmea.com.bd/page/Export_Performance.[2021-08-10].
⑥ United Nations, World Economic Situation And Prospects 2021, https://www.un.org/sites/un2.un.org/files/wesp2021_update_1.pdf.[2021-08-24].

（四）减薪失业在所难免

疫情的大流行使孟加拉国成衣制造业严重受挫，主要出口市场的消费需求疲软，大量订单被取消，成衣出口额大幅下跌。在这种特殊环境下，许多规模较小的成衣企业破产，剩余的成衣生产商为渡过难关也不得不推行减薪裁员的相关措施，数以万计以该行业为生的工人面临着减薪失业的风险，他们的合法权益不仅无法得到充分保障，而且自身以及家人还会因此陷入困境，无法正常生活。据孟加拉国服装之家（RMG Bangladesh）报道，在疫情大流行期间，保持运转的纺织工厂为生存下去而不得不减薪裁员，孟加拉国成衣制造业工人的薪资自疫情暴发以来减少了 35%，仅在上一次疫情高峰期间就有约 32 万工人失业，就连该行业的中层管理人员也面临失业风险，疫情严重扰乱了他们的正常生活秩序，供应链底层工人的生命健康安全甚至都面临威胁。[①]值得注意的是，虽然孟加拉国成衣制造业在疫情期间获得了来自银行、政府的大量贷款和优惠政策的扶持，但仍有许多工人被成衣生产商解雇，他们的合法劳动权益无法得到充分保障。

三 "后疫情时代"孟加拉国成衣制造业面临的挑战

作为孟加拉国的传统产业，虽然成衣制造业自孟加拉国独立以来发展迅速并逐渐成为该国的经济命脉，但该行业自成立以来便存在着原材料严重依赖进口、出口市场与出口产品单一等不足之处。新冠疫情的大流行又给成衣制造业的未来发展增添了诸多不确定性。在"后疫情时代"，该行业面临更多挑战。若孟加拉国成衣制造业不及时升级转型，孟加拉国政府不高度重视基础设施建设、外国直接投资和工人技能培训及劳动效率等问

---

① RMG Bangladesh, Covid-Induced Lockdown: RMG workers suffered 35pc pay cut last year, https://rmgbd.net/2021/04/covid-induced-lockdown-rmg-workers-suffered-35pc-pay-cut-last-year/.[2021-08-25].

题，那么该国成衣制造业的国际影响力将逐渐下降，该行业未来的发展也会受阻。

（一）成衣制造业亟须升级转型

突如其来的疫情严重冲击了全球供应链和产业链，成为其重组重构的催化剂，并使得经济全球化一体化进程受阻。作为全球服装产业链上的重要一环，孟加拉国成衣制造业也受到全球产业链调整的深刻影响。自疫情暴发以来，孟加拉国多次实施封锁、停工停产等限制措施以遏制疫情的进一步蔓延，导致成衣制造业供应链环节缺失生产要素，成衣出口量和出口额双双下跌，短期内很难迅速复苏。然而，与孟加拉国成衣制造业的颓势相比，越南服装产业却取得了惊人的进步。凭借高质量、高附加值的服装产品以及面向高端市场的定位，越南服装产业出口市值迅速超越孟加拉国成衣制造业，成为仅次于中国的世界第二大成衣出口国。在经历了疫情的冲击后，不仅全球供应链、产业链分化重组，呈现出兼顾安全与效率的特点，而且全球时尚潮流快速变化，民众对更高质量的时尚服装的需求不断增加，对服装的消费正由棉制品向混纺织品转变。但是孟加拉国成衣制造业仍专注于单一且低廉的棉纺织制品的生产，目前十分欠缺人造合成纤维等非棉高端服装的设计与生产，其国际竞争力不断下降，面临着前所未有的挑战。因此，孟加拉国成衣制造业应注重质量而不是数量，努力向高质量、高价值、多样化方面转型升级，以实现成衣制造业的复苏与其国际竞争力的再度提升。

（二）配套基础设施落后

虽然近年来孟加拉国经济发展成就显著，但仍存在基础设施落后的问题，特别是水电供应、交通运输等基础设施薄弱，影响了服装产品交付周期，严重制约了成衣制造业和经济的发展。根据世界经济论坛（WEF）发布的《2019年全球竞争力报告》，在基础设施质量方面，孟加拉国在141个国家中排名第114位；道路和港口是基础设施的两个重要方面，2019年孟加拉国道路质量排名第 108 位，港口质量排名第 92 位。^①目前孟加拉国仍缺乏足够、良好的高速公路，通行效率差，货物运输所需时间较长；虽然港口质量排名略高，但其全球竞争力较低。吉大港是孟加拉国最主要的港口之一，但该港口货物周转时间十分漫长，甚至被称为"供应链上的死结"，若遇上拥堵或工人罢工，货物周转时间则会成倍增加，阻碍成衣制造业的发展。此外，电力匮乏是基础设施问题的另一个重要方面。目前孟加拉国电力供需仍存在巨大缺口，成衣生产经常由于停电而不得不中断，不仅严重制约了生产效率，还会导致成衣销售额的损失。因此，落后的基础设施成为孟加拉国成衣制造业发展的不利因素。基础设施建设状况若不能得到改善，将会严重阻碍该行业的未来发展。

（三）外国直接投资不佳

外国直接投资（FDI）通常被视为发展中国家经济增长的重要因素，孟加拉国需要外国直接投资来推动其持续发展。外国直接投资对成衣制造业等出口导向型产业尤为重要，不仅有助于扩大生产和经济增长，还能加强孟加拉国与发达国家之间的经济联系，为前者带来先进技术，促进出口导向型产业的升级转型。在疫情大流行的背景下，外国直接投资对孟加拉国成衣制造业的重要复兴作用更是不言而喻。据孟加拉国服装之家报道，2020 年孟加拉国总共获得了 25.6 亿美元的外国直接投资，与 2019 年相比下降了 10.8%；其中成衣制造业的外国直接投资流入额为 2.71 亿美元，比上一年增长了 11%，^②但均低于预期值。然而越南在吸引外商投资方面取得了巨大成就，得益于其良好的基础设施和优惠的税收，越南投资环境较好，来自日本、中国台湾、新加坡和韩国的顶级成衣制造商在过去 30 年中投资超过 195 亿美元，

① World Economic Forum, The Global Competitiveness Report 2019, http://www3.weforum.org/docs/WEF_TheGlobalCompetitivenessReport2019.pdf.[2021-08-26].
② RMG Bangladesh, FDI in textile and weaving sector jumps by 11% in 2020, https://rmgbd.net/2021/08/fdi-in-textile-and-weaving-sector-jumps-by-11-in-2020/.[2021-08-26].

帮助越南成衣制造业融入全球供应链并扩展国外市场份额。[①] 与越南等东南亚国家相比，孟加拉国的外国直接投资表现并不佳，特别是高成本、高价值、设计复杂的人造纤维制品、混纺织品急需外国投资的支持，然而落后的基础设施、有待改善的营商环境阻碍了外国投资的进入，孟加拉国成衣制造业的竞争力正逐渐降低。未来，孟加拉国需要改善营商环境，在多方面努力以吸引更多外国投资对关键领域的技术支持，促进成衣产品的升级转型与多样化，帮助成衣制造业更快度过新冠疫情的危机。

（四）工人欠缺技能，劳动效率低下

孟加拉国成衣制造业每年为超百万人提供就业就会，大量年轻的廉价劳动力使孟加拉国成衣制造业在全球服装出口市场中取得巨大成功，也使得孟加拉国成衣制造业与其他国家相比更具竞争优势，目前孟加拉国仍是世界上制造服装产品劳动力成本较低的国家之一。然而，随着生产成本的不断攀升，廉价劳动力并不是孟加拉国成衣制造业未来的可持续发展之路，劳动生产率低下、欠缺所需技能的问题正逐步抵消廉价劳动力的优势。而且目前孟加拉国成衣制造业仍缺乏专业技术工人，大部分普通劳动力工作效率较低且受教育程度较低，欠缺设计、生产高端服装产品所需的技能，无法适应孟加拉国成衣制造业更高水平的发展要求。孟加拉国成衣制造业若要继续保持竞争优势，实现可持续发展，则必须注重对专业工人的技能培训，提高生产效率，以满足制造高附加值服装产品的需求。

四　孟加拉国成衣制造业发展出路

（一）加强、完善基础设施建设

基础设施的欠缺阻碍了孟加拉国经济的发展。首先，重视对交通、互联

---

① Ahsan H.Mansur, Hasnat Alam,"Post-Pandemic Challenges for Revival of Bangladesh RMG Sector", https://policyinsightsonline.com/2020/07/post-pandemic-challenges-for-revival-of-bangladesh-rmg-sector/.[2021-08-28].

网等基础设施的建设，改善道路条件，扩建主要公路和主要运输港口，增强各成衣工厂之间以及各工厂与港口之间的互联互通性，充分保证货物运输时效，满足日益增长的出口需求，不断缩短服装产品交付周期对成衣制造业的发展至关重要。在全球供应链、产业链重组重构的背景下，若制造业和物流业能融合发展，探索出供应链联动协同发展新模式，便可更快响应市场需求，提升物流运输效率，降低成衣运输成本。其次，全球供应链、产业链的调整，让全球制造业开始向数字化、智能化转型升级。孟加拉国鼓励其成衣制造企业深度融入全球产业链、供应链，抓住"互联网＋"的绝佳发展机遇，加快"数字基建"和互联网建设，以互联网为载体将人工智能、5G 等新兴技术运用到成衣制造业中，通过科技创新推动孟传统成衣业向数字化、智能化、自动化转型升级，从而把握市场机遇、降低生产成本、促进成衣产品多样化以及提高生产效率，缩短交货周期，开拓更加广泛的全球市场。

（二）提高工人劳动效率，加强技能培训

孟加拉国人力资源十分丰富，超过一半的人口都是青壮年劳动力，而且劳动力成本低。然而，孟加拉国落后的教育培训体系无法满足现代化发展的需要，成衣制造业工人受教育程度低、工资低且劳动效率不高，直接影响了成衣制造业的发展前景。首先，加大对教育体系的投入能够消除文盲、提升国民受教育程度，特别是能够提高劳动人口的素质，从而培养成衣制造行业的合格实操人才，充分发掘、利用丰富且潜力巨大的人力资源；其次，专业技能培训必不可少。培养专业服装设计师对服装产品进行指导与设计，通过有针对性的培训使成衣工人的劳动生产效率与技术能满足高端服装生产的要求，能与成衣业升级转型、现代化发展的需要相适应，并能在一定程度上吸引外国投资；最后，出台相关保障性措施并修订劳动合同法来保护成衣业工人的合法权益同样重要。新冠疫情期间，几乎所有成衣工人面临不同程度的减薪甚至失业的威胁，他们的正常生活无法得到保障。对此，加大对成衣业的补助扶持力度，适当提高最低工资标准以及工人福利待遇，是成衣业持续发展的基础。

（三）进一步开拓非传统市场

孟加拉国成衣出口主要市场为欧盟和美国，2020 年孟加拉国成衣对欧盟和美国的出口额为 220.8 亿美元，然而同年孟加拉国对中国和印度的成衣出口额仅有 2.65 亿美元和 3.68 亿美元，[①] 与欧盟和美国两大传统市场相比，其所占比重十分微小。作为孟加拉国的重要邻国，中国和印度不仅人口众多，而且近年来经济高速发展，不断增长的年轻人对时尚服装的需求十分旺盛，两大市场发展前景都很广阔。此外，疫情深刻影响全球供应链和产业链，使其呈现出集群化、区域化和东移的特点。目前中国已基本控制住疫情，正全面有序恢复生产与经济发展，并且凭借完备的产业体系、强大的创新能力以及巨大的国内消费市场等优势，正逐渐成为亚洲乃至全世界的制造业中心，中国的纺织服装业也正向高端进阶。与此同时，孟加拉国与印度正积极吸引来自中国的低端产业链，以恢复经济发展，希望尽快从疫情的阴影中走出。在此背景下，在此背景下，借助稳定发展的中孟外交关系这一优势，积极承接来自中国的产业链，抓住全球产业链由全球化向区域化发展的机遇，加强与中国纺织服装产业链的融合发展，重视规模庞大的中国消费市场，是孟加拉国成衣制造业的重要选择。最后，孟加拉国不仅与印度均为"南亚区域合作联盟"和"孟不印尼"次区域合作组织重要成员国，也是"一带一路"倡议的重要参与国，近年来与中国和印度的外交关系以及经贸合作关系良好，并且与中印两国互为可靠的贸易合作伙伴。未来，中国和印度不断发展的市场都将对成衣产品产生巨大需求，从而有利于孟加拉国成衣制造业的发展与转型。

结　语

近年来，孟加拉国经济发展取得了显著成就，已成为世界上经济发展速

[①] Bangladesh Garment Manufacturers and Exporters Association, http://bgmea.com.bd/page/Export_Performance.[2021-08-10].

度最快的国家之一。在这耀眼成绩的背后，离不开成衣制造业的重要推动作用。作为孟加拉国最主要的出口创汇产业，成衣制造业还在推动就业、降低贫困率、改善女性社会地位、促进公平等方面做出了不可磨灭的贡献。然而，新冠疫情沉重打击了孟加拉国成衣制造业，不仅成衣制造业转型升级的难度加大，而且成衣出口额大幅下滑，影响了经济发展，导致大量工人减薪失业。在疫情的考验下，孟加拉国成衣制造业的发展面临巨大挑战。未来，孟加拉国成衣制造业该如何转型升级、实现产品多样化并向高附加值非棉产品转变、加强工人技能和提升效率、开拓更广阔的市场以及实现可持续发展呢？这个问题值得孟加拉国政府深入考虑并付诸实际行动，以巩固、加强成衣制造业的强劲发展势头。

冲绳孔子庙释奠的历史变迁与文化传承*

李凤娟**

【内容提要】释奠是中国古代祭奠先圣先师的礼仪，于 17 世纪初传到琉球。琉球共有两所孔子庙，一所是由明代东渡琉球的闽人三十六姓后裔久米村人建立的久米孔子庙，另一所是首里王府修建的首里孔子庙。琉球的孔子庙具有"先祭孔再建庙""先建庙后建学"的特点。随着琉球历史的发展，孔子庙释奠经历了兴盛、衰落、中断和复兴的过程，在内容和形式等方面也发生了变化。如今的孔子庙释奠既不失"标准化"的中国色彩，又独具"在地化"的冲绳特色。现代冲绳社会的久米村人以释奠为中心，借用"孔子"这一象征性文化符号来重新"创造传统"，在建构认同依据的同时，凝聚族群力量，提升社会影响力。

【关键词】冲绳　久米孔子庙　释奠　久米村人

---

* 本文系 2016 年国家社会科学基金青年项目"冲绳闽人三十六姓后裔的历史记忆与文化认同研究"（项目编号：16CMZ013）的阶段性成果之一。

** 李凤娟，天津理工大学语言文化学院副教授。

　　释奠是中国古代的一种祭祀仪式，指在学校设置酒食以奠祭先圣先师，后来逐渐演变为国家和社会祭祀大成至圣先师孔子的典礼。中国的儒教文化对琉球产生了深远的影响。琉球历史上共兴建了两所孔子庙，分别是久米孔子庙（1674）和首里孔子庙（1837）[①]，后均毁于1944年的那霸大空袭。战后，久米孔子庙得以重建，首里孔子庙残留的部分石墙被冲绳县指定为历史文化财产"国学·首里圣庙石垣"。目前的研究多集中在冲绳孔子庙建立的历史意义、儒学思想在琉球的传播和影响、东亚国家祭孔礼仪的多元化等方面，关于冲绳孔子庙释奠的代表性研究有孔祥林对琉球孔子庙及释奠的概述，以及日本学者石垣直对冲绳释奠历史的梳理。但是，在冲绳孔子庙释奠的历史变迁中，祭祀主体久米村人的意识变迁和文化传承，尤其是释奠与现代久米村人认同建构的关系等方面，尚未引起充分的关注。本文在先行研究和实地调查的基础上，结合冲绳时代背景的变化，来探讨冲绳久米孔子庙释奠的历史变迁，以及现代久米村人对儒教文化的传承和认同建构。

一　冲绳久米孔子庙的建立与发展

　　久米孔子庙位于那霸久米村[②]，由明洪武年间东渡琉球的闽人三十六姓后裔久米村人所建。据记载，久米村总役金正春于康熙十年（1671）向尚贞王提出创建孔子庙的请求，王允其议，令风水师周国俊卜地于久米村。翌年孔子庙动工，康熙十三年（1674）竣工，康熙十四年（1675）命工匠制作孔子及四配圣像。[③] 久米孔子庙仿照中国孔子庙的建筑风格和格局，"红墙朱扉，左右立'下马'碑。内棂星门三。进门，广庭甬道，上设拜台，大殿

[①]　首里孔子庙的建立时间较晚，且在二战后未能重建。除了祭祀主体外，释奠基本和久米孔子庙的相同，本文主要以久米孔子庙的释奠为中心进行论述。

[②]　久米村又称"唐荣""唐营"或"营中"，是闽人三十六姓及其后裔在琉球的居住地。

[③]　程顺则《中山孔子庙碑记》（1716），久米孔子庙内石碑。

三间，奉先师孔子神位、圣像；两旁二龛，设四配位像，各手一经"[1]。清代册封使臣对琉球孔子庙的建立无不大加赞扬。如康熙二十二年（1683）册封使汪楫、林麟焻造访久米孔子庙时赞叹："琉球之君若臣，其可不谓信经之笃，而尊圣之至者欤！""夫自吾夫子春秋后，中国崇祀圣人垂三千年，而外夷无闻。今琉球一旦先之。呜呼！伟矣。"[2]久米孔子庙建立后，便仿照中国的制度于每年春秋二仲上丁日举行释奠。

但是，最初的孔子庙并非"庙学合一"，而是"有庙无学"。汪楫在《琉球国新建至圣庙记》中曰："孔子之祀，行于庙而备于学。……今日者，庙既成矣；因庙而扩之为学，则费不繁而制大备。"[3]他认为琉球的孔子庙有违"庙学合一"的常理，应该"因庙而扩之为学"，如此一来琉球之经学必会更为兴盛，表率友邦。康熙五十六年（1717），琉球儒学大师程顺则启请建学。翌年，学宫（明伦堂）建成于圣庙东地，形成"左庙右学"之格局。宫内正中设置神坛，奉安启圣王圣主，其左右之坛安置四氏神主，即为启圣祠。明伦堂建立后，成为久米村讲解四书五经、传授外交文书制作的高等教育机构。由此久米孔子庙的机能得以完善，成为琉球的祭孔圣地和学问中心，推动了儒学在琉球的传播和发展。

1879年"琉球处分"后，久米孔子庙归日本国家所有，由冲绳县负责管理。1901年，那霸区以充实教育设施为由，向国家提出无偿让渡孔子庙的请求，于次年获得许可。1912年，久米村人中的有志之士发起孔子庙修缮募捐运动，并组建久米崇圣会。1915年，久米崇圣会接管孔子庙的土地、建筑物、藏书等一切物品。1944年，久米孔子庙在战争中化为灰烬，明伦堂所藏的诸多珍贵历史资料亦被烧毁。1968年，久米崇圣会在原天尊庙址内搭建临时的孔子庙、天妃宫和天尊庙。1974年，正式在此地重建久米孔子庙，庙内建筑

---

① 周煌《琉球国志略》卷七，乾隆己卯年刊（1759年），漱润堂藏版，第2~3页。
② 周煌《琉球国志略》卷十五，乾隆己卯年刊（1759年），漱润堂藏版，第18、20页。
③ 周煌《琉球国志略》卷十五，乾隆己卯年刊（1759年），漱润堂藏版，第16~19页。

包括大成殿、明伦堂、天尊庙、天妃宫。与此同时，久米崇圣会还在原孔子庙址上建立了孔子铜像和孔子庙·明伦堂旧址的石碑。2013年，久米崇圣会在原久米村的土地上建立了新孔子庙，原来的孔子庙恢复为天尊庙。

综上所述，久米孔子庙在三百余年的发展过程中，几经变迁，其建立、重建、迁移、管理等均与久米村人息息相关。孔子庙既是久米村人传播儒教文化的根据地，又是久米村子弟的教育机构，同时也是琉球王国尊儒重道的体现。战后重建的孔子庙，内部既有大成殿、明伦堂，亦有天尊庙（供奉天尊、关帝、龙王）和天妃宫，这就使得久米孔子庙兼具儒教和道教的双重特性，独具冲绳特色。

二 冲绳孔子庙释奠的历史变迁

（一）琉球王国时期的释奠

久米孔子庙的特点除了"先建庙后建学"以外，还有"先祭孔后建庙"。据久米村家谱资料记载："……中山（琉球）自明初通中国，虽知尊圣人重文教，然而未曾行释奠。至于万历三十八年（1610）庚戌，故总理唐荣司紫金大夫蔡坚，奉使入贡，登孔子庙，见车服礼器，而心向往之。于是图圣像以归，每当春秋二仲上丁之期，约唐荣士大夫轮流家而祀之。"[1]可见，琉球最早的释奠在久米村士大夫家中轮流举行。当时的祭品有蔬果、面食、糕饭、海味、鸡豚羊牲，举行一献三爵四拜礼。[2]

康熙十五年（1676），久米孔子庙内举行了第一次正式释奠。祭主由久米村总役担任，祭品由王府御赐，行一献三爵四拜礼，祭典过程较为简易。除了春秋二祭之外，从尚贞王七年（1679）起，王府规定每年正月初二王世

---

[1] 那霸市史编集室编『那霸市史資料篇第一卷六·久米村家譜』、那霸市役所、1980年、第59頁。

[2] 沖縄県立芸術大学附属研究所編『鎌倉芳太郎資料集·ノート篇Ⅲ』、沖縄県立芸術大学附属研究所、2015年、第781頁。

子要亲至圣庙，"此日王子弟、加衔王子、按司、御物奉行、申口官，皆随王世子拜谒圣庙，上香奉酒，恭行拜礼"①。而在国王即位之后，选吉日良辰，例谒圣庙，供奉沉香、蜡烛、烧酎、醴、糕连、灯油等物；王世子、王世孙，每年一次，或二月上丁，或八月上丁，例谒圣庙，供御花、烧酒、御香、蜡烛。②可见，首里王族人员也会参与释奠祭礼，定期拜谒孔子庙。

明伦堂和启圣祠建立后，程顺则认为以前的释奠以紫金大夫或长史官为主祭，行八拜礼，不行饮福受胙礼，不用帛，又无斋戒、省牲，祭礼过于简单。在认真考察了中国释奠之后，他向尚敬王奏请修改琉球释奠。于是，自康熙五十八年（1719）起，久米孔子庙开始仿照中国的释奠形式来举行。

1718 年的册封使徐葆光在《中山传信录》中记录了改良后的释奠。③在祭品方面，至圣先师神位前供奉大牢（整只的猪、牛、羊），位于中央位置的祭品还有帛、爵、羹（太羹、和羹）、粢盛（稷、黍、梁、稻）；左侧祭品有芹菹、兔醢、笋菹、鱼醢、韭菹、醓醢、菁菹、鹿醢；右侧有形盐、藁鱼、枣、栗、白饼、黑饼、芡、鹿脯。其中一些难以入手的祭品用琉球特产代替，如以羊代鹿、以橘子代枣、以甘蔗代芡等。四配神位以及启圣公神位、配飨神位前供奉少牢（猪、羊，其中配飨神位前的猪、羊分别为半只），祭品中均无太羹，配飨神位前的粢盛仅有稷、黍两种，除此之外均与孔子神位前的祭品相同。释奠中使用的礼器亦为中国式，盛放太羹用"登"、和羹用"铏"、黍和稷用"簠"、稻和梁用"簋"、右侧祭品用"笾"、左侧祭品用"豆"。④释奠之日，国王派遣紫金大夫于丑时（凌晨两点）祭祀启圣祠，派遣三司官于寅时（凌晨四点）祭祀圣庙。所有祭者在释奠三日前斋戒、一日前省牲，祭祀时行三跪九叩、饮福受胙之礼。徐葆光对释奠的祭祀仪程未做描述，但

---

① 《球阳》卷七，《传世汉文琉球文献辑稿》（第 17 册），鹭江出版社，2012，第 629 页。
② 『琉球国由来记』卷九、伊波普猷ほか編『琉球史料叢書』第一卷、鳳文館、1988 年、第 184~185 页。
③ 徐葆光《中山传信录》卷五（1721），平安兰园藏版，第 41~44 页。
④ 石垣直「琉球・沖縄における釈奠の歴史と現在—久米・至聖廟の事例を中心に—」、『南島文化』第 41 号、2019 年、第 24 页。

根据孔祥林的论述，应与清代州县释奠仪大致相同。[①]

关于祭孔乐舞，则无明确记载。嘉庆十三年（1808）的册封使臣齐锟、费锡章在《续琉球国志略》中记录"（琉球）仲秋上丁，恭祭俎豆，礼器咸备，惟琴瑟、鼓钟、羽龠尚未肄焉"[②]。可知，19世纪初期的琉球尚未习"乐""舞"，因而应当不会出现在释奠中。《日本教育史资料》中载有久米孔子庙的"释奠排案排立及拜位图"，里面出现了"吹靫""御庭乐"的字眼。[③]久米村汉学家龟岛有功（1845~1926）为防止曾在释奠中演奏的"至圣乐"失传，于1913年委托冲绳音乐家山内盛彬记谱保存。[④]通过这些记录，可以推测至少在琉球王国后期，释奠中出现了"乐"。

琉球王国时期的释奠费用由王府下拨，祭主由王府派遣，可以说释奠是琉球国家性祭礼，但祭祀主体仍然是久米村人。久米孔子庙的建立和释奠的中国化，是琉球王府支持久米村儒教发展、积极导入中国式礼仪规范的具体体现。丰见山和行认为，以孔子庙和释奠为契机，从18世纪初期开始，首里王府在展开和强化王权礼仪的过程中，作为国家性政策的一环，正式把儒教、风水等中国文化引入琉球。[⑤]在首里王府和久米村人的积极推动下，琉球的儒教文化进入兴盛时期。

（二）近代冲绳的释奠

根据冲绳时代背景的变化，笔者将近代冲绳的释奠设定在1879年"琉球处分"至1972年冲绳"复归"日本这一时间范围内。特殊的历史发展过程，使包括久米村人在内的冲绳人在身份认同和文化认同上出现了彷徨。这一时期的孔子庙释奠也历经周折变化。

1879年以后，释奠由那霸区当局辅助、久米村有志之士集资举行，祭

---

① 孔祥林等：《世界孔子庙研究》，中央编译出版社，2011，第953~954页。
② 《续琉球国志略》卷三，《传世汉文琉球文献辑稿》（第29册），鹭江出版社，2012，第478页。
③ 『日本教育史资料』六、日本文部省御藏、1892年、第155页。
④ 『山内盛彬著作集』第二卷、冲绳タイムス、1993年、第332~334页。
⑤ 豊見山和行『琉球王国の外交と王権』、吉川弘文館、2004年、第251~252页。

典从简，大成殿的大牢也改为小牢。1915 年，久米崇圣会接管孔子庙后，恢复了春秋二祭。1918 年 3 月 18 日的《琉球新报》登载了题为"昨日孔子祭　参拜者众多"的报道。[①] 当日释奠于早上八点开始，大成殿入口处供奉整只猪和羊，神位前的祭品有五谷饭、九年母（柑橘的一种）、甘蔗、饼、馒头等。圣庙祭主是久米崇圣会理事长（头戴黄冠、身着琉球王国时期的黑朝礼服），启圣祠祭主为副理事长，其他读祝文者一名、司帛者一名、引礼两名、礼生两名、执生数名，均由久米崇圣会会员担任。整个祭典过程使用汉语，行三跪九叩、饮福受胙之礼。当日除了 40 余名崇圣会会员外，还有代议士、区会议员、附近学校校长等 20 余名来宾出席。

进入 20 世纪 30 年代后，受中日战争等国际环境的影响，久米崇圣会难以继续实行中国式仪礼。从 1939 年秋季释奠起，久米孔子庙仿照东京汤岛圣堂采取了"神式"祭典，祭祀语言由汉语变为日语。《冲绳日报》（1939 年 9 月 18 日）对有二百人参加的"神式"释奠进行了报道，具体仪程包括斋主诵读祝词、祭主诵读祭文、来宾进行玉串奉奠、那霸市长致祝词、孔子颂德演讲、学生齐唱"孔子颂德歌"[②]。自此，久米孔子庙维持了二百余年的三跪九叩、饮福受胙等中国式仪礼宣告结束。

1944 年的大空袭，使那霸成为一片废墟，释奠被迫中止。战后，久米村人为了生计和重建家园，一时无暇顾及其他。

（三）现代冲绳的释奠

1972 年以后，冲绳掀起传统文化复兴的热潮。1974 年，久米崇圣会重建孔子庙（启圣祠未能重建），其间得到中国台湾地区的大力支持，如大成殿中的孔子神位、"至圣庙""万世师表""有教无类""圣协时中"等匾额均为中国台湾赠送。另外，孔子庙旧址的孔子铜像也由台北市政府赠予。

1975 年 1 月 25 日，久米崇圣会举行了孔子铜像的揭幕仪式、孔子庙落

---

① 转引自具志坚以德编集『久米至圣庙沿革概要』、久米崇圣会、1975 年、第 8 頁。

② 东京汤岛圣堂财团法人斯文会于 1927 年制定的祭曲。

成典礼,以及战后第一次释奠。释奠祭主身着西式燕尾服,其他执事身穿西服,战前的琉装已不复存在。当时的释奠祭品不明,具体仪程包括祭典开始、起立、迎神、就座、献馔、祭主上香、奉读祝文、来宾上香、馔撤、燎祝文、起立、送神、就座、祭典终了,共 14 部分。传统的三跪九叩和饮福受胙礼未能恢复。此次释奠的主要来宾有冲绳县知事、那霸市市长、东京斯文会会长,以及中国台湾的孔德成、陈立夫、方治等人。由于每年春秋两次的释奠费用负担较大,从 1976 年起,久米崇圣会于每年 9 月 28 日举行释奠。

随着那霸市与福州市缔结为友好城市,20 世纪 80 年代久米村人掀起了赴福建寻根访祖的热潮。与此同时,久米崇圣会与曲阜孔子庙建立了友好交流关系。1994 年久米崇圣会组团到曲阜孔子庙视察,受到热烈欢迎;1995 年值久米孔子庙复兴 20 周年之际,孔祥林先生赠送孔子像,至今仍镇座于大成殿中。

进入 21 世纪以来,久米孔子庙的释奠也增加了一些新元素,如使用论语中的经典语句来宣传释奠;释奠时由冲绳县立艺术大学学生演奏"咸和之曲"(21 世纪初),2006 年、2007 年由御座乐复元演奏研究会进行演奏,无现场演奏时播放以曲阜孔子庙释奠为模板的磁带录音;2007 年释奠后进行"旗头"表演和舞龙表演;从 2009 年起,祭者的服装恢复为传统琉装;2012 年起,读祝官开始使用汉语奉读祝文,并组织当地的中学生用中文诵读《论语》等。

2013 年,对于久米村人来说意义非凡。经过久米村人多年的努力,孔子庙终于"回归久米"。新建的孔子庙(包括启圣祠)依旧是"左庙右学"的形式,大成殿的"龙柱"和"御路"设计与曲阜孔子庙相同,并在曲阜打造而成。6 月 15 日,久米崇圣会举行了盛大的久米孔子庙迁座仪式和新久米孔子庙的落成典礼。2013 年的释奠,是久米村人时隔 69 年后第一次在久米的土地上举行祭孔大典,也是战后第一次进行启圣祠祭祀。另外,此次释奠还恢复了传统的三跪九叩、饮福受胙礼。笔者认为,这些变化既是久米村人复归传统文化的一种体现,同时也是一个新的开始,预示着久米崇圣会将会以更加积极的姿态履行其继承传统文化、开拓创新的使命。

2019年9月28日，笔者参加了久米孔子庙的释奠，根据久米崇圣会提供的资料和笔者的所见所闻，简单记录释奠过程。

下午两点，举行启圣祠祭礼。久米崇圣会副理事长担任祭主，其他7名执事由理事担任。他们身着琉装，祭主头戴紫冠，执事头戴黄冠①。祭祀仪程分为13个步骤，依次为祭者就位、迎神、进馔、上香、初献礼、奉读祝文、亚献礼、终献礼、饮福受胙、撤馔、送神、燎祝文、撤班。启圣祠的祭品有启圣王神位前的"御三味"［猪（猪头）、鸡、鱼，简化后的"三牲"］、粢盛（稷、黍、粱、稻）、白饼、黑饼，以及四神位前的粢盛、甘蔗和水果（橘子、香蕉、甜瓜）。

下午五点开始接待观礼者，位置有会员席（包括会员家属）和来宾席之分。五点四十分，上山中学学生（17人）诵读《论语》，此后祭主（头戴紫冠）和27名执事（16人黄冠、11人红冠）集中到明伦堂前。六点，释奠正式开始。具体仪程包括：释奠祭礼开始；执事就位；祭主就位；启扉（在礼赞"开门"的号令下开启至圣门）；迎神（祭主和参加者一同朝向至圣门，恭迎孔子）；进馔（执事打开供品盖子）；上香（祭主净手，行三跪九叩礼，向主位及四配上香）；初献礼（祭主向主位及四配献帛、爵）；奉读祝文；亚献礼（祭主第二次献爵）；终献礼（祭主第三次献爵）；来宾上香；饮福受胙（祭主代表所有参加者享用福酒福胙）；撤馔（执事合上供品盖子）；送神（祭主和参加者一同恭送孔子）；燎祝文（按照祝文、帛、爵的顺序前往燎所，焚祝文）；阖门（关闭至圣门）；撤班（祭主和全体执事归位）；释奠祭礼结束。整个释奠过程，伴随着祭孔乐曲，庄严而隆重，既有中国传统色彩，又有冲绳特色。

---

① 在琉球王国时期，不同的官阶对应不同的官帽颜色，按照久米村的官阶由高到低的顺序，官帽颜色分别是紫色、黄色、红色、蓝色、绿色。

在祭品方面，祭品的种类和启圣祠相同，摆放方式和数量略有不同，孔子神位和四配神位前均摆放粢盛、白饼、黑饼、甘蔗和水果，"御三味"仅供奉于孔子神位前。此次释奠约有 200 人参加，代表来宾有冲绳县原知事、那霸市教育长、琉球华侨总会会长、日本冲绳华侨总会会长等。

综上所述，随着冲绳历史的发展和国际环境的变化，久米孔子庙的释奠也呈现出不同的形态与风貌，形成了自己的特色。这是祭孔礼仪在不同的社会文化环境中不断进行自我调适以实现"在地化"的结果，亦完成了由国家性祭祀到民间祭孔的当代传承。[①]琉球最初的释奠较为简易，随着"庙学合一"的完成，改为中国式释奠，推动了琉球儒学之风的盛行和教育的发展；近代冲绳时期的释奠，经历了传统释奠到"神式"释奠的改变，再到战火中的毁灭、战后的中断；现代冲绳的释奠在久米孔子庙重建后一步步复兴，在回归传统的同时也增加了新时代的元素，更具多样性和开放性。

三　释奠与久米村人的文化传承

冲绳久米孔子庙的释奠，至今已延续了三百多年，祭祀主体始终都是久米村人。在琉球王国时期，"庙学合一"的孔子庙是久米村人传播和实践儒教思想文化的根据地，是他们作为"文化人"推动琉球王国教育事业发展的场所，而释奠就是他们对中国文化认同的主要依据。此外，琉球王府为了加强王权统治、改良祭天礼仪和宗庙祭祀等王权礼仪，积极引进和效仿中国儒教礼仪，孔子庙的建立和中国式释奠的导入就是其中重要一环。这一时期的释奠是琉球国家性祭典，也是久米村人传承、传播中国文化的重要媒介。

琉球王国灭亡以后，久米村人的境地发生了翻天覆地的变化，由琉球士

---

① 参见王霄冰《祭孔礼仪的标准化与在地化》，《民俗研究》2015 年第 2 期；《国家祭典类遗产的当代传承——以中日韩近代以来的祭孔实践为例》，《山东社会科学》2012 年第 5 期。

族变成日本当局眼中的"顽固党"。在日本的同化政策下，久米村人在身份认同和文化认同上出现了彷徨。尽管如此，他们从未放弃世代相传的释奠，因形势所迫曾一度采用日本"神式"释奠，用迂回的方式坚守传统文化。战时的逃荒、战后的混乱，又迫使他们暂时中断了对传统的守护。概而言之，历史的反转、时代的巨变、地位的丧失，致使近代以来的久米村人丧失了自我认同的依据，产生了认同危机。在如此严峻的形势下，久米村有志之士意识到想要凝聚族群力量、保持传统文化、提高社会地位，就必须从历史记忆中寻找一个共同的文化根源来重新定位久米村人的价值，拯救濒临消亡的传统文化。

人们对历史文化的记忆都是有选择的，并从中取其所需。在身份认同和文化认同的建构过程中，久米村人从历史中筛选可以为其所用的"记忆"，创造新的族群边界。近代以来遭受重创却始终贯穿于久米村人精神内核的儒教思想成为他们的首选，久米孔子庙和释奠便成为他们寻求文化根基、衔接并重新建构文化认同的最佳媒介。久米村人的代表性团体久米崇圣会，借着冲绳文化复兴的热潮，积极重建孔子庙，恢复传统释奠仪，借用"孔子"这一世界通用的文化符号，积极举办相关活动（如孔子塾讲座、久米历史文化展等），来复兴与历史一脉相承的传统久米文化，将历史的连续性以有形的方式展示给世人，在强化久米村人群体认同的同时，也起到了提高社会声望和地位的作用。

孔子庙释奠是久米村人重新定位自身价值、寻求文化认同的根源，而释奠本身的变化过程就反映了久米村人对传统文化的传承和创新。久米孔子庙释奠历经四百年的发展，在具有中国传统色彩的同时，亦带有浓厚的冲绳特色。在现代冲绳社会，久米崇圣会不断地寻求独具特色的释奠模式，对释奠仪礼进行"传统的发明"，使得久米孔子庙释奠在融合传统文化的基础上，孕育出不同于其他地方的独特的儒教文化，造就了一种具有代表性和生命力的新传统。

　　概而言之，中国的释奠仪自明代传入琉球后，对琉球王国的社会文化、精神信仰、教育事业等方面均产生了深远的影响，同时也是双方友好交流的见证。东渡琉球的闽人三十六姓及其后裔久米村人，在与琉球社会长期的互动与影响过程中，逐渐融入当地社会，丧失了不少中国色彩，却一直将释奠作为中国文化的核心保留下来，是其身份认同的依据和基础。与此同时，现代冲绳社会的久米村人为了强化族群意识、建构文化认同，重新"创造传统"，将孔子庙释奠打造成独具久米特色的仪式。

近代日本佛教净土真宗东西本愿寺派的亚洲开教
——以朝鲜开教为例

葛奇蹊[*]

【内容提要】明治维新后，日本政府为实现"王政复古"，建立以天皇制和国家神道为主体的政教合一体制，于 1868 年颁布"神佛分离令"，推行"神道国教化"政策。受这一政策影响，日本全国各地相继掀起"废佛毁释"运动。日本佛教在这场运动中遭受到严重的冲击，失去了从封建时代延续而来的特权地位，面临着生死存亡的局面。各佛教宗派为救亡图存，在积极迎合日本政府各项政策的同时，推行近代化的改革运动。近代化改革运动的重要内容之一便是响应日本政府对外侵略扩张的政策，通过面向亚洲地区的开教活动，向周边国家和地区扩张势力，其中尤以净土真宗东西本愿寺派（东西本愿寺派分别又称真宗大谷派和真宗本愿寺派）的开教活动最为活跃。东西本愿寺派的亚洲开教区域广泛，其中，在朝鲜的开教活动是以往的研究中涉及较少的。本文以净土真宗东西本愿寺派在朝鲜的开教为主题，结合时代背景来概述其开教经过，并揭示其侵略扩张的本质。

---

　　* 葛奇蹊，北京大学外国语学院日语系助理教授。

【关键词】净土真宗　朝鲜开教　东本愿寺　西本愿寺　大谷光瑞

一　净土真宗亚洲开教[①]的时代背景

1869 年，日本政府为宣扬国家神道，设立宣教使一职作为推行神道政策的基层教化组织，归于神祇官（后改为神祇省）管辖。次年又颁布"大教宣布"诏令，将神道定为国教，由宣教使在全国组织布教，试图以神道统一国民思想，排斥佛教与基督教，但没有取得预期效果。不久后的 1872 年，日本政府另设教部省取代神祇省，将佛教的力量吸纳进来，改神道主导的神道国教化政策为神佛两教联合主导的国民教化运动。净土真宗东西本愿寺派顺应这一时势，大力宣扬佛教"排耶、护法、护国"的立场，强调佛教对国家体制的"积极作用"[②]，希望通过迎合国家需要、融入国家体制的方式，来谋求佛教在新时期的生存与发展。

作为日本政府一方，以"征韩论"为代表，在维新初期便确立了对外强硬、向朝鲜和中国逐步侵略扩张的基本方针。在这一过程中，日本政府非常重视佛教在其中的作用。

如"征韩论"的倡议者之一江藤新平曾在 1871 年给岩仓具视的《对外策》中写道：

中国其人民百分之二奉儒及耶稣天主等宗门，其他奉佛法，与我人

---

① 关于"开教"一词，日本学者高山秀嗣指出："'开教'指的是'向自家宗派的教义尚未普及的地区传播教义，也就是开拓教田的意思'。'开教'一词含有向海外传播教义的意图，开教活动也是一个与完全陌生的文化、语言和生活习惯进行交锋的过程。"并认为其与"布教"一词含义相近，二者可互换使用。高山秀嗣「本願寺の海外布教」、柴田幹夫編『大谷光瑞とアジア』、勉誠出版、2010 年、第 317~318 頁。
② 徳重浅吉「明治初年に於ける東西本願寺の立場と護法の為めの動き(上)」、『大谷学報』1933 年 7 月第 14 巻第 2 号、第 236~250 頁。

民宗门相同。故自今为弘佛法，或可遣派僧徒修行，待他日民心安定后，或可作为间者用于军略。（中略）奖励佛教各派向中国派遣僧侣。[①]

江藤希望佛教僧徒以修行之名，作为间谍前往中国探查情报。后来，江藤鼓励佛教向海外扩张的想法在日本政府内部被延续下来。1872 年教部省设立时，负责人伊地知正治也曾声称：

> 神佛二教同为本朝国教，宜摆脱历来之感情，忘记神佛之别，一致针对外教。不可令一民入彼教。我国向海外推出国教方为本意，此为教部开省之朝旨。[②]

为响应日本政府内部的这种论调，净土真宗东本愿寺派设立海外布教局，以石川舜台为局长，于 1873 年在上海设立别院，任命小栗栖香顶为中国开教负责人，派遣到上海、北京等地考察，为向中国的宗教入侵和扩张做前期准备。1876 年，小栗栖香顶再次赴华之际，东本愿寺派法主大谷光胜（严如上人）嘱咐"吾真宗先于诸宗着手海外布教，实乃最为关乎本宗面目之事"[③]，强调净土真宗海外开教的重要性。由此，净土真宗东本愿寺派迈出了向亚洲扩张宗教势力的第一步。

二 东本愿寺派的朝鲜开教

东西本愿寺派对朝鲜的开教是其亚洲开教活动的一环。在朝鲜的开教时间上，东本愿寺派先于西本愿寺派[④]。1875 年，江华岛事件后，日朝两国签

---

① 江藤新平「対外策」、内田良平編『西南記伝 上巻 1』附録、黒竜会本部、1911 年、第 64 頁。
② 小栗憲一『小栗栖香頂略伝』、明治館、1907 年、第 18~19 頁。
③ 高西賢正『東本願寺上海開教六十年史』、東本願寺上海別院、1933 年、第 7 頁。
④ 此处特指近代以后的开教。早在日本战国时代的天正十三年（1585），净土真宗僧侣（转下页注）

订《江华条约》，约定在朝鲜开设通商口岸，实行朝鲜的"门户开放"。条约缔结生效后的 1877 年，内务卿大久保利通与外务卿寺岛宗则修书至东本愿寺派法主大谷光胜处，建议东本愿寺派在朝鲜开教。

接到日本政府的建议后，本山当即派遣僧侣奥村圆心[1]等人前往釜山着手开教活动。奥村圆心抵达釜山后，立刻携带大谷光胜的书信面见外务省管理官近藤真锄，获准借用政府用地作为传教据点，并从近藤和驻朝代理公使花房义质处获得资金援助。东本愿寺在朝鲜的开教活动由此拉开序幕。

东本愿寺派在朝鲜各地设立多所别院和布教所，管理当地宗教事务。先后开设釜山别院（1877 年）、元山别院（1880 年）、仁川别院（1884 年）、京城别院（1895 年）、木浦别院（1897 年）。另外，先后设立布教所数十处，范围涵盖朝鲜各大小都市及村落，基本将朝鲜全境纳入了真宗的教务管辖范围内。[2] 这些别院和布教所负责多方面的事务，包括面向在朝日本人宣讲自派教义，修建学校、医院等设施，培养在朝传教人员等，为真宗后来的朝鲜传教活动埋下了伏笔。

东本愿寺派的传教策略具有几个特点。首先，在发展对象上采取循序渐进、逐渐扩大的方针，初期将发展对象限定为在朝的日本侨民，再逐渐向朝鲜人渗透。随着《江华条约》的生效和釜山等地的开港，派驻机构人员及随行家属、赴朝定居的日本商人及随行家属人数逐渐增多。[3] 针对此类人群，

（接上页注④）奥村净信曾在釜山修建高德寺，传播真宗教义。奥村净信是本愿寺第 12 代法主教如的弟子。万历朝鲜战争（1592）之后，净信移居至肥前唐津（今佐贺县唐津市）。尔后，德川幕府推行锁国政策，禁止与朝鲜往来，真宗在朝鲜的传教活动也因此而中断。姜文善「朝鲜開化期 日本佛教의 布教活動——真宗大谷派와 曹洞宗의 布教」、龍谷大学世界仏教文化研究センター編『2015 年度 研究活動報告書別冊 プロシーディングス改訂版』、2016 年、第 2~23 頁。

① 奥村圆心为奥村净信的后人，其父为高德寺第 12 代住持。

② 真宗大谷派編『本願寺誌要』、大谷派本願寺誌要編輯局、1911 年、第 254 頁。

③ "日朝修好条规缔结后，朝鲜放弃了锁国主义，釜山于（明治）10 年 1 月开港。日本人获准公开从事对朝贸易，各地多有渡航者来到釜山。因此，除设立保护居民生活和经济活动的机构之外，也需要宗教来充当精神慰藉机构。"大谷派本願寺朝鮮開教監督部編『朝鮮開教五十年誌』、大谷派本願寺朝鮮開教監督部、1927 年、第 18 頁。

东本愿寺派在各地修建中小学和私塾，由传教僧亲自担当教职，在普及基础教育的同时传播自派教义，并为亡故人员举行佛式葬礼、修建墓地等。此外，还设立釜山教社，为在朝日本人中的贫困人群以及在壬午事变、甲申事变中被殃及的日本人提供生活援助。通过推行上述教育和社会活动，在日本侨民中发展了大批信徒。

其次，重视语言在传教活动中的作用，培养懂朝鲜语的日本人传教僧和懂日语的朝鲜人，采用语言教授和教义传播相结合的传教手法。东本愿寺派认为"在传教过程中了解朝鲜人的想法是第一要务，为达到这一目的，通晓朝鲜语至关重要。因此，相比从日本国内临时派遣传教僧而言，在朝鲜长期居住的人或自幼在朝鲜接受教育的人更为合适"[1]。奥村圆心于1878年在釜山设立鲜语学舍，从日本国内招收学生赴朝，聘请教员教授朝鲜语。同时，面向朝鲜学生教授日语，培养朝鲜本地的传教人员。后来，鉴于学习日语的朝鲜人数量与日俱增，又在草梁设立草梁学院、开成学院等日语学校。

最后，处心积虑深入结交朝鲜朝野人士，培植朝鲜亲日派。东本愿寺派在釜山开设别院后，朝鲜开化派僧侣李东仁开始频繁来访，与奥村圆心讨论国际政治问题。其间，李东仁向奥村透露，自己受朝鲜开化派人士金玉均、朴泳孝之托，欲赴日考察日本国内情势和文物制度，为朝鲜的开化运动提供参考，希望奥村在赴日之行一事上提供便利。奥村欣然同意，与时任釜山管理官的前田献吉商议后，协助李东仁偷渡至日本。李东仁在日期间受净土真宗东本愿寺派厚待，一边学习日语，一边结交日本朝野要人。他不仅是朝鲜开国后赴日留学的第一人，还在京都皈依东本愿寺派门下，成为真宗的信徒。李东仁在仁川开港一事上奔走斡旋，回国后向金玉均、朴泳孝等人陈说开化运动的必要性，是推进朝鲜初期开化运动的重要人物。[2]1882年，开化派人

---

[1] 大谷派本願寺朝鮮開教監督部編『朝鮮開教五十年誌』、大谷派本願寺朝鮮開教監督部、1927年、第25頁。

[2] 大谷派本願寺朝鮮開教監督部編『朝鮮開教五十年誌』、大谷派本願寺朝鮮開教監督部、1927年、第137~144頁。

士金玉均、徐光范赴日，得到法主大谷光胜接见。次年，朝鲜爆发壬午事变。事后，朴泳孝以修信使身份携金玉均、徐光范等人赴日交涉。其间，东本愿寺遣僧侣随行，负责翻译工作。[1] 另外，壬午事变中，朝鲜士兵因差别待遇问题心生不满而发动兵变，袭击亲日派人士和日本公使馆，暗杀闵妃集团高官。闵妃集团军事将领尹雄烈逃离汉城至元山避难，途中遭起义军追杀，在东本愿寺派元山别院轮番（负责人）石川了因的庇护下逃脱。以上述活动为代表，东本愿寺派对日本政府在朝鲜统治阶级内部培植亲日派势力、推动朝鲜政局朝着有利于日本的方向发展上可谓"煞费苦心"。

如上所述，净土真宗东本愿寺派在朝鲜开教上开展了多方面的活动。然而，教派内部长期以来存在的财政问题、内部派系斗争问题[2]，加之 1884 年的甲申事变中亲日派势力金玉均政变失败，导致日本的影响力大幅削弱，东本愿寺派失去了在朝鲜政府内部的人脉。因此，继 1883 年中止在中国的传教活动之后，其在朝鲜的传教步伐也开始逐步放缓（如关闭元山布教所等），回归以在朝日本居民为主要传教对象的传教策略上来。这一态势持续至日本在甲午战争之后、凭借《马关条约》恢复在朝鲜的影响力为止。甲午战争后，东本愿寺派转为同时面向在朝日本居民和驻朝军队传教的传教策略。

三 西本愿寺派的朝鲜开教

西本愿寺派的朝鲜开教时间晚于东本愿寺派，在甲午战争前后才真正开始。不过，西本愿寺派早在明治初期便开始关注海外的动向，第二十一世法主大谷光尊（明如上人）为海外开教做了很多前期准备活动。明治维新后，

---

[1]　大谷派本願寺朝鮮開教監督部編『朝鮮開教五十年誌』、大谷派本願寺朝鮮開教監督部、1927 年、第 146 頁。

[2]　中西直樹「明治前期・真宗大谷派の海外進出とその背景：北海道開拓・欧州視察・アジア布教」、『龍谷大學論集』481 期、2013 年 3 月、第 117 頁。

为求得在新时期的生存与发展，扩张自派的海外势力，大谷光尊积极向海外派遣考察人员和留学生。如 1872 年派遣岛地默雷、梅上泽融等人赴欧洲考察宗教状况，派遣赤松连城等人赴英国和德国留学，之后又多次向海外派遣留学生。[①] 他力图通过这些活动，及时掌握海外局势和宗教动向，为将来可能的海外开教收集信息。在后来的数年间，大谷光尊一直热衷于海外开教活动，范围遍布亚洲、澳洲、北美等地。[②]

在这一系列活动中值得注意的是大谷光尊对其子也是继任者的大谷光瑞（镜如上人）的培植。大谷光尊积极支持大谷光瑞的海外活动，先后派遣其前往中国和欧洲考察。大谷光瑞因而有机会详细了解到海外的宗教状况，建立起广泛的人际关系。[③]

> 明如上人对于泰西文物，痛感取长补短的必要。（中略）明治三十一年，令新法主光瑞上人至中国考察，翌三十二年春归朝。同年冬又遣至欧洲视察。（中略）积极鼓励新法主外游。[④]

在大谷光尊的授意和支持下，大谷光瑞前往欧洲、中国等地的考察活动得到不少便利，后来西本愿寺派海外开教的规模在大谷光瑞的主导下迅速扩大。[⑤]

随着 1894 年甲午战争的爆发，西本愿寺派在朝鲜的传教活动逐步展开。7 月，西本愿寺派为了向驻扎在朝鲜的军人、军属及在朝日本人居民传教，派遣加藤惠证作为从军布教使前往朝鲜，进行了两个月的从军布教，此为西本愿寺派朝鲜开教之始。同年 11 月，大洲铁然前往朝鲜了解传教状况，以此

---

① 北畠玄瀛『本願寺』、本派本願寺教務部、1919 年、第 202 頁。
② 北畠玄瀛『本願寺』、本派本願寺教務部、1919 年、第 223 頁。
③ 高山秀嗣「本願寺の海外布教」、柴田幹夫編『大谷光瑞とアジア』、勉誠出版、2010 年、第 323 頁。
④ 北畠玄瀛『本願寺』、本派本願寺教務部、1919 年、第 239 頁。
⑤ 高山秀嗣「海外開教と大谷光瑞」、『宗教研究』82(4)、2009 年 3 月、第 441 頁。

行的考察结果作为向朝鲜进一步开展传教活动的参考依据。1898 年，中山唯然等人开始在釜山传教。1902 年，在釜山设立出张所。1904 年日俄战争开始之际，派遣幡多乘之至釜山进行从军布教。1907 年，设立京城别院总监部，作为西本愿寺派在朝传教的根据地。至 1910 年，西本愿寺派在朝鲜各地设立 50 多处出张所和布教所。[①]

西本愿寺派朝鲜开教的显著特点是"军人布教"。"军人布教"又称"军队布教"，分为平时或战时前往军队驻扎地传教并捐赠慰问品的"军队慰问"，以及战时由僧侣作为从军布教使面向军人开展的"从军布教"。[②]除了向军人传教外，前线的从军布教使在当地军部的指挥下，还开展各种活动。比如，为战死者举行佛教式的法会和送葬仪式，向营地和医院捐赠慰问品，在前线为本派的开教做准备工作，向本山报告活动情况和战况，参与针对当地民众的宗教诱导工作，参与军事行动等。[③]可见西本愿寺派所谓的"从军布教"不仅超出了宗教应有的"出世"性格，介入干预世俗事务，更是与日本在朝殖民的军事政治势力存在扯不清的关系，其在朝活动无疑是赤裸裸的侵略扩张行为。

西本愿寺派在朝鲜的开教上采取"军人布教"的方式，可见朝鲜开教在西本愿寺派的海外开教活动上是一个重要的转折点。因为，这意味着其开教活动从以前的海外考察、派遣留学生等本派主导的自主行为，转变为参与日本对外军事扩张的依附于政府的行为。时任法主的大谷光尊的行动也鲜明体现出这一点。大谷光尊在开战后的 8 月到各地慰问出征军队，并发表劝谕，

---

① 嵩满也「戦前の東西本願寺のアジア開教」、『龍谷大学国際社会文化研究所紀要』第 8 号、2006 年 5 月、第 298 頁。

② 野世英水「近代真宗本願寺派の従軍布教活動」、『印度学仏教学研究』63（1）、2014 年12 月、第 526 頁。

③ 西本愿寺派规定从军布教使的任务包括："一、慰问各兵营，传达本山意志，授予名号，捐赠书籍等；二、访问各医院，慰问患者；三、在合适的地方开设筵席，向士兵和军中杂役传授安心立命、卫生和风纪等方面的知识；四、给死者遗骸安排火葬或土葬；五、巨型追悼法会；六、将死者遗骸及遗物送回本人籍贯地。此外，瘟疫猖獗时，还需照料患者。"明如上人伝记编纂所编『明如上人伝』、明如上人伝记编纂所、1927 年、第 92 頁。

通过宣扬阿弥陀佛的救济论，来煽动士兵的好战情绪。[①]

此后，西本愿寺派在亚洲各地的传教活动基本都采取这种"军人布教"的方式，[②] 先是派遣僧侣前往各地前线传教，在军队撤退后仍留在该地，设置据点继续传教。

四　大谷光瑞的涉朝活动

1903 年，大谷光尊去世后，大谷光瑞继任净土真宗西本愿寺派第二十二世法主。大谷光瑞的涉朝活动主要分为与政界要人的来往、赴朝旅行和在朝言论。关于其涉朝活动的现存史料十分有限，只能从侧面部分反映出他作为净土真宗西本愿寺派的宗教领袖与朝鲜之前发生的关系。但至少可以推测，这些活动扩大了西本愿寺派在朝鲜的影响力。

从与政界要人的来往看，1904 年大谷光瑞派堂弟大谷尊宝作为自己的代理人前往京城，通过驻朝公使林权助向朝鲜政府要求面见高宗皇帝。朝鲜政府的内部文书《礼式院来去案》记载了这一经过："驻京日本公使林权助的照会，西本愿寺法主伯爵大谷光瑞的代理连枝日野尊宝现在京城，携随行人员要求谒见高宗皇帝。" 据日本学者山本邦彦考证，这是大谷光瑞的名字首次出现在朝鲜的国家文书中。之后，大谷尊宝和林权助面见了高宗皇帝。朝鲜的《皇城新闻》也报道了这一事件，称"大谷尊宝作为日本西本愿寺法主代理访朝"。[③] 根据现存史料尚无法确定大谷光瑞此举的目的以及双方交涉的具体细节。不过自此以后的数年，大谷光瑞的名字频繁出现在《皇城新闻》

[①]　"无论何种恶人，但凡受此弥陀，皆可得到慈悲佛的平等救助。请相信弥陀佛的誓愿，即便身中炮火，也必将凯旋。人终有一死，但有阿弥陀如来在上，死后必可尽享极乐。" 转引自野世英水「近代真宗本願寺派の従軍布教活動」、『印度学仏教学研究』63(1)、2014 年12 月、第 522 頁。

[②]　高山秀嗣「本願寺の海外布教」、柴田幹夫編『大谷光瑞とアジア』、勉誠出版、2010 年、第 327 頁。

[③]　山本邦彦「大谷光瑞と朝鮮」、柴田幹夫編『大谷光瑞とアジア』、勉誠出版、2010 年、第77~78 頁。

《每日申报》《朝鲜中央日报》《东亚日报》等朝鲜的纸媒上，其活动颇受朝鲜言论界关注。

1914 年，大谷光瑞第一次踏上朝鲜的国土，他用一周多的时间游历了釜山、庆州、仁川、京城等地，参观各处寺院、佛教遗迹，所到之处都受到当地西本愿寺派信徒的接待，在京城日报社考察时还会见了二十多名日本扶植的朝鲜贵族。朝鲜的《每日申报》以"日本佛教界的巨人"为题报道了他在京城的活动。他此次赴朝旅行的目的是到总督府面见时任朝鲜总督的寺内正毅。同样由于现存史料的限制，无法确定他与寺内正毅之间的具体交涉情况，不过他在旅行记《放浪漫记》中有如下一段记述：

> 小生在朝鲜游历一周，不得不为总督（寺内正毅——笔者注）善政的普及欢喜。在此善政下，朝鲜人安于其地位，内地人也得以在半岛内居住。因此敢断言，十年内，半岛殷富可期，实力将堪比我国九州。有此好总督，不仅是朝鲜人之福，也是内地人之福。小生为半岛江山所想，希望好总督身体康健，长久驻居此地。①

此处竟将朝鲜总督称为"好总督"，将日本在朝鲜进行的殖民主义活动称为"善政"，并抛出"半岛殷富可期"的荒谬言论。这不仅揭示了净土真宗为日本对外侵略活动进行舆论造势的卑劣行径，也将日本帝国主义的扩张野心展示得淋漓尽致。

言论方面值得关注的是大谷光瑞在朝鲜总督府的机关报《京城日报》上发表的文章。1914 年阿部充家担任京城日报社社长后，将"朝鲜佛教的中兴"视为自己的使命，对佛教采取优待政策，其背后的潜在目的是对日本佛教在朝鲜的传教活动提供支持。阿部充家在任期间的《京城日报》具有鲜明

---

① 大谷光瑞『放浪漫記』、民友社、1916 年、第 12 頁。

的佛教纸媒的特征，具体表现是报纸上开始大量刊登与佛教有关的文章，如朝鲜佛教的历史和遗迹、日本佛教的介绍以及日本佛教界人士的演讲稿、论说和纪行文等。在 1915~1917 年的三年间，大谷光瑞在《京城日报》上共发表文章 95 篇，是日本佛教界人士中刊文最多的。[①] 由上可见，大谷光瑞在朝鲜拥有较高的知名度和影响力，其涉朝活动扩大了西本愿寺派在朝鲜的势力，但这些活动背后潜藏的是西本愿寺派借传教之名介入朝鲜政治和对朝殖民活动、美化侵略战争的本质。

结　语

在朝鲜的开教上，净土真宗东本愿寺派早于西本愿寺派，直接原因是受到了日本政府的委托。西本愿寺派的朝鲜开教虽然晚于东本愿寺派十几年，教派势力发展却非常迅猛，这与明治维新后不久大谷光尊主导的海外调查活动以及后来的大谷光瑞的涉朝活动是分不开的。在传教策略上，东本愿寺派在前期以在朝日本居民为传教对象，甲午战争后开始面向军队传教。西本愿寺派由于其朝鲜开教时间正值甲午战争期间，因此一开始便是以从军布教的方式展开的。

净土真宗东西本愿寺派的海外传教，带有与日本近代的国家体制紧密结合、服务于日本对外侵略扩张战略的鲜明特点，其活动不是单纯宗教意义上的传教行为，在朝鲜的开教活动也不例外。这是明治维新以后日本佛教对外传教活动的一个基本特征，本文所论述的净土真宗是其中的一个具体案例。造成这种现象的原因复杂多样，从客观上来说，明治维新以后的"神佛分离令"、神道国教化政策及后续的"废佛毁释"运动给日本佛教带来巨大的冲击。面对严酷的排佛政策，日本佛教不得不通过迎合政府谋求生存和发展。然而

---

① 沈元燮「경성일보, 매일신보와 일본불교—대곡광서 (大谷光瑞), 후등서엄 (後藤瑞嚴) 을 중심으로—」,『한일민족문제연구』27, 2014 年，第 220~225 页。

从主观来说，这种看似被迫的"迎合"却愈演愈烈，逐渐转变为积极的"响应"。特别是甲午、日俄战争以后，随着日本对外侵略扩张野心的加剧，日本佛教各宗派在对亚洲邻国的"开教"中，以各种各样的形式参与侵略他国、美化战争的活动，实质上充当了侵略战争的帮凶。因此，日本佛教看似"被迫"做出的选择实质上也潜藏着强烈的主观意愿。

吉田兼俱的时空论与"神本佛迹说"

李　健[*]

【内容提要】自平安时代一直到中世前期的镰仓时代，以佛为本地、神为垂迹的"佛本神迹说"一直是神佛关系的主旋律。然而到了中世中后期，特别是进入室町时代，随着神道界理论素养的提升，这一传统关系遭到以吉田兼俱为代表的一批神道家的质疑。吉田兼俱认为，日本的神才是本地，佛是神的化身，因为日本是"三国"之根源。围绕这一中心，他从时间和空间两个方面进行了深度论证，试图以此来证实"神本佛迹说"成立的合理性。本文以时间和空间为切入点，剖析并揭示了吉田兼俱"神本佛迹说"背后的思想逻辑，为今后有关"神本佛迹说"、吉田兼俱乃至吉田神道的研究和探讨提供了一个崭新视角。

【关键词】室町时期　吉田兼俱　神本佛迹说　时间论　空间论

---

*　李健，清华大学历史系世界史博士后流动站、助理研究员。

引　言

吉田兼俱（1435~1511），是日本室町时代（1336~1573）吉田神社的祠官，吉田神道的集大成者。其先祖本是朝廷中掌管龟卜、判别吉凶事务的神官，累代世袭传承，因此吉田氏又被称为卜部氏，吉田兼俱又名卜部兼俱。所谓的"卜部"，指的就是以占卜为主业的品部[①]。兼忠以后，卜部氏子孙因其主要活动区域之不同，遂分为平野社系和吉田社系。本文所要探讨的吉田兼俱，属于吉田社系。

镰仓时代（1185~1333），自吉田兼直开始，吉田社系卜部氏在延续龟卜事务同时，其家学之重心逐渐偏向于研究以《日本书纪》为核心的古典著作和有职故实[②]，时常被邀请为皇族及朝中权贵讲授古典知识和神话传说。至吉田兼俱时，吉田氏在日本古典研究方面已形成浓厚的家学积累。吉田兼俱的学问和思想就是在吉田家学的基础上成熟起来的。

室町时代，吉田兼俱继承吉田家学，在灵活吸收与运用度会家行、北畠亲房、慈遍等前辈神道家的思想和学说的基础上，博采儒、释、道、周易、阴阳五行等诸家之长，对《日本书纪》神代卷进行注释与解读，并以此为基础，逐步建构起独自的神道理论体系，成为日本近世乃至近代神道思想和学说的主要来源之一。因此，研究吉田兼俱的神道思想不仅有助于从整体上了解和把握吉田神道的迁流演变，而且对考察近世乃至近代神道思想和学说的形成也具有重要参考价值。

众所周知，日本中世是神、佛并行的时代，神佛关系是中世宗教史的核心之一。因此，要研究吉田兼俱的神道思想，就不得不关注其对神、佛关系的论断。而最能代表这一论断的，就是他的"神本佛迹说"。"神本佛迹说"

[①] 品部：日本律令制度下，从属于各官司的具备特殊技能的人员群体。
[②] 有职故实：幕府或历代朝廷的仪礼、官职、制度、服饰、法令、军阵等的先例以及典故等。

与"佛本神迹说"相对,顾名思义,是以神为本地、佛为垂迹的另一种类型的"本地垂迹说"。而本地垂迹说,最早可追溯至《法华经》本门与迹门的思想。僧肇(384~414)《注维摩诘经》序文中"然幽关难启,圣应不同。非本无以垂迹,非迹无以显本,本迹虽殊,而不思议一也"[①],是"本迹"一词最早的出处。

那么,为什么要提出"本地垂迹说"呢?作为一种外来文化的佛教,传入日本后,所必然面临的一个问题是,如何与日本固有的神祇信仰也即神道相处。与神道的关系如何,在很大程度上决定着佛教能否在日本的社会风土中稳固存立并顺利发展和渗透。于是,在佛教日本化过程中,平安时期一些理论修养较高的佛教徒巧妙地援用本迹之说来诠释神佛关系,以期为佛教之存立寻求理论上的支持。此后不久,神是佛的化身,佛为救济末世之苦难众生而化身为神"方便说法"的本地垂迹思想,成为神佛关系的主旋律。然而到了中世中后期,随着神道界理论素养的提升,佛是本地、神是垂迹的说法逐渐遭受质疑。以吉田兼俱为代表的一批神道家不同意这种说法,他们认为日本是世界的根源,所以日本的神才是本地,佛应该是神的化现、外显,甚至认为,佛教的传入就如同花落归根、叶落归根,是一个回归本源的过程。这就是一种"神本佛迹说"。这一学说,不只是对传统的本地垂迹说也即"佛本神迹说"的简单排斥或反对,在其背后蕴藏着深层次的理论支撑和思想逻辑。那么,其理论支撑和思想逻辑究竟是什么呢?或者换言之,吉田兼俱是如何通过逻辑的思辨,论证其"神本佛迹说"的呢?本文即尝试从吉田兼俱的时间论和空间论两方面入手,针对这一问题进行探讨。

关于吉田兼俱以及吉田神道的一些问题,自近代以来,日本已有相当深厚的学术积累。从江见清风的《神道说苑》(1943)到河野省三的《神道研究集》(1959),到久保田收的《中世神道研究》(1959),再到宫地直一

---

① 僧肇等注《注维摩诘所说经》,上海古籍出版社,1990,第 1 页。

的《神道史》（1963）、西田长男的《神道史研究》《日本神道研究（第四卷）》
（1978）以及出村胜明的《吉田神道的基础研究》（1997）等，[①] 都有过不
同程度、不同角度的考察，但是这并不影响我们针对"神本佛迹说"做进一
步探讨。理由是，迄今为止有关吉田兼俱以及吉田神道的研究，其关注重心
基本都是吉田兼俱思想的特点与特色、吉田神道的成立时间与发展历程、吉
田神道的教义与教说，个别论文对"神本佛迹说"有所涉及，[②] 但是没有深
入地分析并揭示这一学说的内在逻辑到底是什么，是什么样的论据在支撑着
这一学说。鉴于此，本文将围绕吉田兼俱"神本佛迹说"的理论构造展开研讨，
着力挖掘并揭示这一学说的内在逻辑，以期能够更加清晰地把握吉田兼俱的
"神本佛迹说"，进而为吉田神道乃至中世宗教史的相关研究提供一些补充
或参考。

一　吉田兼俱的空间论与"神本佛迹说"

在吉田兼俱的神道著作中，旗帜鲜明地提出"神本佛迹"主张的是《日

---

① 参见（1）江见清风『神道说苑』、明治书院、1943 年。第二章"唯一神道论"主要对吉田兼
俱弘布神道的方法、手段及其结果进行了系统考察，第 17~140 页。（2）河野省三『神道研
究集』、埼玉県神社庁、1959 年。该书主要考察了吉田神道的文献、活动与教理，第 47~115 页。
（3）久保田收『中世神道の研究』、神道史学会、1959 年。第四章"吉田神道的成立"主
要考证了吉田神道的成立背景、吉田神道与一条兼良的神道说的关系，以及吉田神道的意义，
第 356~446 页。（4）宫地直一『神道史』（下卷一）、理想社、1963 年。第六章第四节"吉
田神道的大成"、附录"神道史讲义案（再稿）"、第一章"吉田神道纲要"主要考察了吉田
神道的发展史，与江见清风之说多有相似之处，第 238~381 页。（5）西田长男『神道史研究』、
雄山阁、1943 年。所收《关于吉田神道的成立期》一文，主要探讨了吉田神道的成立时间，
第 148~169 页。（6）西田长男『日本神道研究』（第四卷·中世编上）、讲谈社、1978 年。
所收《三教枝叶花实说的成立》一文，主要研究了"根叶花实说"的成立过程，第 116~152 页。
（7）出村胜明『吉田神道の基础の研究』、临川书店、1997 年。全书主要探讨了吉田神道
的教理、秘传、龟卜，挖掘并分析了吉田神道中的道教成分。

② 参见山本信哉『吉田兼俱の神本佛迹に就いて』（一、二、三、四）、『东亚の光』（第
二十卷第九月号、第二十卷第十一月号、第二十卷第十二月号、第二十一卷第七月号）。
文章梳理了"本地垂迹说"的发展脉络，得出"神本佛迹说"在吉田兼俱以前的镰仓末期到
室町初期已经盛行的结论。文章并未对吉田兼俱"神本佛迹说"的内理构造进行剖析，对西
田直二郎的观点多有沿袭。

本书纪神代抄》。《日本书纪神代抄》是《日本书纪》神代卷的注释书。该书"本地垂迹事"一节说：

> 吾日本为三国之根源也。佛为本地、神为垂迹者谬也。以神为本地、以佛为垂迹，可乎。器界生界，从吾国始之故也。华严经云：心佛及众生，是三无差别云者。岂不显吾国常立尊哉。佛见明星悟道。星，吾日神末辉也。神在圣之上，入凡入圣，亦吾一神国常立尊也。[①]

在这段引文中，吉田兼俱明确指出，佛为本地、神为垂迹是错误的、不合理的。理由是，日本是"三国"之根源，器界生界，是自日本而开始的。这是吉田兼俱"神本佛迹说"的立论依据之一。这里所谓的"三国"，指的并不是我国东汉末年三分天下所形成的魏、蜀、吴三国，而是日本中世佛教的世界认识中的天竺、震旦和日本。在没有地图、卫星等识别与观测工具的古代日本，人们无法俯瞰这个世界，故而了解和认识世界的方式非常原始，是佛教的流传让人们认识到了日本之外的两个国家——天竺和震旦。天竺和震旦是佛教中的称谓，分别指的是印度和中国。可是，众所周知，在佛教的流传线路图上，除了天竺、震旦之外，还有诸如月氏、高句丽、新罗、百济等其他几个国家，那么，这些国家为什么没有出现在当时的世界认识之中呢？这是首先需要解释清楚的问题。

"三国世界"并非当时的整个世界，而是基于佛教的一种世界认识。要探寻这种佛教的世界认识的由来，就要从"三国"一词的起源说起。据史料记载，"三国"一词最早出现在《续日本纪》（797）第三卷"文武天皇庆云四年条"中："诏加振恤。但丹波、出云、石见三国尤甚。"[②]不过，

---

① 吉田兼俱『日本書紀神代抄』（国民精神文化文献第 20）、国民精神文化研究所、1938 年、第 151 頁。引文为笔者所译，以下同，不再一一注明。
② 黒板勝美編『続日本紀』（新訂増補国史大系 2）、国史大系刊行会、1935 年、第 28 頁。

此处的"三国"与引文中的"三国"意义全然不同，它指的是日本国内丹波、出云、石见这三个地方。此处的"国"非国家之意，而是日本律令制下设置的地方行政区划，是一种地理单位，相当于现在日本的县。"三国"一词最早指代天竺、震旦、日本三个国家是在最澄（767~822）《内证佛法相承血脉谱》（819）的序文之中：

> 叙曰：谱图之兴，其来久矣。夫佛法之源，出于中天，过于大唐，流于日本。天竺付法，已有经传，震旦相承，亦造血脉，我叡山传法，未有师师谱。谨纂三国之相承，以示一家之后叶云尔。①

作者一开头就点明了佛教的流传线路图：出于中天（竺），过于大唐，流于日本（中天竺→大唐→日本）。而对于佛教流经的其他区域，则只字未提。这是因为，作者所关注的，不是佛教的"流域"，而是佛教的传承与"血脉"。大唐也即震旦，承袭的是天竺的佛法之血脉，而日本佛教虽传自大唐，但尚"未有师师谱"。也就是说，日本佛法之血脉如何一代代相传而来，尚未有如此之"系谱"。最澄撰写此文的目的就在于明确这一系谱，即试图勾勒出佛法流传之系谱，阐明佛法是如何一步一步、一代一代从天竺经由大唐而传至日本的。接下来《内证佛法相承血脉谱》中最澄便以流传图的形式，辅以旁白，阐释了佛法从瞿云大师……而后到释迦牟尼……从菩提达摩到北齐慧可……从大唐道璿到日本的行表和尚，最后到最澄的传承路径。说到这里，我们大致已经明白了为什么这张"佛法流传血脉谱"上没有"三国"之外的其他国家了。很显然，这是因为日本佛教的源流在大唐，而大唐佛教的源流在中天竺，其他诸如月氏、高句丽、新罗、百济等国，虽然事实上是佛教的"流域"，但是与这张"佛法相承血脉谱"、传承系谱没有直接关系。

---

① 天台宗叡山学院编『伝教大師全集』（第一卷）、比叡山図書刊行所、1926 年、第 199 頁。

这张血脉谱是日本佛教"三国世界观"形成的基础。

按照最澄所勾勒出的"佛法相承血脉谱",毋庸置疑,中天竺,也即印度,是三国佛法之源头。佛法之所以能够抵达比叡山,是"三国"一代又一代僧侣依次传递、"师资相承(师傅依次将佛法传给弟子)"的结果。换言之,"血脉谱"在佛教的流传过程中起到了决定性的作用。那么,既是如此,吉田兼俱又何以言"日本为三国之根源"呢?

这看似突兀的问题背后,实际上包含着吉田兼俱独特的逻辑思考。这种思考就是"根叶花实说"。"根叶花实说"尽管包含了神、儒、佛三者,但是其根本目的在于通过种子与花实的譬喻,阐述佛教传入日本之经纬,因此其核心是佛教与神道的关系(即神佛关系),是典型的"神本佛迹说"。"根叶花实说"把神、儒、佛三教分别比作一棵植物的根、叶、花实,把佛、儒两教均看作神道(根、种子)的分化(外显),把发源于印度(天竺)的佛教,经由中国(震旦),传至日本的过程,看作植物花落归根、叶落归根、回归本源的自然而然的过程。

人皇三十四代推古天皇之侄圣德太子以汉字为和训。其时始解汉字也。自应神至推古,三百十年乎。守屋大臣云:外国之佛教不可用。太子奏曰:①吾国如种子,天竺如花实,震旦如枝叶,花落归根,故佛法东渐。云云。太子所言,神道者种子也,佛教者花实也,文字者枝叶也。若无文字,则佛法之正理不可现。正如花开果结之后,方知此为何树。若无花实枝叶,则神道之种子不可显。②彼佛法乃自神道出,故归乎吾国,叶落归根之义也。然则此书为王道根源,不可废之。此时始信佛书、儒书也。①

---

① 吉田兼俱『日本書紀神代抄』(国民精神文化文献第 20)、国民精神文化研究所、1938 年、第 2~3 頁。

　　《日本书纪神代抄》的这一段论述，假托圣德太子之口吻，阐述吉田兼俱个人之主张。可以看出，吉田兼俱并没有否认佛教从印度发端，经由中国，传至日本的这一历史事实，但是需要注意的是，吉田兼俱同时也明确表示"彼佛法乃自神道出"，即佛教（花实）乃是由神道（种子）生发而成，因此，其根源在日本、在神道，佛法东渐就如同花落归根、叶落归根一样，乃是自然之理。吉田兼俱认为，日本是"种子"之国，天竺是"花实"之国，而震旦是"枝叶"之国，"三国"的创立皆依托宗教而成，而神道既为三教之根源，那么日本自然就是三国之根源。这就以一个浅显的比喻，使得源自天竺、东流日本的佛教，变成了源自日本，西流天竺，而后"花落归根"的一个过程。这样思考时，"三国"之中天竺"佛法之源"的优越地位荡然无存，反而日本被看作"三国"佛教之根源，成了"三国"之根。吉田兼俱的"根叶花实说"中包含着空间的逻辑思辨：佛教始自印度，而后流经大唐，最后抵达日本，这本是一个不可逆转的历史过程，而吉田兼俱用一个浅显的比喻，以花落归根、叶落归根的自然之理，将这一不可逆转的历史过程"空间化"为一个物体（花实）"自由落体"的过程，试图通过这样的历史（时间）过程的空间化转换，来证实"日本为三国之根源"。这是吉田兼俱空间论的第一论。

　　吉田兼俱空间论的第二论，就是本节开头所引《日本书纪神代抄》中的论断。作者在段首即指明，日本为三国之根源，而后解释原因，举出三个论据。

　　第一，器界生界，自日本而始。何为器界？丁福保《佛学大辞典》解释："器界（譬喻）国土为入众生之器物世界，故曰器界。与器世界、器世间等同。三藏法数二十曰：器界者，世界如器，即国土也。"[①]器界是一个喻词，指的是国土。《三藏法数》（1419）云："器界者，世界如器，即国土也。谓器界亦能说法者，即如来不思议神力而变现也。如华严经菩提树等能作佛事，又如极乐国土，水鸟树林云台宝网，皆演妙音是也。"[②]器界，即国土。

---

① 丁福保编《佛学大辞典》，宗教文化出版社，2015，第3677页。
② 一如等《三藏法数》，浙江古籍出版社，1991，第195页。

然而，吉田兼俱为何选用"器界"一词呢？笔者推断，很可能是因为他注意到了《三藏法数》中的"神力"一词："如来不思议神力而变现。"《三藏法数》是一部佛教辞书，作者为一如，系我国明代之著作，成书于1419年。该书在吉田兼俱生平之年（1435~1511）传入日本并不稀奇，况且其中的"神力"一词，恰好与神道以及吉田兼俱的神力、神变、神通等"三元"①存在很大程度的契合。吉田兼俱借用这一词，意在论证神道或神是产生"三国世界"的源头。《唯一神道名法要集》中的一段话，或许正说明了这一点。

> 问：二字义者，何谓哉？
>
> 答：神者，天地万物之灵宗也，故谓阴阳不测，道者，一切万行之起源也，故谓道非常道。总而器界生界，有心无心，有气无气，莫非吾神道。②

引文中的"二字"，指的是"神""道"二字。这一段文字旨在解释何谓"神道"。为此，吉田兼俱将两字拆开，分别解释了何谓"神"与何谓"道"。从"道非常道"（道教）、"器界生界"（佛教）、"有气无气"（儒教）等表述明显可以看出吉田兼俱杂糅儒、释、道诸家之长以建构神道理论体系的意图。吉田兼俱把《日本书纪》神代卷的第一个神——国常立尊，看作生世间一切国土的根源神，认为国常立尊首先生出了日本，而后生出了世界。如此，则国土的产生顺序自然是日本为先，故而吉田兼俱认为"日本为三国之根源"。日本既是三国之根源，那么在吉田兼俱的思维中，日本的神就应该是本地，而印度的佛就应该是垂迹，因为佛是由神分化而成的。这是吉田兼俱"神本佛迹说"的逻辑。可问题是，国常立尊如何就是世界根源神了呢？其依据何

---

① 神通、神力、神变，被吉田兼俱称为神道之"三元"。"三元"一词在《唯一神道名法要集》中多次出现。

② 西田长男校注『卜部神道』（上·神道大系論説編8）、神道大系編纂会、1985年、第101頁。

在？这个问题在吉田兼俱的时间论中给出了答案，留待下一节详论。

第二，"华严经云"一句，引自《华严经》夜摩天宫菩萨说偈品第十六。原文曰："一切世界中，无法而不造。如心佛亦尔，如佛众生然。心佛及众生，是三无差别。诸佛悉了知，一切从心转"①，说的是心、佛与众生在本体上是没有差别的。《华严经》的原意，指的是心、佛与众生的觉性或佛性没有差别，而吉田兼俱将这种觉性或佛性曲解为国常立尊，强调国常立尊是万物之根源。

第三，以日、月、星之光判定本末。吉田兼俱以佛教"释迦见明星而悟道②"的传说作为依据，以光之源为切入点，认为月、星不过是太阳的耦生之光（末辉），因此，日神（太阳神）即天照大神才是"星"光之源，所谓"见明星而悟道"，即正是见到了太阳之末辉（明星）才终于悟道成佛，极言日神之重要性。这样的说法，《中臣祓抄》表述得更为清晰：

> 凡本朝者，三界之根源，神明为元祖也。神明者，宇宙之宗庙也。我国开辟之始，神明与天地共现。故，国云神国，道云神道也。三国之中，吾国优越之证。盖三国者三光之国也，所谓三光者，乃日、月、星也。天竺乃月神所掌，故云月氏国。唐土乃星所掌，故云震旦。吾国乃日神所掌，故云日本。言月、言星者，乃日光之分附。盖无胜太阳之星体也。故两国皆为我国之末流。③

吉田兼俱善用比喻，在这一段引文中，为了证明"日本为三国之根源"

---

① 『大正新脩大藏経』（第9卷·大方廣佛華厳経）、第458頁。
② "佛见明星悟道"的说法，源自《佛本行集经》："我生已尽。梵行成立。所作已办。毕竟更不受后世生。其夜三分已过。第四于夜后分。明星将欲初出现时。夜尚寂静。一切众生行与不行。皆未觉寐。是时婆伽婆。即生智见。成阿耨多罗三藐三菩提。"（『大正新脩大藏経』（第3卷·佛本行集經）、第791頁。）
③ 岡田莊司校注『中臣祓注釈』（神道大系古典注釈編8）、神道大系編纂会、1985年、第302~303頁。

的论断，他将日本、天竺、震旦三个国家分别比作日、月、星，进而炮制出"三光之说"。通过似是而非的穿凿附会，把天竺、震旦、日本"三国"空间化为宇宙中发光的三个星体，通过追溯光的源头、比较光的强弱来凸显日神（太阳神）也即天照大神之根源性，进而凸显日本之根源性，试图以此为依据，确立"日本为三国之根源"的论断。如此言说的最终目的，仍是论证以神为本地、佛为垂迹的"神本佛迹说"。"三国"的空间化，是其理论根基。

以上两论虽然论证思路有别，但是目的没有差别，即都意在将"三国"通过不同形式空间化、立体化，在此过程中，通过先论"日本是三国之根源"，再论神道或神是万物之根源，试图以此论证以神为本地、佛为垂迹的"神本佛迹说"的合理性。

二　吉田兼俱的时间论与"神本佛迹说"

除了上述以空间论力证"神本佛迹"之外，吉田兼俱在时间方面也做了较为深入的思考。与空间论相对应，笔者称之为"时间论"。吉田兼俱的时间论与空间论不是各行其是，而是相辅相成、相互补充的，二者关系十分密切。吉田兼俱的时间论，说到底就是"三国开辟之说"。所谓"三国开辟之说"，是通过比较天竺、震旦、日本这三个国家（也即佛教认识中的"世界"）的开辟时间，依据开国时间之先后，判定孰为世界之根源。前已提及，在吉田兼俱的空间论中有一个悬而未解的问题，就是如何证明日本第一代神国常立尊创造了世界。须知，中国有盘古开天辟地之神话，印度有梵天创世之传说，那么如何证实国常立尊才是世界的始源神呢？换言之，唯有证明了国常立尊早于梵、汉的创世之神，才有证明日本开国时间最早的可能性，才有证明日本是世界根源的可能性。这正是吉田兼俱时间论的立论动机。

吉田兼俱的时间论在他的《日本书纪》讲义录中有十分清楚的呈现。室町时期，由于深厚的家学传承以及对《日本书纪》的深刻理解和注释，吉田兼俱经常被寺院或神社甚至宫廷邀请去做《日本书纪》的讲读。相国寺景徐周麟（1440~1518）的《神书闻尘》（1481），就是根据兼俱文明十三年（1481）的讲读所做的听课记录。其中的一些记载可以窥探出吉田兼俱时间论的思维逻辑。

> 伏羲之始，盖地神第五代之晚年乎。盘古王始立，天皇地皇立之时，盖地神第四代乎。此乃异说也。依孔子门生之说，从伏羲起，则伏羲者地神第五代之末。天竺之开辟，难考也。佛之出世，亦地神第五代之末也。至神武元年，释迦寂灭，经二百九十年矣。……三国开辟，吾国第一也。如此，吾国乃三界之源。天竺者，亦吾国也。①

吉田兼俱的时间论，是以时间为核心而展开的论述。把神的出现作为国家开辟的标志，个中可以透视出浓厚的神国意识的影响与作用。由这段引文可以看出，吉田兼俱的逻辑是，从开国时间上看，三国之开辟分别如下。（1）震旦：按照孔子门生的说法，如果从伏羲开始算起的话，那么震旦的开国时间是地神五代之末。（2）天竺：虽然开国时间不可知，但释迦出世之时，也是地神五代之末。（3）日本：日本的开国时间则可以追溯到天神第一代，也即上文所提到的国常立尊。按照吉田兼俱的思路，天竺、震旦的开国时间都是地神五代之末，从时间或年代上看远远晚于日本，日本的开国时间最早。因此先有日本，然后才有震旦和天竺。既是如此，那么“三国世界”应从日本发端，日本自然就是世界之始源。由此，吉田兼俱杜撰出“三国开辟之说”，极力标榜日本的开国时间之早，这成为他论证“日本为三国之根源”的主要依据。段末“天竺者，亦吾国也”一句，昭示着吉田兼俱把整个世界都看作日本的神所创造的，其妄自尊大的“日本优越论”由此暴露

---

① 冈田荘司校注『中臣祓注釈』（神道大系古典注釈編8）、神道大系編纂会、1985年、第11~13頁。

无遗。倘是如此逻辑，那么震旦的伏羲也好，天竺的释迦也好，都被看作由日本的神所产生出来的了，因为吉田兼俱认为神创造了世界。而"神本佛迹"无形中就暗含在这种逻辑之中：既然是神创造了世界，那么神必然是世界的本源，也即本体、本地、原始的真身。

与空间论不同的是，这里吉田兼俱以时间为切入点，通过炮制"三国开辟之说"，试图以日本开国时间最早为据，证实其"日本为三国之根源"的论断。通过将三个国家的开国神话进行时间性的阐释，以《日本书纪》神代卷天神七代、地神五代为根本参照物，来判定三国的生成顺序。其直接目的，无须赘言，即为其"日本为三国之根源"的论断炮制依据。这种以《日本书纪》神代卷为参照物，通过捏造、杜撰神代卷诸神的治世年代，将天竺、震旦的开国之神分别编入这一虚构的时间序列中，以此彰显日本的优越性，突出国常立尊"世界根源神"绝对地位的做法，实际上，在早期的神道著作中已有萌芽。伊势神道《倭姬命世记》、北畠亲房《神皇正统记》以及慈遍《旧事本纪玄义》均出现了地神治世年代的说法。但与此前的做法不同的是，吉田兼俱之说以神代卷诸神的治世年代为根本依托，以天神七代、地神五代为根本时间轴，将"三国"创世神话皆编入这一时间序列之中，因此看上去似乎更有理有据，时间逻辑更为缜密，个中变化昭示着神道界理论素养正一步步走向成熟。

以开国年代先后为序排列"三国"以凸显日本优越性的说法，吉田兼俱并非始作俑者。这种说法与平安末期以来日本国内日渐强烈的"本朝意识"有密切关系，是随着"记纪神话"中诸神治世年代的逐步确立而形成的，其间经历了漫长的历史过程。根据日本学者镜岛宽之的研究[①]，最早在平安时代的《延喜式附录》（927）中就已经有了地神治世年代的说法："案本纪等诸书，昔者天津彦彦火煮琼琼杵尊初从降始王西土，次彦火火出见尊，次

---

① 鏡島寬之「過去七佛と古典の神々－年代的神本佛迹説の一考察」、『財団法人明治聖徳紀念学会紀要』（第 54 巻）、1940 年 1 月、第 42 頁。

彦波澰武鸬鹚草葺不合尊，总三代。经一百七十九万二千四百七十余岁。"①
《延喜式附录》始提及诸神治世年代之后，笔者注意到，镰仓初期的《明文抄》
中也出现了诸神治世年代的说法，而且与《延喜式附录》相比，上述地神三
代首次被赋予具体的治世年代数。

自国常立尊迄伊奘诺尊·伊奘冉尊，是谓神世天神七代者。历年不详。

天照大神　伊奘诺伊奘冉尊子也。即御于天。

正哉吾胜胜速日天忍穗耳尊　天照大神之子，即还于天

天津彦彦火煮琼琼杵尊　正哉吾胜胜速日天忍穗耳尊太子　治天下卅二万八千五百五卅二年

彦火火出见尊　天津彦彦火煮琼琼杵尊子　治天下六十三万七千八百九十二年

彦波澰武鸬鹚草葺不合尊　彦火火出见尊子，治天下八十三万六千卅二年

天津彦彦火煮琼琼杵尊已下三代陵在日向国。

见诸陵式。案、虽神代天孙，以后有其陵。

以上一百七十九万二千四百七十六岁　扶桑略记。除天神二代定钦³

《明文抄》成书于镰仓初期，系藤原孝范（1158~1233）所编。全书分天
象部、地仪部、帝道部三个部分。第三部分帝道部"唐帝王世立"条以天皇、
地皇、人皇为序先述中国历朝历代帝王，而后"本朝世立"条言及日本神代
与人代诸皇。在帝道部"本朝世立"条，从地神三代天津彦彦火煮琼琼杵尊
开始出现治世年代的说法。从引文中可以看出，《延喜式附录》中没有具体
治世年代的三地神——琼琼杵尊、彦火火出见尊、草葺不合尊在这里有了具
体的治世年数。此一变化是"记纪神话"诸神治世年代之说逐渐走向成熟的
标志。《明文抄》自国常立尊叙起，对天神七代的叙述比较简洁，而对地神

① 黒板勝美編『延喜式附録』（国史大系第19巻）、経済雑誌社、1900年、第1064頁。
② 『続群書類従』（第三十輯下·雑部）、第101頁。

五代的记载则比较详细。地神第三代琼琼杵尊（不含）之前的诸神尚没有具体治世年代，从琼琼杵尊（含）开始才有了具体治世年代，并一直延续到地神第五代彦波激武鸕鹚草葺不合尊。

南北朝时期成书的《帝王编年纪》（一曰《历代编年集成》《扶桑编年录》）则在此基础上，将天竺、震旦、日本用统一的时间轴串连起来。

> 天竺　佛在世已来
>
> 震旦　自三皇至文元
>
> 日本　自神代至今上
>
> 神世十二代
>
> 天神
>
> 地神
>
> 释迦牟尼出世　现在贤劫第四尊。从都史多天降。诞生天竺迦夷罗国净饭王宫。名悉达太子。当周昭王廿六年甲庚岁四月八日也。卅四年壬申二年八日出家。当年十九。穆王五年癸未二月八日成道。时年卅。当五十四年壬申二月十五日。于狗户那城入涅槃。时年七十九。当日本国地神第五彦波激武鸕鹚草葺不合尊。①

从这段叙述可以看出，天竺的开国时间不是从梵天创世起，而是从"佛在世以来"开始算起的。将释迦看成天竺的开国之"神"，这意味着作者对远古时代国家开辟的想象，是基于对神道和佛教两种宗教的认识而形成的。换言之，在作者的思维中，宗教的起源，即象征着国家的开始。震旦的开国，是从"三皇"开始算起的，而众所周知，"三皇"的第一代，即为伏羲。所以，《帝王编年记》把伏羲当作震旦的开国之神了。引文最后一段在介绍释

---

① 黑板勝美編『扶桑略記・帝国編年記』（国史大系第12卷）、吉川弘文館、1932年、第7頁。

迦的生平时，作者前后两次与震旦的帝王年代进行了对比：第一次对比，释迦降生时是周昭王二十六年；第二次对比，释迦出家时为周穆王五年。两次以震旦的年号作为参照物，其中彰显着浓郁的对外意识和"本朝意识"。需要注意的是，虽然统一的时间轴叙述了三国的开创时间，但是《帝王编年记》中依然看不出明显的日本优越意识。而同时代的《和汉年代记》就不一样了。《和汉年代记》开篇就直言："日本国者，自唐朝前开国也。所谓七十万六千八百五十二年前也。"[①] 也就是说，作为国家而言，作者认为日本出现的时间比中国早。此处的"七十万六千八百五十二年"显然也是从地神第五代草葺不合尊计算的。而"自唐前出国也"一句从侧面映射出，南北朝时期年代记中的"日本优越论"已经崭露头角了。

《和汉年代记》中凸显出的"日本优越论"，只是一个开始。到了室町时期吉田兼俱之时，这种日本优越论一下爆发出来。尽管南北朝时期北畠亲房也曾大肆鼓吹"日本优越论"，但是北畠亲房"日本优越论"的根据不在年代，而在神国论与神器论。试图从年代上力证"日本优越论"似乎是吉田兼俱的"专利"。与《帝王编年纪》不同，吉田兼俱没有以震旦的年号作为参照物，而是悄悄地改换成了《日本书纪》神代卷中的天神七代、地神五代。换言之，日本神话中的天神七代、地神五代，成了吉田兼俱时间观念中的"度量衡"，成了衡量的标准。天竺与震旦开国时间的计算，都是以它作为参照物或衡量标准的。《神书闻尘》（1481）说：

　　次——、第四子神武天皇，人王之始也。释尊出世，地神之末欤。甲寅年也。地神第五代，治世八十三万五千七百五十四年。神武元年，释尊入灭，生年约九百年间。释尊距伏羲之世两千余年。天竺者，月氏也。震旦者，星也。此国者，日神也。自地神三代至地神五代，共治世

一百七十九万两千七十余年。[①]

这一段文字是针对《日本书纪》神代下第十一段"彦波潋武鸬鹚草葺不合尊,以其姨玉依姬为妃,生彦五濑命。次稻饭命。次二毛入野命。次神日本磐余彦尊。凡生四男"[②]中的神日本磐余彦尊,也即神武天皇所做的解释。彦波潋武鸬鹚草葺不合尊是地神五代中的最后一个神,因此吉田兼俱就此做了一定延伸,以日本的神代为统一的时间序列,将天竺、震旦两国的释尊和伏羲皆编入这一序列之中。尽管这一段中吉田兼俱没有明确指出日本的始源性,但是字里行间已经暗示着如以开国时间为依据对三个国家进行排序的话,日本早于震旦,震旦早于天竺。因为震旦的开国之神伏羲,相当于日本的地神五代,而天竺的释迦比震旦的开国之神伏羲还要晚两千余年。如此思考,岂不是日本最早?

吉田兼俱的"三国开辟之说"把日本的开国时间往前推进了亿万年之久,对《日本书纪》神代卷中本没有厘定治世年代的天神七代、地神五代,尤其是此前没有具体治世年代的天神七代,一一赋予了治世年代,从而使得天竺、震旦、日本"三国"在开国之年代上有了新的参考系,继而有了以之为参考进行衡量和比较的可能性。而这种可能性,反过来又被巧妙地利用为论证"日本为三国之根源"的主要依据。众所周知,这些治世年代本是神代卷没有的。换言之,在不改变诸神秩序的前提下,吉田兼俱通过对神代卷私自改编和注释,将诸神按照先后顺序,以岁(年)为单位,分别配以具体的治世年代,企图借此将天神七代、地神五代的神话故事虚构成一个逼真的历史过程,进而炮制以日本的神(具体为天神一代)为世界之始源的时间序列。时间序列形成之后,原来的基于古人想象和幻想而形成的日本神话(尤其是释迦被编

---

① 秋山一実校注『日本書紀注釈』(下・神道大系古典註釈編 4)、神道大系編纂会、1988 年、第 134 頁。

② 坂本太郎等校注『日本書紀』(上・日本古典文学大系 67)、岩波書店、1993 年、第 189 頁。

入这一序列之后），似乎变成了实实在在的历史，"三国"的生成顺序由此被锁定在这套时间轴（序列）上。通过这样一番论证，吉田兼俱"日本为三国之根源"的论断似乎更加稳固，这也正是他的目的。神既为世界之根源，那么正如引文最后所言"释迦大师出化，日神和光同尘"，以神为本、佛为迹的"神本佛迹"的逻辑也就自然形成了。这就是吉田兼俱"神本佛迹说"的时间逻辑。

结　语

"佛本神迹说"把日本的神看作佛陀为救济苦难众生而假托的"方便"之化身，本质上说，它是佛教日本化过程中的产物。中世中后期，随着神道界理论素养的不断提升，陆续出现了一些质疑和反对这一学说的声音。吉田兼俱就是其中的代表人物之一。

兼俱否定传统的"佛本神迹说"，倡导"神本佛迹说"。为证实"神本佛迹说"成立的合理性，他从时间和空间两方面入手，进行了深入的思考和论证。他先后提出了三个重要论断：（1）"根叶花实说"。通过一个浅显的比喻，把肇始于天竺的佛教，经由震旦，传至日本的历史（时间）过程，空间化为一棵植物生根发芽、成枝散叶，最后花落归根的立体过程。（2）"三光之说"。通过一个以日、月、星分别象征日本、天竺、震旦的比喻，将"三国"再度空间化，把"日神（太阳神）之国"的日本看作三光之源，把天竺、震旦分别看作日光的"附属"，以此来论证日本是三光之源，从而进一步为"神本佛迹说"提供依据。（3）"三国开辟之说"。通过对《日本书纪》神代卷的改写，为天神七代、地神五代一一强加了治世年代，并把震旦开国之神盘古、伏羲，天竺的释迦分别编入这一特定的时间序列中，试图通过这样的编排，论证"日本为三国之根源"，进而夯实"神本佛迹说"的成立基础。这三个论断正是以时间和空间为依托进行思考和构筑的。可以说，时间论和空间论构成了吉田兼俱"神本佛迹说"的逻辑基础，是其"神本佛迹说"的主要理论依据。不难发现，吉田兼俱的这种理论塑造是紧紧围绕着一个中心话题而展开的，那就是"吾日本为三国之根源也"。

今天看来，吉田兼俱的时间论与空间论显然是经不起推敲的，其局限性不言自明。然而作为特定历史条件下的产物，它是一种民族优越（神国）意识理论化的呈现，是神道思想不断走向成熟的过程中的产物，也是一个神道思想家企图重新界定神佛关系的尝试。尽管这种学说并没有因此而成为主流，但是其理论意义依然不可小觑，吉田家后人的传承自不待言，近世乃至近代的日本优越论（比如平田笃胤的思想）也能发现吉田兼俱思想的延续。

东皋心越与日本黄檗宗的交流和互动 [*]

古云英 ^{**}

【内容提要】明末清初是中日禅宗交流的一个活跃期，这一时期大量中国禅僧东渡日本。以隐元隆琦为初祖的日本黄檗宗，成为继日本临济宗、曹洞宗之后又一新建禅宗派系。东皋心越则是这一时期唯一一位产生重要影响的曹洞宗渡日僧。对于东皋心越传播曹洞禅，黄檗宗内大致可分为两派：一为友好派，以木庵性瑶、澄一道亮为代表；一为抵制派，以千呆性侒和铁牛道机为代表。东皋心越在日传禅，与黄檗宗有着千丝万缕的关联。

【关键词】明末清初　东皋心越　日本黄檗宗　东渡传禅

一　黄檗宗友好派

东皋心越能够东渡日本得益于黄檗宗兴福寺住持澄一道亮的招请。兴福

* 本文系四川外国语言文学研究中心和上海外语教育出版社共同资助项目"东皋心越对日本文化艺术领域的贡献研究"成果之一，项目编号：SCWYH23-22。

** 古云英，西华大学外国语学院日语系讲师。

寺是长崎唐人所建"长崎三福寺"之一，以真圆为开山，由出身南京一带的船主出资兴建，又称南京寺。真圆之后，兴福寺第二代住持为默子如定，第三代住持为逸然性融，澄一道亮为第四代住持。澄一道亮于明万历三十六年（1608）生于浙江省杭州府钱塘县，俗姓陈，有出尘之志，后投身禅门。日承应二年（1653）六月，澄一道亮渡海到长崎，进入兴福寺，拜逸然性融为师，日明历二年（1656）接任兴福寺住持之位。日万治元年（1658）秋曾到普门寺参隐元隆琦。日宽文三年（1663），长崎发生火灾，兴福寺除观音堂和钟楼外，其余悉数烧毁，澄一道亮于日宽文七年（1667）重建大雄宝殿。日延宝二年（1674）新建永兴院，日贞享三年（1686）又建永福庵。日贞享三年（1686）八月，澄一道亮把住持之位传于悦峰道章，自己退隐至东庐庵。日元禄四年（1691）四月八日，澄一道亮圆寂，世寿84。澄一道亮住持兴福寺三十余年，一心致力于兴福寺的兴盛，被誉为兴福寺中兴之祖。此外，澄一道亮还擅长医术，常治病施药，有石原鼎庵、上野玄贞、今井弘济等儒士随其学习医术。

澄一道亮招请心越入兴福寺，大致有两种说法。一种说法是澄一道亮招请心越前来继任住持之位。《日本洞上联灯录》记载："有明僧澄一住崎港兴福，闻师名德，远虑让席之心，而师亦有乘槎之志，断应共请东来，系延宝丁巳。"[1]《东皋全集》记载："会明僧澄一住我长崎兴福寺，闻禅师道誉，远虑让席之心。师忻然乘槎，抵崎港，延宝丁巳正月十三日也，澄一迎之入兴福寺。"[2]另一种说法是澄一道亮仅请僧入寺，并未以继任法席之名招请心越。《寿昌正统录》记载："一日有客报扶桑之请，师忻然应之。……崎之兴福澄一，迎师入寺。"[3]《明末义僧东皋心越集刊》记载："时有明

---

① 高楠順次郎・望月信亨編「日本洞上聯灯録卷第十二」、『大日本仏教全書』、潮書房、1931、第508頁。

② 浅野釜山編『東皋全集』（上）、禅書刊行会、1911年、第2頁。

③ 永井政之「曹洞宗寿昌派の成立と展開——寿昌正統禄本文の紹介、附年譜——」、『駒沢大学仏教学部論集』（18）、1987年、第225頁。

僧澄一者,侨寓日本长崎,主兴福禅林,闻师德名,请其东来。师夙有远游之志,遂应其请。"①

　　澄一道亮是否以继任法席之名招请东皋心越?东皋心越在《日本来由》中写道:"不期于丙辰六月间,附舶东渡,于中事多阻滞,言不可悉,始于丁巳正月十三日而到长崎,即有通事,查点客人货物,并有南京寺托请僧二位。"②心越并未提及接任法席之事,且除心越之外兴福寺还同时招请了另一位僧人入寺,由此推测,澄一道亮最初并未以继席之名招请心越。《日本来由》还记载:"临晚至寺安住月余,承澄老师之言:'既此地接待常住之事,必要师徒相称,方堪可托。'越谓:'虽实嗣法,预知因缘未到,不欲开发曲楯,人情首肯而已。'以此设斋集众,始成师徒之礼。"③心越居兴福寺一个多月,与澄一道亮行师徒之礼。此处澄一道亮所言"方堪可托"是否为将来让席之意?《采菊随笔》又有记载:"丙辰之秋,有日本长崎兴福寺之请,口遁大唐明清之乱来朝,此时日本延宝丁巳岁也。长崎南京兴福寺澄一老僧、越禅师有后住契约,暂居别院。"④综合以上可以推测,澄一道亮很大可能有意让东皋心越继任住持之位,只是这一想法应产生于心越到兴福寺之后。澄一道亮要求心越与其行师徒之礼,应该也是出于这一目的,所以才说"方堪可托",此处"方堪可托"应指托付寺院的意思。

　　澄一道亮招请心越渡日,也未因其曹洞宗僧人的身份而持不友好态度,他迎心越入寺,在知道心越坚持弘扬曹洞正法的情况下,为便宜行事,与其行师徒之礼,甚至可能还考虑过把住持之位传于心越。赴黄檗山祝寿之前,东皋心越居兴福寺三年之久,数次受到千呆性侒等人的排挤,心越之所以能安然无事,势必离不开住持澄一道亮的庇护。今井弘济是澄一道亮的俗家弟子,

---

①　高罗佩编《明末义僧东皋心越集刊》(卷一),商务印书馆,1944,第4页。
②　駒澤大学禅文化歷史博物館編「日本来由」、企画展『東皋心越と水戸光圀～黄門様が招いた異国の禅僧～』、2015年、第47頁。
③　駒澤大学禅文化歷史博物館編「日本来由」、企画展『東皋心越と水戸光圀～黄門様が招いた異国の禅僧～』、2015年、第47頁。
④　「心越禅師御請事之事」、『採菊随筆』写本、茨城県立歷史館蔵。

跟随澄一道亮学习医术，这也成为今井弘济与东皋心越结识的因缘。东皋心越等赴黄檗山祝寿是代替澄一道亮前往。东皋心越不谙日本国情，澄一道亮弟子素文道璧又为心越入江户之事，与今井弘济前后谋划。凡此种种，怎能离开澄一道亮在背后的支持？招请东皋心越渡日，在心越居兴福寺期间给予庇护，还支持心越寻找新出路，作为黄檗宗僧人，澄一道亮始终都对东皋心越持友好、支持的态度。

黄檗山万福寺第二代住持木庵性瑫，对东皋心越也一直持友好、包容的态度。木庵性瑫于万历三十九年（1611）二月三日生于福建省泉州府晋江县，俗姓吴，父母早亡，由祖母抚养长大。木庵性瑫19岁跟随开元寺印明和尚出家，23岁参曹洞宗永觉元贤，大受启发。26岁到天童山参密云圆悟，33岁到金粟山参费隐通容。34岁师事隐元隆琦，40岁受隐元印可，成为其嗣法弟子。隐元隆琦东渡日本后，木庵性瑫受隐元之命，于日明历元年（1655）六月东渡日本，抵达长崎后任福济寺住持。日万治三年（1660），木庵性瑫随隐元到普门寺。日宽文元年（1661）协助隐元建黄檗山万福寺，日宽文四年（1664）九月四日，隐元退隐至松隐堂，木庵性瑫继任住持之位，成为黄檗山万福寺第二代住持。日延宝八年（1680）一月，木庵性瑫把万福寺住持之位传于慧林性机，退隐至紫云院。木庵性瑫住山17年，万福寺大部分伽蓝都在其住山期间建成。日贞享元年（1684）正月十九日，木庵性瑫圆寂，世寿74。

东皋心越到日本后，其曹洞宗僧人的身份招致千呆性侒的不满，千呆性侒曾致书木庵性瑫，希望其能禀明幕府，把心越驱赶回中国。关于此事，心越在《日本由来》有所记载："不日即有人言，昙瑞师上木和尚书言，越洞宗嗣法之人，不可留在日本，宜作速禀王发回唐山去之语。但木和尚有言：'不论临济、曹洞，只要法门兴便了。'"[①] 木庵性瑫并未因东皋心越是曹洞宗僧人而对其进行排挤，反而豁达地表示"不论临济、曹洞，只要法门兴便了"。

---

① 驹泽大学禅文化历史博物馆编「日本来由」、企画展『東皋心越と水戸光圀～黄門様が招いた異国の禅僧～』、2015年、第47頁。

《旅日高僧东皋心越诗文集》收录三封木庵性瑫写给东皋心越的书信。

（一）

伏以人生世上，如梦如云，迹托客中，无固无必。是以道者不择地而栖，缘合则住，乱邦不居，自古有之也。兹接来翰，谓故国兵戈，避秦无地，赴于东明，庶脱樊笼。可谓知机知时，至诚至言矣。今既为吾法属，则真福有赖，□慰□慰。然未得一晤，不能无慍。或异日有便，短策登山，确商个事，抑犹快甚。所贶珍物，敬领缌、鞋、袜，余珍璧谢。外贺偈一章、细幔一袭、南都扇子三把引意。

心越师侄孙收目。五月廿九，黄檗木庵和尚。[1]

（二）

去年复书，谅已检入，今不赘。令师弟来山，领珍贶三色，此最妙之物，令人无以克当也，谢谢。但自吾侄孙到崎，今经三霜，未得与之面谈个事，不能无悬企矣。苟夏末寺事闲暇，可来一叙何如？余不宣。外字二幅引意。

兴福心越贤侄孙收目。黄檗老僧瑫和尚复。[2]

（三）

素闻贤侄孙甚有操持，而人品亦不劣于古德，有志必事竟成也。前铁心有书到黄檗，谓贤侄意气甚锐，欲承当个事。今正是时，可速来一晤。老僧素不辜负有志之士，惟莫趑趄，则见格外汉子也。嘱嘱。

十月初五。黄檗木庵老僧手书与心越贤侄孙收目。[3]

---

① 陈志超编《旅日高僧东皋心越诗文集》，中国社会科学出版社，1994，第33页。
② 陈志超编《旅日高僧东皋心越诗文集》，中国社会科学出版社，1994，第33~34页。
③ 陈志超编《旅日高僧东皋心越诗文集》，中国社会科学出版社，1994，第34页。

东皋心越抵达日本后，大约在日延宝五年（1677）二月中旬到五月之间，曾寄信给木庵性瑫，解释渡日缘由，并送上了一些礼品聊表敬意。第一封信即为木庵性瑫的回信。木庵性瑫提到"今既为吾法属"，落款称呼心越为"侄孙"，此时澄一道亮与东皋心越已行师徒之礼，澄一道亮为木庵性瑫法侄，故而称东皋心越为侄孙。第二封信写道"今经三霜"，这封信应写于日延宝七年（1679）夏末之前。书信开端还写道"去年复书，谅已检入"，可见日延宝六年（1678），木庵性瑫和东皋心越之间也有书信往来。第三封信落款"十月初五"，此时东皋心越尚未前往黄檗山，这封信应写于日延宝七年（1679）十月初五。木庵性瑫寄给东皋心越三封信，目的都是希望心越能到黄檗山一见。日延宝七年（1679）十二月十九日，东皋心越与弟子慧严从长崎出发前往黄檗山，日延宝八年（1680）正月十四日到达大阪。然而，此时东皋心越借机入江户的计划泄露，引来部分黄檗宗僧人的不忿。于是，东皋心越立马修书一封至木庵性瑫，言明自己弘扬曹洞宗寿昌禅的志向，并恳请木庵老和尚成全自己一片真心。

至木庵性瑫书

　　自腊月十九日登舟，一路守风，至新正十四日以至大阪。因漂泊日久，忽染风寒，又添目疾。况小徒二人未经出路，调治行李、吃食之事，一些不谙。又有到送礼物，在渡未到。一则略调治数日，二则待礼物到齐，方得上山叩祝。俦此行为和尚大诞，乃宗师之命特意而来。但俦在崎未举足之间，只闻议论纷纷，令人心胆俱寒矣。如蒙和尚慈犹，粉骨碎身，恩亦难酬。俦以承遇一宗，惟此本心难昧，万望和尚洪慈，保全此事，恩愈父母，生死不忘，则佛祖慧命幸甚，而法门之光耀幸甚。此事恳和尚住持则可，休得听愚人之言，以乱法门之纲纪。和尚若不主持，连上山亦是恐惧。至期生变，谁能保全耶？专望赐示，以免惊惧之念也。

今问悟生石山挂单，乞大阪来料理，特伴同上山更好。外有宗师书札、斋仪并给信诸师礼物，他日到山一并奉上。不日即顶礼座前，恕不烦琐，专乞。①

日延宝八年（1680）正月二十九日，东皋心越登黄檗山拜谒了木庵性瑫老和尚。心越在《日本由来》中有记载：

去岁于末十二月中上船，至正月十一日舟次兵库，十四日至大阪，十五日即上书木和尚，因来祝诞，割明嗣法根源。至于二十九日方上黄檗，得晤木和尚，叙说前由。"既是老侄嗣法遇曹洞，到此更好。"于晚到京洛，寓于宰相公别业月余矣。②

东皋心越拜谒木庵性瑫，解释了前后缘由。面对一心传承曹洞禅法的心越，木庵性瑫再次展现出包容与豁达，他表示"既是老侄嗣法遇曹洞，到此更好"。木庵性瑫早年曾参曹洞宗永觉元贤，木庵性瑫对曹洞宗僧人的包容和体谅，与他这段经历不无关系。东皋心越对木庵性瑫也心存感恩，木庵寿诞之时，心越作有诗文祝贺。

祝木和尚诞日

时岁庚申月夹钟，悬弧正喜日初浓。
筹深黄檗千寻竹，算等和州万壑松。
法腊聿新周法界，慈心和物衣慈容。

---

① 陈志超编《旅日高僧东皋心越诗文集》，中国社会科学出版社，1994，第67~68页。
② 驹澤大学禅文化歷史博物館編「日本来由」、企画展『東皋心越と水戸光圀～黄門様が招いた異国の禅僧～』、2015年、第47頁。

人天云涌欣瞻仰，须弥百亿祝华封。①

木庵性瑫是黄檗宗大本山万福寺的第二代住持，是当时黄檗宗内首领人物。澄一道亮是"长崎三福寺"之一兴福寺的住持，在长崎的地位举足轻重。对于东皋心越传曹洞禅，木庵性瑫和澄一道亮都表现出豁达、包容的大师风范，始终以友好、支持的态度对待心越。除木庵性瑫、澄一道亮之外，黄檗宗内素文道壁、铁心道胖、南源性派等也与东皋心越交好。东皋心越在日本弘扬曹洞宗寿昌禅法，确实有部分黄檗僧人对东皋心越有所抵制、排挤，但纵观全局，以木庵性瑫、澄一道亮为代表的大部分黄檗僧人，对东皋心越都是持友好态度的。

二 黄檗宗抵制派

黄檗宗内对东皋心越曹洞宗嗣法人身份及其弘扬曹洞禅法的行为进行抵制的代表人物是千呆性侒和铁牛道机。千呆性侒，号昙瑞，明崇祯九年（1636）生于福建省福州府长乐县，俗姓陈。17岁在雪峰崇圣寺跟随即非如一出家，日明历三年（1657）陪同即非如一东渡日本，进入"长崎三福寺"之一的崇福寺。日万治元年（1658），即非如一接任崇福寺住持之位。日宽文五年（1665），千呆性侒受即非如一印可。日宽文七年（1667），即非如一把住持席位传于千呆性侒。直到日元禄六年（1693），千呆性侒一直任崇福寺住持。日延宝三年（1675）五月，长崎闹饥荒，千呆性侒携弟子托钵为难民施粥两个月。日延宝九年（1681）九月，粮食歉收，千呆性侒命人铸造大锅，为数以万计的人施粥。黄檗山万福寺第五代住持高泉性激，从五位候选人中选出千呆性侒继任法席。日元禄八年（1695）十二月二十五

---

① 陈志超编《旅日高僧东皋心越诗文集》，中国社会科学出版社，1994，第43页。

日，千呆性侒在弟子雪广海润的陪同下，前往黄檗山万福寺。日元禄九年（1696）正月二十八日，晋山仪式举行，千呆性侒成为黄檗山万福寺第七代住持。日宝永二年（1705）二月一日，千呆性侒圆寂，世寿70。

铁牛道机是日本人，日宽永五年（1628）生于长门须佐，父亲益田氏，母亲永富氏。他15岁在广德山龙峰寺出家，初名慧觉；19岁开始先后到龙云寺、大仙寺、妙心寺、瑞严寺、慈光寺、兴国寺、东禅寺等多个寺院修行。铁牛道机素有到中国求法的志向。日承应三年（1654），他在大阪法云寺听闻隐元隆琦来到日本的消息，便计划前往参谒。日明历元年（1655）三月，铁牛道机到长崎参隐元隆琦；八月，隐元隆琦被迎至普门寺。经历一些曲折后，铁牛道机最后投入木庵性瑫门下。日万治二年（1658），铁牛道机受请任绍太寺住持，自此开始使用木庵性瑫所赐法名铁牛道机。日宽文七年（1667）四月十五日，铁牛道机登黄檗山受木庵性瑫印可，成为其嗣法弟子。日宽文十一年（1671），青木甲斐守重兼在江户白金建瑞圣寺，请木庵性瑫为开山，铁牛道机任首座。日延宝三年（1675），木庵性瑫返回黄檗山，让铁牛道机继任住持之位，铁牛道机成为瑞圣寺第二代住持。日贞享四年（1687）九月八日，铁牛道机把瑞圣寺住持席位传于师弟慧极道明，自己退隐至弘福寺。日元禄十三年（1700）八月二十日，铁牛道机圆寂，世寿73。

东皋心越初到日本之时，便言明自己属曹洞宗寿昌派，千呆性侒不满曹洞宗僧人渡日弘法，多次从中阻挠。东皋心越在《日本来由》中有记载：

> 不期于丙辰六月间附舶东渡，于中事多阻滞，言不可悉。始于丁巳正月十三日而到长崎，即有通事，查点客人货物，并有南京寺托请僧二位。彼时通事查问来历，几时出家曾从何处受法等情。越答云："自幼披剃吴门报恩寺，乃觉浪和尚的派，住杭州永福禅院。"船因抛锚萨摩，同众客即趋，面镇台冈野孙公，所问唐山清明得失之繇。临晚至寺安住

月余。承澄老师之言："既此地接待常住之事，必要师徒相称方堪可托。"越谓："虽实嗣法，预知因缘未到，不欲开发曲楯，人情首肯而已。"以此设斋集众，始成师徒之礼。不日即有人言，昙瑞师上木和尚书言"越洞宗嗣法之人，不可留在日本，宜作速禀王发回唐山去"之语。但木和尚有言："不论临济、曹洞，只要法门兴便了。"此乃铁牛师之徒兆溪，到长崎来说，亦非假造。数日内又着通事到寺查问端的，要改列临济之派。予言："唐山贱名闻之京省久矣，今到日本改名却也难改，任凭处置，名是不改也。"已上（按：以上）之言，并非虚谬。[1]

千呆性侒先是给木庵性瑫寄去书信，表示心越是曹洞宗嗣法人，不能留在日本，希望木庵性瑫禀明将军，驱逐心越回中国，而木庵性瑫并未计较此事，回复"不论临济、曹洞，只要法门兴便了"，千呆性侒计划落空。几日之后，千呆性侒又让唐通事到兴福寺，要求东皋心越更名，改宗入自家门派，东皋心越坚决拒绝。与东皋心越一同渡日的另一僧人慧云上润，其原本也是曹洞宗僧人，后来更名雪广海润，投入千呆性侒门下。

日延宝七年（1679），今井弘济等人策划让心越借祝寿之机前往江户，九月二十日，东皋心越给铁牛道机寄去一封书信，希望祝寿结束后可以去江户造访瑞圣寺。东皋心越在前往祝寿的途中收到铁牛道机的回信，铁牛道机以日本法律禁止中国僧人私自进入江户为由，婉拒了东皋心越的造访请求。

铁牛道机来书

菊月念日所赐教翰，腊月初五灯下薰读，兼受唐羽绢画之惠，谢谢不既。承谕腊月中将登黄檗，祝我本师老人稀诞，又来东都而扣蔽室。

---

[1] 驹泽大学禅文化历史博物馆编「日本来由」、企画展『東皋心越と水戸光圀～黄門様が招いた異国の禅僧～』、2015年、第47頁。

是虽雅情，不能领谢。吾国制法素禁唐僧滥入东都。前年黄檗南源和尚适谒远州，独湛和尚径来江城，公议严辣，事酷涩滞，因之瑞圣、海福二刹共系官议。而后法制愈严，重禁唐僧非有公许而来东都。公若来弊寺，则非但公系官议，瑞圣亦处同犯重禁之罪。况公是长崎住僧也，非有公事，官何以许容之乎？其或有事将入东都，长崎运使达之官府，亲得公许，而后来此，庶几事无阻隔。不而，则恐不遂也。揆公未谙国法，徒动此念也，所以缕缕晓之而已。但希黄檗事毕，宜回东明，镇重俟时，余不敢赘。腊月除六日。瑞圣道机和尚复。[①]

铁牛道机在回信中告诉心越日本法制"素禁唐僧滥入东都"，并举出南源性派、独湛性莹的事例，铁牛还建议心越通过长崎奉行所转达幕府，得到批准后，再入江户。从回信内容来看，看不出铁牛道机对心越怀有不满，反倒谆谆告诫，态度还是比较友好的。但是，接下来发生的事证明并非如此。

今井弘济曾给东皋心越寄去一封书信：

今井弘济来书

佐藤市郎兵卫书荐至，知师师茵无违，且审登檗山及入京本末，远怀为慰。师赴东都一事，寡君与朝廷执事者议之，其初也若事易成也。仆与玄术欣欣俟期。既而事涉涩滞，若奸邪构隙而沮之也。数日得朝廷之报，则果然矣。向玄术及仆与师并素文兄相约之旨，崎土有檗山之徒密白于檗山，是故渠要师承当个事而欲败吾事，是不幸之滥觞也。洞宗旧招提龙泰、万松等，志存于洞派，闻师东来，喁喁颂说。于是远近洞僧雷同满街，是檗山之徒快然不怿之大本也。密计既为渠见知，洞僧且

---

①　陈志超编《旅日高僧东皋心越诗文集》，中国社会科学出版社，1994，第34~35页。

袒右，则渠安肯不勃然哉。兹有铁牛者，千忌万猜，献邪策乎权门，抱祸心而窥觎，事之涩滞，关乎此矣。然究其源头，则洞僧之失计也。何者？师唯孤身东来，淡然无声，则渠不起此嫌疑也。僕与师约，勿泄密计，元虑此故耳。渠见师德将振，而洞僧影从，察连鸡之势，而摘乔木于两叶耳。始欲以抵瑞圣寺为名，而渠拒而不受，又从而游说，使当路人起猜疑之心。是故事难速就，且将费唇舌而后定耳。目下事已蹉跌，亦将别设深图，以遂本志。师宜且回崎土，以待时至。僕寄书澄师、素文兄，备述此事本末，且为师周旋，托以安顿之趣。亦当奉书牛公，而使师无忧戚之思焉。寡君亦将有深意也。羊叔子有言曰：世间不如意十恒七八，盖此谓也。吁！僕欲使师得幽闲之地，安静度日，以颐天真。事未及成，千里广闻，为法而附骥尾者，扰扰成群，无益于师，却败本谋。加之险心贪诐者，妒逸沮拒，虽有命运兴衰，亦由人事矣。然师勿因此而成忧，为之而苦心。诗云：中心藏之，何日忘之。又曰：靡不有初，鲜克有终。既有初矣，请待有终。临楮慷慨，无胜愧报之至。仲春既望，今井小四郎弘济拜。[1]

东皋心越等人策划入江户之事很快在长崎传开。原本此事为今井弘济、素文道壁等人密谋，其他人并不知晓。铁牛道机通过心越所寄书信，猜测出其真实意图，因此将此事传扬出去。而将此事转告黄檗山万福寺的是长崎黄檗僧人。在长崎，千呆性侒素来排挤心越，据此推测，这次也极有可能是千呆性侒向万福寺揭发此事。但是，木庵性瑫并未为难东皋心越，致使铁牛道机、千呆性侒等人惩治心越的计划落空。于是，铁牛道机又向幕府（长崎奉行所）揭发此事，最终导致心越被迫返回长崎，被幽禁于兴福寺。

千呆性侒、铁牛道机等人之所以对东皋心越持抵制的态度，背后有一定

---

① 陈志超编《旅日高僧东皋心越诗文集》，中国社会科学出版社，1994，第68页。

的历史渊源，清初在国内临济、曹洞两宗就曾发生《五灯严统》之争。关于此事，陈垣在《清初僧诤记》中有记载：

> 五灯严统廿五卷，费隐容撰，前二十卷悉本五灯会元，仅将天皇悟以后各代，及云门、法眼二宗，会元所标为清原下几世者，改为南岳下几世；又将卷六末未详法嗣，移置卷十六后，而著无明慧经、无异元来等于其中，即谓之严统。如此著书，亦太易矣，顾与重刻会元一次何异，而乃以"严统"二字，排斥他宗，凡例中诋诋之声，尤距人千里，诤乌得而不起乎？……然当时之诤，不尽在天皇之改属，而在列无明慧经于未详法嗣，及谓湛然圆澄来源无据，大伤洞上之心。洞上显学，莫觉浪盛、三宜明盂若，盛为无明之孙，盂为湛然之子，因此二家遂为原告，费隐为被告，而掀起禅宗史上所谓甲乙两宗大哄矣。甲乙者，顺治十一二年甲午、乙未也。……结果卒将严统毁版，诤始寝。[①]

禅宗六祖惠能门下出南岳怀让和青原行思，南岳怀让一系出临济、沩仰二支，临济又分出黄龙、扬岐二脉，青原行思一系出曹洞、云门、法眼三支，史称"五家七宗"。但是，临济宗费隐通容所编《五灯严统》把云门、法眼二宗移置南岳一系，如此就变成南岳一系出临济、沩仰、云门、法眼四支，而青原一系仅出曹洞一支，并且费隐通容还把曹洞宗无明慧经置于未详法系之列，称曹洞宗湛然圆澄来源无据。当时曹洞宗中影响较大的是觉浪道盛和三宜明盂，觉浪道盛是无明慧经的法孙，三宜明盂为湛然圆澄的弟子。为压制曹洞宗，《五灯严统》从根源上否定他们的法统，引发曹洞宗僧人的极度不满。于是，觉浪道盛和三宜明盂把费隐通容告上公堂，最后这场济洞之争以《五灯严统》毁版而收场。隐元隆琦是费隐通容的嗣法弟子，东皋心越则

---

① 陈垣：《清初僧诤记》，中华书局，1962，第9~13页。

是觉浪道盛的法孙，千呆性侒和铁牛道机作为隐元隆琦的法孙，抵制东皋心越在日传播曹洞宗，同清初国内的济洞之争不无关系，某种程度上也可以理解为国内济洞之争在日本的延续。

同时，在日本传播明朝禅的势力冲突也是千呆性侒、铁牛道机等人抵制东皋心越的重要原因。诚如今井弘济所言："洞宗旧招提龙泰、万松等，志存于洞派，闻师东来，喁喁颂说。于是远近洞僧雷同满街，是檗山之徒怏然不怿之大本也。……渠见师德将振，而洞僧影从，察连鸡之势，而摘乔木于两叶耳。"[①] 东皋心越登黄檗山祝寿，途经大阪、京都，当地众多颇负盛名的曹洞宗禅师纷纷与其交好，全力支持东皋心越在日本弘扬明朝曹洞禅。自隐元隆琦携弟子东渡日本之后，可以说，黄檗宗在传播明朝禅方面便一直处于垄断地位，如今东皋心越东渡日本，立志要传播曹洞禅，且尚未开山建寺就已产生相当大的影响。同样是渡来僧，同样传播明朝禅，东皋心越势力的扩大，对黄檗宗的垄断地位存在一定的威胁，鉴于此，个别黄檗僧人才会对东皋心越传禅百般阻挠。

结 语

东皋心越于清初东渡日本，传播明朝曹洞禅，开创日本曹洞寿昌派，使得中国曹洞宗寿昌派法脉得以延续至日本。黄檗宗内千呆性侒、铁牛道机虽对东皋心越传播曹洞禅法有所抵制，但以澄一道亮、木庵性瑫为代表的大部分黄檗僧人都对东皋心越持友好、支持的态度。澄一道亮招请东皋心越东渡日本，为便宜行事，与其行师徒之礼，甚至可能还考虑过把住持之位传于心越，之后，澄一道亮又协助心越寻找新出路。木庵性瑫对东皋心越也多有庇护，东皋心越初到日本之时，面对千呆性侒驱逐心越的请求，木庵性瑫并未应允，

---

① 陈志超编《旅日高僧东皋心越诗文集》，中国社会科学出版社，1994，第68页。

而是豁达地表示"不论临济、曹洞，只要法门兴便了"，东皋心越登黄檗山祝寿，迂回入江户的计划泄露，木庵性瑫再次展现出包容与支持，言道"既是老侄嗣法遇曹洞，到此更好"。除木庵性瑫、澄一道亮外，东皋心越与黄檗宗内素文道壁、铁心道胖、南源性派等人也颇为亲近。明末清初，以隐元隆琦为首的黄檗宗把明朝临济禅传入日本，东皋心越则致力于在日传播明朝曹洞禅，他们都为中日禅宗交流做出了杰出贡献。东皋心越只身赴日，弘法之路更为艰难，最终能得偿所愿，开宗立派，虽也有龃龉，但总归而言离不开同道中人的理解和支持。

中日净土修行理论的变迁 *

刘丽娇 **

【内容提要】佛教三大支流之一的东亚佛教以汉地佛教为基础，经过中国本土化以后流传到朝鲜半岛及日本等地。其中的净土信仰更是如此，在中日两国都有庞大的受众，影响广泛。本文从修行理论的角度来观察净土思想在中国完成本土化以后、被日本继承并加以改造的过程，由此呈现中国古代文化向日本传播发展的一种形态。

【关键词】净土修行　善导　法然　亲鸾　辨长

引　言

在佛教经典中有许多的佛菩萨及其国土，如药师佛净土、弥勒佛净土、

　＊　本文系教育部人文社会科学研究青年基金项目"隋唐净土思想在日本的发展与嬗变研究"（项目批准号：20YJC730004）的阶段性成果。
　＊＊　刘丽娇，湖南大学外国语学院日语系副教授。

阿弥陀佛净土等，在中国流行最广的是阿弥陀佛净土信仰，其完整的思想体系形成于隋唐时期。后来流传到日本，在镰仓时期形成独立的宗派，一直发展到今天，成为日本佛教界势力最为庞大的宗教团体。本文主要从修行理论的角度来观察净土思想从中国到日本的发展变迁，在此基础上帮助进一步理解中日佛教的异同。

中国的阿弥陀佛净土信仰，往往是从东晋时期庐山慧远的念佛结社活动开始的，不过彼时留下的文字资料有限，尚不能见较为系统的思想体系。及至北魏时期昙鸾撰写《无量寿经优婆提舍愿生偈注》《略论安乐净土义》等著作，后由隋唐时期的道绰、善导二人继承发扬，才形成了较为完备的净土思想体系。这一支流传到日本，在镰仓时期被法然及其弟子继承并做出了相应的改变。因此，我们主要选择两国开创时期的人物，来考察其中修行理论的变迁及其带来的影响。

最早比较系统地提出净土修行理论的是 4 世纪末印度的世亲，在其著作《无量寿经优婆提舍愿生偈》（即《净土论》）中提出了"五念门"的修行方式。所谓五念门，其一，礼拜门，即身体礼拜阿弥陀佛；其二，赞叹门，即赞叹阿弥陀佛名等；其三，作愿门，即一心一意发愿往生阿弥陀佛国土；其四，观察门，即观想阿弥陀佛世界；其五，回向门，即将之前修行所获功德全部回向给一切众生，希望众生共同往生极乐净土。[①]

在这五门中，第四观察门占据了《净土论》的主要篇幅，观察的对象包括十七种佛国土庄严功德、八种佛庄严功德和四种菩萨庄严功德，这种种庄严功德又可略作一句，即真实智慧无为法身。可知，世亲认为修习"观"即毗婆舍那是往生净土的最重要的方式。此外，综合五门来看，礼拜门是身业，赞叹门是口业，作愿门是意业，观察门是智业，前四门是自利行，而回向门是为众生服务，是利他行，因此五念门是完整的自利利他菩萨行。

---

① 世亲造，后魏菩提流支译《无量寿经优婆提舍愿生偈》，真宗圣教全书编纂所编《真宗圣教全书一·三经七祖部》，大八木兴文堂，1995，第 275~276 页。

由此可知，无论是难度较大的观察门，还是将一切修行功德回向给众生的回向门，都是世俗众生难以做到的。再加上世亲说"菩萨如是修五门行，自利利他，速得成就阿耨多罗三藐三菩提"①，即能证无上正等正觉，可知五念门的修行方式与其说面向一般普罗大众，倒不如说是面向圣人菩萨的，由他们完成以后再普度众生。

然而，待到中国的昙鸾等真正发展净土思想的时候，随着时代和地区的变化，净土修行理论也发生了重大改变，这一点在中国向日本传播的阶段同样再次发生了。

一　隋唐时期的净土修行理论

隋唐时期代表性的净土思想家为昙鸾、道绰、善导一系，其中善导师从道绰，继承昙鸾，是中国净土学说的集大成者。因此，本节主要聚焦于善导的修行理论。善导的著作现存五部九卷，《佛说观无量寿经疏》（亦称《观经四帖疏》或《四帖疏》）四卷是叙述净土法门教相教义的主要著作，其余《净土法事赞》《观念阿弥陀佛相海三昧功德法门》《往生礼赞偈》等五卷主要叙述净土法门的行事仪式。下面我们就通过《观经四帖疏》来了解善导的净土修行理论。

《佛说观无量寿经》（简称《观经》）至今没有梵文本，常常被认为是在中亚地区或中国伪造出来的经典。不过无论如何，《观经》在中国的传播时间长、范围广，无疑是中国净土思想非常重要的组成部分，善导所作的《观经四帖疏》也是中国净土思想史上的重要著作。尤其在这一支净土思想脉流传播到日本以后，镰仓时代的僧人法然将其楷定为"净土三部经"之一，由此《观经》成为净土宗派遵奉的本宗经典。

---

① 世亲造，后魏菩提流支译《无量寿经优婆提舍愿生偈》，真宗圣教全书编纂所编《真宗圣教全书一·三经七祖部》，大八木兴文堂，1995，第277页。

《观经》的主要内容是叙述往生净土的修行方式，简言之即善导归纳的定善十三观和散善三福九品。十三观是定善，指凝心观想佛土世界、佛、菩萨，具体包括日、水、地等十三种对象。三福九品是散善，三福指世俗善根、戒善、行善，九品指按照行的不同将往生之人分为九等，这些行包括发三种心、具诸戒行、读诵大乘方等经典、修行六念、善解义趣、深信因果、修持诸戒、孝养父母、闻诸经名、闻赞弥陀、临终称名等。由此可知，定善的观想行是往生修行中的正道，散善则包括许多其他善行，既有持戒等佛教修行，甚至还有世俗社会中的善行，如孝养父母等，也可以算作往生功德，不过有品级高低的区分。其实从经名中也可以观察到，这部经典就是在说观想阿弥陀佛世界才是往生净土的主要修行方式。这一点与上文提到世亲重视观察门是一致的。

然而，善导提倡的修行方式并未止步于《观经》，而是在此基础上又进行了选择和确定，建立了较为系统的学说。

> 然行有二种。一者正行，二者杂行。言正行者，专依往生经行行者，是名正行。何者是也。一心专读诵此《观经》《弥陀经》《无量寿经》等，一心专注思想观察忆念彼国二报庄严，若礼即一心专礼彼佛，若口称即一心专称彼佛，若赞叹供养即一心专赞叹供养，是名为正。又就此正中复有二种。一者一心专念弥陀名号，行住坐卧，不问时节久近，念念不舍者，是名正定之业。顺彼佛愿故。若依礼诵等，即名为助业。除此正助二行，已外自余诸善，悉名杂行。若修前正助二行，心常亲近，忆念不断，名为无间也。若行后杂行，即心常间断。虽可回向得生，众名疏杂之行也。①

---

① 善导：《观经正宗分散善义卷第四》，《真宗圣教全书一·三经七祖部》，第537~538页。

从引文中可以看出，善导首先将佛教一切行分为正行与杂行，心无间断者为正行，心有间断者为杂行。然后对于正行又作正、助分别，正行有五，即读诵净土三经等、观察二报庄严、专心礼佛、口称佛名、赞叹供养，其中正中之正的正定业是口称佛名，其余读诵、观察、礼拜、赞叹供养四行为助业。

下面我们来分析善导的修行理论与前人的不同之处。

首先，最大的不同在于善导将口称佛名放在了最重要的位置，将其楷定为正中之正，在五种正行之中又是正定之业。这一点与《观经》和世亲都最重视观想行完全不同。

如前文所述，《观经》重点放在十三观的定善上，将其他善行按等级划分在三福九品中。然而，善导却通过引入弘愿的概念来烘托口称佛名这一修行方式独特且重要的地位。《观经疏·玄义分》开篇处就说："娑婆化主因其请故，即广开净土之要门，安乐能人显彰别意之弘愿。其要门者，即此'观经'定散二门是也。定即息虑以凝心，散即废恶以修善。回斯二行求愿往生也。言弘愿者，如'大经'说。一切善恶凡夫得生者，莫不皆乘阿弥陀佛大愿业力为增上缘也。"[1] 在此，善导将净土法门归为要门与弘门，要门即谓《观经》所述定散二行，然而在此之外又立弘门，据《无量寿经》以阿弥陀佛愿力为往生增上缘。既然是往生增上缘，自然比行者靠自力修行的定散二行优胜得多。善导称，口称佛名与弥陀本愿相应，所以是五正行之中的正定行，"上来虽说定散两门之益，望佛本愿意，在众生一向专称弥陀佛名"[2] 一节即为佐证。

与世亲的区别也是如此。其实，世亲从《观经》中提炼出五念门，就与《观经》涵括许多善行不同，在专门针对往生净土的方向上已经更进一步，五念门无一不与阿弥陀佛世界直接相关。再从善导的"五正行"和世亲的"五念门"的关系来看，无论是"五"的框架，还是两者间重合的三项，都能看出前者

① 《观经玄义分卷第一》，第443页。
② 善导：《观经正宗分散善义卷第四》，《真宗圣教全书一·三经七祖部》，第558页。

对后者的借鉴关系。如礼拜、赞叹、观察三项的内容几乎一致，均为礼拜阿弥陀佛、赞叹弥陀世界、观察佛土世界，观察的内容都来源于《观经》。

然而与世亲最重视观察门不同，善导却是从世亲的赞叹门中独立出来一项口称佛名的修行方式，并将其定为正定之业的正行。此外，删减了作愿和回向两门，增加了读诵净土类经典一门。

其次，善导为什么要做出这种改变呢？

答案是善导说法的对象发生了改变，不再是之前世亲面对的圣人菩萨这种高阶的佛教修行弟子，而是普通的世俗众生。例如善导在《往生礼赞偈》中据《文殊般若经》直接主张放弃观察行，只进行称名行，因为"众生障重，境细心粗，识扬神飞，观难成就也。是以大圣悲怜直劝专称名字。正由称名易故，相续即生"①。障重心粗的普罗大众，他们很难修习高难度的"观"，只有简单易行的"口称佛名"才能做到。

这还可以从善导删除五念门中回向门的做法中得到佐证。如前文所介绍的，世亲的回向门是指菩萨将所有功德回向给一切众生，让众生得以往生净土。但是善导说法的对象是做不到这一点的。善导提出了三心的说法，其中一心便是回向发愿心，这里的"回向"不再是以己功德回向他人，而是以己功德回向自己，让自己往生。当然，善导也提到对他人的帮助，但是那要等到自己往生以后再返回三界救济众生，因为凡夫能力不如菩萨，必先自救才能救人。由此也可以窥见善导说法的立场已经不同于《观经》和世亲。

再次，为什么普通凡人通过轻轻松松喊几句佛的名字就可以往生极乐世界呢？

其实，善导所说的口称佛名不是有口无心地喊口号，如引文所示，五正行前都有两个字即"一心"。"一心专读诵""一心专注思想观察忆念""一心专礼""一心专称""一心专赞叹供养"等。这个贯彻所有修行的"一心"，

① 善导：《往生礼赞偈》，《真宗圣教全书一·三经七祖部》，第651页。

就是善导具体展开的"三心说"，即至诚心、深心、回向发愿心。至诚心即真实心，"不得外现贤善精进之相。内怀虚假、贪嗔邪伪、奸诈百端、恶性难侵、事同蛇蝎"[①]。深心即深信之心，深信自己是罪恶凡夫，无法靠自己脱离苦海，同时深信阿弥陀佛拯救众生往生极乐的宏大誓愿。回向发愿心则如前所述。善导主张，"三心既具，无行不成。愿行既成，若不生者，无有是处也"[②]。因此三心是重点，而口称佛名是最容易做到的，和三心结合相互成就便能往生，所以善导称此行为正中之正。

综上所述，在佛教诸多修行方式中，善导首先将净土行与其他万行区分为五正行与杂行，又在读诵、观察、礼拜、口称和赞叹供养五正行中选择口称行作为正定之行，降低修行难度，将说法对象扩大为一般普罗大众，这为净土宗广泛传播并扎根于中国社会提供了理论基础。

不过，仍需补充的一点是，善导虽然对净土行做了选择和勘定，但并未彻底否定其余修行。善导认为"随缘起行、各求解脱"，各人可采用各自的"有缘之行"，对于往生净土，最重要的是具备三心，"三心既具，无行不成，若不生者，无有是处也"。[③]善导虽然突出净土宗在佛教中的独特性，但是并未排除与其他宗派修行方式融合的可能性，这与净土宗在日本的发展显著不同。

二　日本镰仓时期的净土修行理论

净土信仰传入日本的时间大约在奈良时代以前，不过往往以佛像及抄经的形式出现，主要作为生者替亡者祈祷冥福、希望亡者往生净土的方式存在。在佛教内部，净土观念法门被三论宗、华严宗、法相宗等吸收。平安时期，

---

① 善导：《观经正宗分散善义卷第四》，《真宗圣教全书一·三经七祖部》，第 533 页。
② 善导：《观经正宗分散善义卷第四》，《真宗圣教全书一·三经七祖部》，第 541 页。
③ 善导：《观经正宗分散善义卷第四》，《真宗圣教全书一·三经七祖部》，第 541 页。

它依托天台宗取得了较大发展，因为天台宗有一种叫常行三昧的观法，即九十日口唱心念阿弥陀佛不止，以达到三昧的境界，从而逐渐出现了专门以念佛为业的念佛者。直到平安时期末，一位名叫法然的僧人从天台宗脱离出来建立了净土宗专门的教义，并使净土宗获得了独立的地位。法然弟子众多，在法然之后又产生了许多净土宗门派。本节主要论述法然及其弟子的净土修行理论。

1. 法然的选择念佛

法然的主要著作是《选择本愿念佛集》，从书名也可以看出法然对口称念佛行的重视程度。更重要的是，法然不单继承善导尤其重视口称念佛这一修行方式，而且将其他净土门内外的修行方式全部否定了。为此，法然在理论上主要做了两步工作，一是从正面突出念佛行的优胜之处；二是从侧面主张抛弃余行、独取正定行。

（1）称名行的优胜处

事实上，《选择本愿念佛集》全书就是从各个角度来论证唯有口称佛名才是往生净土的真正行。法然表述的优胜和独到之处可以简单归为以下三个方面。

首先，法然将口称佛名行与弥陀四十八愿中第十八愿结合起来。第十八愿即"设我得佛，十方众生，至心信乐，欲生我国，乃至十念，若不生者，不取正觉"[1]，也就是说法藏菩萨曾发过誓愿，众生如果至心信仰，意欲往生，那么即使只念十遍佛名也定能往生，否则不取正觉不成佛。以此说明口称佛名行是作为阿弥陀佛前身的法藏菩萨亲口许下的誓愿。而且，法然主张第十八愿才是阿弥陀佛的本愿，"'望佛本愿'者，指《双卷经》四十八愿中第十八愿也"[2]。法然分析，法藏菩萨建立极乐世界时是有选择取舍的，例如舍弃三恶趣粗恶国土，选取无三恶趣善妙国土。同样在建立第

---

[1] 源空：《选择本愿念佛集》，《真宗圣教全书一·三经七祖部》，第940页。

[2] 源空：《选择本愿念佛集》，《真宗圣教全书一·三经七祖部》，第981页。

十八愿时，法藏菩萨选取的是以称名为往生行之土，舍弃了所有其他以布施、持戒等余行为往生行之土。因此，以称名行为往生行是法藏菩萨特意选择的。那么为何称名行会被特意选取呢？法然认为原因有二，一是弥陀名号具备一切功德，故称名行是最盛行；二是称名行容易实践，任何人都可以平等地实践此行。

其次，法然描述了念佛的益处。第一，念佛一声即有大利，有无上功德，且称名一念、十念、百念、千念等，利益功德还可逐渐累积，其余行没有这种好处。第二，阿弥陀佛光明只照念佛行者，不照其他行者。第三，念佛行受到圣众的诸多优待，有六方诸佛护念。[①]

最后，法然最后借用释迦牟尼来增加权威性。法然根据《观经》"流通分"中佛嘱咐阿难"汝好持是语。持是语者，即是持无量寿佛名"[②]一文，强调口称佛名是释迦牟尼最后嘱咐阿难流通后世的唯一行。

在这部分中，法然结合阿弥陀佛誓愿来烘托称名独一无二地位的做法是与善导一脉相承的。不过，将第十八愿定为本愿的做法是法然自己提出的。此外，强调称名具备其他修行欠缺的诸多好处等，则是法然一家之言，也并无令人信服的论证过程。

（2）舍余行修称名行

接着再看法然对余行的屏弃情况。当然，法然在此借用了善导正杂行与正助行的分类框架。首先，要排除杂行，法然主要用了两种办法。第一，对比正行解释杂行。法然先根据《观经疏》一一解释了五正行，接着立五种杂行，如读诵三经以外的大小乘显密诸经是读诵杂行，除弥陀净土观以外的大小显密事理观行是观察杂行，对弥陀以外的一切佛菩萨诸天的礼拜是礼拜杂行，称弥陀以外的一切佛菩萨诸天名号的是称名杂行，对弥陀以外的一切佛

---

① 源空：《选择本愿念佛集》，《真宗圣教全书一·三经七祖部》，第 953~956 页。
② 畺良耶舍译《佛说观无量寿经》，《真宗圣教全书一·三经七祖部》，第 66 页。

菩萨诸天的赞叹供养是赞叹供养杂行，以及持戒、布施等万行皆是杂行。[①] 如前文所述，善导只是简单地将五正行以外的行称为杂行，然而法然将两者一一对立起来，等于将净土宗与其他所有大小显密教对立起来，也将阿弥陀佛与其他一切佛菩萨诸天对立起来，表现出强烈的排他性。第二，对于正行与杂行的利益得失举出五组对立。相对于阿弥陀佛，正行是亲、近、无间断、不回向也能往生，是纯极乐之行；杂行则是疏、远、有间断、需回向才能往生，非纯极乐之行。因此种种，法然明确指出，"西方行者，须舍杂行修正行也"[②]。

其次，要排除五正行中的助行，只留下正定业行。在这里法然用的办法是将念佛行与《观经》定散二门对立起来，因为定散二门中包括四助行，废除了定善十三观和散善三福九品，也就废除了一切杂行与助行，剩下念佛行就是唯一应该修行的往生行。

那么，法然是如何废除定散二门的呢？在"付嘱念佛行"的部分中，法然主张被选定流传后世的不是定散行，而是念佛行，因为定散行都非弥陀本愿行。不仅如此，持戒、发菩提心、读诵大乘、持咒等散善行反而大多妨碍念佛行，"以此等行，殆抑念佛"[③]。

既然唯有念佛是正定行，那为何诸经论中还要提出定散二善行？法然认为答案有三。一是"诸行为废而说，念佛为立而说"[④]。二是余行助成称名行，"'一向专念无量寿佛'者，是正行也。亦是所助也。'舍家弃欲而作沙门发菩提心'等者，是助行也，亦是能助也"[⑤]，即余行并不直接等于往生行，而是促使行者坚定修称名行的助力，最终要被抛弃。三是往生上中下三辈行中皆通念佛行，以念佛行立三品。

总而言之，法然为了得出抛弃余行、独取念佛的结论，从多个角度进行

①　源空：《选择本愿念佛集》，《真宗圣教全书一·三经七祖部》，第 936 页。
②　源空：《选择本愿念佛集》，《真宗圣教全书一·三经七祖部》，第 938 页。
③　源空：《选择本愿念佛集》，《真宗圣教全书一·三经七祖部》，第 982 页。
④　源空：《选择本愿念佛集》，《真宗圣教全书一·三经七祖部》，第 950 页。
⑤　源空：《选择本愿念佛集》，《真宗圣教全书一·三经七祖部》，第 950 页。

了论证，不过简要来说不外乎两个方面，一是念佛殊胜，二是余行欠佳。此外，他还结合末法时代的概念，称余行已失机失时，"诸行非机失时，念佛往生当机得时。……随他之前暂虽开定散门，随自之后还彼定散门。一开以后永不闭者，唯是念佛一门"①。之所以这么做，显然一方面是为了让净土宗摆脱寓宗的地位真正独立出来；另一方面和善导相同，为了让净土宗更容易在一般民众中普及开来，从而实现对普通民众的救济。不过，法然如此坚决地将净土门与其他佛教宗派对立起来，且其论证多有牵强之处，在当时也引起了其他佛教势力的强烈反弹，甚至遭到了朝廷的镇压和流放。

2. 法然弟子的净土修行理论

法然死后，还留下许多问题没有解决。例如，是否要如此坚决地坚持口称佛名行与其他修行方式的对立？口称佛名行被尊为独一无二，其主要依据是阿弥陀佛的愿力，那么这一修行的本质是他力还是自力呢？如果是他力的话，是否还需要修行者自己努力呢？法然的弟子们对此意见不一，本节主要选取立场相对立的两位代表人物进行论述。

（1）亲鸾

如何往生极乐净土？亲鸾在其著作《显净土真实教行证文类》的"行卷"一章中开宗明义地指出，"谨按往相回向，有大行，有大信。大行者，则称无碍光如来名"②。往生的修行方式就是口称佛名，不过大行是与大信相结合的，这与善导说五正行必须具备三心一样。不过，善导所说的行与三心都是行者自力所为，亲鸾则完全排除了自力的性质。

亲鸾依据阿弥陀佛第十八愿提出大信包括三心，即"至心""信乐""欲生"。他主张，"至心"是指法藏菩萨在立下誓愿以后修三业过程中具有的清净真心，以此成为阿弥陀佛，并将至心回施一切烦恼群生；"信乐"是至心被回施给众生、呈现为众生心中生起的信心欢喜；"欲生"是"如来招唤诸有群生之

① 源空：《选择本愿念佛集》，《真宗圣教全书一·三经七祖部》，第 983 页。
② 亲鸾：《显净土真实教行证文类》，《真宗圣教全书二·宗祖部》，第 5 页。

救命"。①因此，归根结底大信是阿弥陀佛的清净真心，即使行者表现出信仰和愿生之心，那也是阿弥陀佛的至心的表现和功用。

大行也是如此。称名的具体内容是口念"南无阿弥陀佛"，亲鸾先引用了善导的解释，"言南无者，即是归命，亦是发愿回向之义。言阿弥陀佛者，即是其行"，然后在此基础上进行阐释。"归命者本愿招唤之敕命也。言发愿回向者，如来已发愿回施众生行之心也。言即是其行者，即选择本愿是也"②。也就是说，"南无"不是行者主动皈依，而是阿弥陀佛召唤他往生极乐；口念佛名也不是行者的功劳，而是阿弥陀佛选择这一修行方式回施给众生的。因此，大行中也包括信与行，但二者的主体均是阿弥陀佛。因此，亲鸾称此行"非凡圣自力之行，故名不回向之行"③，众生往生的根本原因在于阿弥陀佛的愿力，而不是自己努力的结果，所以是不回向之行。

无论是大行还是大信，都是他力性质的，自力因素被完全排除在外。那么亲鸾为何如此主张呢？可以推测的原因之一是，亲鸾比善导、法然都更加强调末法时代罪恶凡夫的无力，从自身开始深刻反省世俗之人的弱点，"悲哉，愚秃鸾，沉没于爱欲广海，迷惑于名利太山，不喜入定聚之数，不快近真证之证，可耻可伤矣"④。于是，获得救赎的方向彻底从不稳定的自身转向绝对存在。

然而，这样做带来的后果就是修行理论的薄弱化。其一，自力因素被排除，做什么都是不回向之行。其二，大行与大信之间，显然更关键的是大信，光是口念"南无阿弥陀佛"是无效的。这和善导说"三心既具，无行不成"的道理一样，亲鸾也说得大信必能往生。可是，众生要如何才能获得大信或者发现阿弥陀佛回施到自己身上的大信呢？对此，亲鸾并未直接回答。这也是亲鸾后人创立的教团长期重"信"轻"行"的理由，甚至不持戒律，饮酒

---

① 亲鸾：《显净土真实教行证文类》，《真宗圣教全书二·宗祖部》，第60~65页。
② 亲鸾：《显净土真实教行证文类》，《真宗圣教全书二·宗祖部》，第21~22页。
③ 亲鸾：《显净土真实教行证文类》，《真宗圣教全书二·宗祖部》，第33页。
④ 亲鸾：《显净土真实教行证文类》，《真宗圣教全书二·宗祖部》，第80页。

食肉、娶妻生子，成为与其他佛教宗派截然不同的特征。修行理论薄弱的问题，至今仍是净土真宗没有解决的难题。

（2）辨长

相对地强调自力实践的一派则以辨长为代表。辨长的净土修行理论基本上是对世亲、善导、法然等人理论的总结，称为"三心五念四修三种行仪"。这部分内容主要出现在其著作《末代念佛授手印》[1]中，下面就用它来进行分析。

所谓"三心"，即善导解释过的"至心""深心""回向发愿心"。不过辨长比善导留下了更多的余地，并不要求三心纯粹地贯彻于修行过程始终，而是主张即便有时半实半虚、心生疑惑都有往生的可能，只要努力修行，逐渐用三心来对治这些虚假疑惑心。

所谓"五念"，即世亲的五念门，礼拜、赞叹、观想、作愿、回向五门。

所谓"四修"，一是恭敬修，即恭敬礼拜阿弥陀佛及其一切圣众；二是无余修，即专称佛名、专念专想专礼专赞阿弥陀佛，不杂其他行业；三是无间修，即恭敬、礼拜、称名、赞叹、忆念、观察、回向发愿之心相续不断；四是长时修，即直至命终修行不止。这部分内容也是承袭善导，强调行者在修行过程中要一路勇猛精进。

所谓"三种行仪"，即三种场合下修往生行时的注意事项。一是寻常行仪，在平时生活中几乎没有要求；二是别时行仪，即特殊情况，如道场、身、衣装等须清净，不食酒肉荤辛等；三是临终行仪，与别时行仪相同。

当然，辨长还主张五正行是这一往生行系统的中心，尤以"心存三心口称南无阿弥陀佛"为五正行中之唯一正行，"此宗意以此行为第一行"[2]。这是他与善导、法然一脉相承的表现。

总体而言，辨长的修行理论体系都显示出对其他宗派更加柔和的态度，

---

① 辨长：《末代念佛授手印》，《净土宗全书》第十卷，山喜房佛书林，1971。
② 辨长：《末代念佛授手印》，《净土宗全书》第十卷，山喜房佛书林，第2页。

例如"四修"中恭敬礼拜的对象不仅是阿弥陀佛，还包括其余一切圣众，和法然排斥其他宗派的鲜明态度完全不同；同样在这里对修行者提出恭敬、无余、无间、长时的要求，要求行者不断地努力精进，和亲鸾排斥自力因素的做法也显著不同。由此可见，辨长的修行体系基本上是被法然改造之前的善导流的内容，表现出更大的包容性。这一派的思想也表现出很强的生命力，以镇西派为载体延续至今。

结　论

纵观中日净土思想修行理论的发展脉络，其中有两个重要的转折点。一是隋唐时期善导等建立净土宗，提出"五专行"等修行方式，尤其将重中之重从以前的观想行更改为口称佛名行，大大降低了修行的难度。二是镰仓时期法然师徒在日本建立净土宗，继承善导主推称名行的修行框架，并且更进一步将称名行定为唯一的净土修行方式。法然如此做的理由之一是让世俗众生获得平等的往生工具，不像布施、抄经等有钱财、识字等要求。二者共同的特点是，让净土宗广泛地传播到普通民众中去。

不同之处在于，中国的净土宗表现出更大的包容性，"三心既具、无行不成"，净土门的修行方式也被其他宗派所吸收，后来形成禅净合流的局面并成为中国佛教的主流。然而，日本的净土宗则表现出更多的封闭性，通过与其他宗派相对立的方式凸显自己的特色，尤其是经过江户时期各自为政的宗教管理之后，净土各宗派不仅与其他宗派彼此隔绝，就连内部的各教团都是壁垒森严，具有强烈的独立性。犹如一条河流，在流经的路途中遇到不同的地形就会显现不同的样态，净土思想的传播是这样，其他中国古代文化的传播也是如此。

浅析纳吉布·马哈福兹《三部曲》的现实主义

倪　颖 *

【内容提要】1988 年诺贝尔文学奖获得者——埃及作家纳吉布·马哈福兹的创作经历了历史浪漫主义、现实主义及新现实主义三个阶段，而《三部曲》（默认为"开罗三部曲"，即《宫间街》《思宫街》《甘露街》）是作家现实主义小说阶段的扛鼎之作。本文拟从现实主义的发展历程入手，分析《三部曲》与经典现实主义、20 世纪现实主义发展相契合的一些特点。
【关键词】纳吉布·马哈福兹　《三部曲》　现实主义

　　《三部曲》是纳吉布·马哈福兹现实主义小说阶段的巅峰之作，是阿拉伯现实主义小说的里程碑。20 世纪的现实主义出现了许多变化，马哈福兹的《三部曲》也是顺应历史潮流之作。本文将对现实主义的发展进行简单介绍，对《三部曲》这部作品的现实主义特点加以论证。

---

　　*　倪颖，北京大学外国语学院阿拉伯语系副教授。

一　现实主义的发展

现实主义本身经历了一个发展过程，早期法国现实主义的倡导者认为必须在"文艺作品中表现现代生活，使作品更加生动有力……像巴尔扎克（1799~1850）、福楼拜（1821~1880）和左拉（1840~1902）这样的作家，是文学上的现实主义倡导者，他们主张科学地，不带先入为主的偏见地对当代生活进行观察，并主张在描述所观察到的东西时尽量做到直截了当，不偏不倚"。[①] 以后，还有一些作家则使现实主义进一步向心理学领域发展，如爱尔兰作家 J. 乔伊斯，"力图在作品中再现思想的内在演变过程"。[②]

20 世纪的现实主义已经有了相当大的发展与变化，现实主义被赋予诸多新的内涵，因而也出现了名目繁多的现实主义的别称，例如批判现实主义、心理现实主义、社会主义现实主义、虚幻现实主义以及新现实主义等，这就意味着高度成熟的现实主义在 20 世纪进一步发展和深化，其特点是"现实主义创作模式的多元化"。[③] 任何事物都在不断地发展变化，生活在改变，人们的审美意识在改变，文学作品的创作模式就会随之改变，各种文学流派此起彼伏，在一定程度上也是为了适应这种变化，迎合人们的审美需求。如果总是僵硬不化、亘古不变的话，那文学就难以赢得读者，赢得市场。

二　《三部曲》符合经典现实主义的特点

巴尔扎克时代的现实主义，一般称为经典现实主义。回顾当初选择现实主义为创作手法，纳吉布·马哈福兹曾经这样说道："我开始（以现实主义

---

① 《简明不列颠百科全书》第 8 卷，中国大百科全书出版社，1986，第 532 页。
② 《简明不列颠百科全书》第 8 卷，中国大百科全书出版社，1986，第 532 页。
③ 柳鸣九主编《二十世纪现实主义》，中国社会科学出版社，1992，第 4 页。

为题材）写作的时候，就知道我在用一种被弗吉尼亚·沃尔芙[1]宣告死亡的手法来创作，但是我一直实践的也正是这个手法。此后有一点是清楚的，假如说我与这种手法有何渊源，那仅仅是我选择了它。这在当时是一项大胆的行为，也许是我深思熟虑的结果。那时，弗吉尼亚·沃尔芙对现实主义手法进行攻击，倡导心理描写手法。众所周知，当时在欧洲现实主义手法比比皆是，令人应接不暇，而我却对这种当时我们尚不知就里的写作方法非常热衷。我之前创作用的古典手法在当时是最新的手法，就我及个人经验、所处时代而言，这种手法更加适合，也更具诱惑力。我觉得如果用这种新的手法去写，我将仅仅变成一个模仿者。"[2]正是作家正确的选择，读者才能看到他优秀的现实主义作品，而《三部曲》这部作品更是一部现实主义的杰作。

　　恩格斯"再现典型环境中的典型人物的真实"，几乎成为衡量现实主义作品的标准。在这方面，巴尔扎克就是一个典型的例子。马克思认为伟大的巴尔扎克"是以对现实关系具有深刻理解而著名的"，并称赞《人间喜剧》是"用诗情画意的镜子反映了整整一个时代"。[3]恩格斯认为，巴尔扎克最重大的特点，现实主义的最伟大胜利，就在于他看到了自己心爱的贵族阶级灭亡的必然性，看到了当时真正代表未来的人和阶级。[4]

　　从《三部曲》这部作品看，作家首先是"按照生活原有的样式和形态来表现生活"[5]的。巴尔扎克曾经直言："作家应该熟悉一切现象，一切感情。他心中应有一面难以明言的把事物集中的镜子，变化无常的宇宙就在这面镜子上反映出来。"[6]马哈福兹的心中便有一面明镜，通过一个中产阶级家庭三代人的更迭，他们与外界社会的接触，折射出 20 世纪上半叶埃及社会风

---

① 弗吉尼亚·沃尔芙（Virginia Woolf，1882~1941），英国现代派作家。
② 《共和国报》1960 年 10 月 28 日，转引自侯赛因·埃德《纳吉布·马哈福兹的生平与文学经历》，黎巴嫩埃及出版社，1997，第 239 页。
③ 董学文：《马克思与美学问题》，北京大学出版社，1983，第 218 页。
④ 《马克思恩格斯选集》第四卷，第 463 页。
⑤ 柳鸣九主编《二十世纪现实主义》，中国社会科学出版社，1992，第 50 页。
⑥ 《欧美古典作家论现实主义和浪漫主义》第 2 卷，中国社会科学出版社，1981，第 106 页。转引自柳鸣九主编《二十世纪现实主义》，中国社会科学出版社，1992，第 17 页。

云变幻的局势，同时也是通过他们三代人的思想演进过程，宣告了封建主义、专制主义必然灭亡的历史规律。马哈福兹出身于中产阶级，但他在写作中努力做到真实可信，不动情，努力保持中立性、客观性，都是非常符合现实主义特点的。

仔细阅读作品，不难发现，《三部曲》正如作家其他现实主义小说一样，一如既往地对20世纪初的埃及老街区进行了如实的描写，对艾哈迈德家庭的日常生活进行了不厌其烦的描述（这一点恐怕是受自然主义影响）。作为一部现实主义作品，小说在缜密的结构中，运用了大量的细节描写，无论是对人物的性格展开，还是对事件的发展经过，作家都在如实地做着巴尔扎克似的书记员的工作。读者的感受，来源于对小说人物与事件客观的陈述，来源于不带偏见的、不加过多评论的叙述。对人物的好恶、对事物的是非，皆由读者自己选择与判断。对于这种中立性与客观性，作家曾有精辟的论述："事实上，人对某种信仰的立场是，要么赞同，要么反对，尤其当这个信仰自古就流传下来。因此对这种信仰的中立态度，就意味着持这种态度的人并非完全中立，但他会借助于某种手法或表达方式，使其想法包容在客观事实之中，而不是直抒胸臆。"[1]

小说中没有跌宕起伏的情节，没有引人入胜的画面，有的只是涓涓细流般缓慢的节奏。文中着重叙述的是家庭琐事，日常生活。白天，一家人各自忙碌，男人们忙工作、忙学习；女人们操持家务。晚间的咖啡聚会是一家人其乐融融地聚集在一起的时候，谈话的主题小到恋爱婚姻等个人问题，大到国家独立、民族解放等社会问题。就是在这种缓慢的节奏中，一家人的生活、埃及社会的发展呈现在读者眼前，让人感到所有这一切都在自己身边、在现实生活中发生，因而小说读来更具现实性与真实感。引用左拉的一句话就是："想象不再是小说家最高的品格了……今天，

---

[1] 纳吉布·马哈福兹：《我与你们谈》，贝鲁特阿乌达出版社，1977，第59页。

小说家最高的品格就是真实感。"[①] 当然，左拉所说的"真实"，可能就是被高尔基称作"照相师的手艺"，"只能复制"，在他们那里只有"一分钟的'真实'"[②]，与现实主义要求的"真实"，在理解上还是有一定偏差的。

小说真实地再现了埃及 1919 年革命，描写了埃及一个中产阶级家庭成员对革命的不同态度，真实地反映了当时的社会状况与人们面对革命时的复杂心理，弘扬了爱国主义思想。从小说所描述的历史背景看，埃及当时正处于内忧外患中，长期遭受英国殖民主义的奴役，自从 1882 年英军占领埃及，并于 1914 年宣布其为英国的"保护国"起，埃及实际上沦为一个半殖民地国家。在英帝国主义的控制下，以王室为代表的封建贵族及大资产阶级对埃及人民进行了残酷剥削，深重的双重苦难使得埃及经济萧条，民不聊生。第一次世界大战后，英国当局依旧肆无忌惮，无视埃及人民的民主意愿，最终激起了埃及人民要求取消保护、争取民族独立的革命浪潮。而这次革命的中坚力量，就是小说中所要表现的中产阶级。

马哈福兹亲身经历过这场革命，虽然当时他还只有小说中凯马勒这个人物的年龄，但对于这位时刻关注社会、关注政治的作家来说，通过文学创作，艺术地再现这幅波澜壮阔的历史画卷，是责无旁贷的。1919 年革命标志着埃及现代史的开始，对埃及现代文学创作也产生了较为深远的影响。

作家对 1919 年革命的前前后后进行了细致的描述，在这个过程中，他始终保持中立的态度，通过参加游行并最终牺牲的法赫米来讲述革命的经过。在这里，作家的身份是一个艺术家，而不是思想家或者政治评论家，因此他能客观地、不带任何偏见地刻画人物，甚至让埃及人民深受其害的英国兵，作家对他们的描写也是非常人性化的，小说中的他们也有七情六欲，有思乡之情、儿女之情等。

---

① 《欧美古典作家论现实主义和浪漫主义》第 2 卷，中国社会科学出版社，1981，第 217 页。转引自柳鸣九主编《二十世纪现实主义》，中国社会科学出版社，1992，第 17 页。
② 高尔基：《高尔基文学书简》下册，曹葆华、渠建明译，人民文学出版社，1965，第 273 页。

除了 1919 年革命，小说（主要是《甘露街》二十节开始）还真实地反映了第二次世界大战时期的埃及社会，宗教团体、政治党派林立，出现各种思潮。对于小说中所揭露的种种问题，作者并没有指出解决的办法和方向。这些问题，可能许多国家都遭遇过，但每个国家的解决方法各不相同。而当时埃及的社会情况是，政府软弱无能又独裁专制，他们一方面根本无力控制局面，改革社会；另一方面又压制人民改造国家的良好愿望与行动。

巴尔扎克曾经强调："文学的真实在于选取事实和性格，并且把它们这样描绘出来，使每个人看了他们，都认为是真实的。"[①] 对于人物，小说好似一面镜子，人物原来是什么样，镜子中呈现的、读者眼中看到的，就是什么样。作家并未将自己的好恶表现在人物的塑造中。无论是艾哈迈德的专制还是艾米娜的温顺，无论是亚辛的堕落还是法赫米的上进，无论是海迪洁的泼辣还是阿漪莎的宽厚，无论是凯马勒的彷徨还是爱哈麦德的坚定，无论是阿漪黛的虚伪还是苏姗的坦诚，作家都是通过一个个事件来雕琢他们的性格。当然这并不意味着作家没有倾向性，只是为了让时间、事件起主导作用，使读者可以完全按照自己的评判标准做出选择。可以说，他们每一个人都具有那个时代的典型性格，读来真实可信。作家在作品中不仅创造了典型的环境，也塑造了典型的人物，真正遵循了巴尔扎克的"镜子说"，使小说成为时代、历史的镜子，作家也像巴尔扎克似的"书记"，见证时代，记录历史。

三　《三部曲》符合 20 世纪现实主义发展的特点

如果用 19 世纪以巴尔扎克为代表的经典现实主义来衡量的话，作品做到了体现客观性、真实性、典型性。但仅凭这几点，它恐怕不会成为作家获得 1988 年诺贝尔文学奖的主要力作之一。原因何在呢？因为现实主义的创

---

① 普塞柯夫：《巴尔扎克》，第 23 页。转引自董学文《马克思与美学问题》，北京大学出版社，1983，第 229 页。

作模式在变化，如果不能跟上这个潮流的话，那必然会被时代抛弃。英国作家沃尔芙说得好："生活并不是一连串左右对称的马车车灯，生活是一圈光晕，一个始终包围着我们意识的半透明层。传达这变化万端的，这尚欠认识尚欠探讨的根本精神，不管它的表现会多么脱离常轨、错综复杂，而且如实传达，尽可能不羼入它本身之外的、非其固有的东西，难道不正是小说家的任务吗？"①

为了探索这"变化万端、尚欠认识尚欠探讨"的世界，许多作家开始注重对人物内心世界的发掘，这是 20 世纪现实主义发展一个很大的特点。其实这种变化在 19 世纪经典现实主义那里已经初露端倪。司汤达、托尔斯泰、契诃夫等作家就比巴尔扎克更进一步，除了客观的外部世界以外，他们也开始注重人物的内在世界，"更多地把描述的视角从人的社会生活转向人的内心生活，从人对社会生活的感受和反应中表现人。他们作品某些局部带有明显的向内转的趋势，已经接近于人的意识流动的本来面目了"。② 由此可见，意识流的描写在那个时代已经在孕育中，因为传统的对外宇宙的描写，已经不能成为作家完成探索现代人生之谜的武器。20世纪这种发展更为明显，因为小说家们意识到："人物的内心世界同样，甚至更广阔、丰富、深邃，这是一个内宇宙。"③ 因此，他们采用意识流等手法，发掘了人物的精神世界，丰富了小说的表现力，同时开阔了现实主义的表现领域，深化、发展了当代现实主义。

马哈福兹是一个非常善于学习的作家。他的作品既有民族性，又有世界性。他的写作融东西方诸手法于一炉，既有借鉴，又有创新，既有继承，又有扬弃，因而使他的作品独具一格。《三部曲》及新现实主义阶段的作品，与前期的《新开罗》《哈利利市场》等作品相比，在写作手法上有了长足的

---

① 伍蠹甫、胡经之主编《西方文艺理论名著选编》下卷，北京大学出版社，1987，第 151 页。
② 柳鸣九主编《二十世纪现实主义》，中国社会科学出版社，1992，第 5~6 页。
③ 柳鸣九主编《二十世纪现实主义》，中国社会科学出版社，1992，第 133 页。

进步。这个时期，作家的现实主义风格逐渐确立，但是他本着求变、创新的精神，本着不重复自己的原则，创作逐渐不再拘泥于表现外宇宙，并开始注重内宇宙的描写。他努力学习先进的创作手法，结合心理描写、意识流等手法，突显人物的思想演变，从而更好、更深入地展示人物的内心世界。这应该说是作家创作手法的进步，当是他作品的特色所在。之前，列夫·托尔斯泰的《复活》和《安娜·卡列尼娜》，就是将深入的心理描写与高度的写作技巧融为一体，因而提高了作品的思想深度。《三部曲》意识流手法的借鉴与运用，具有同样作用。

20 世纪现实主义小说发展的另一个特点是，不少作家作品中自传的成分增加了。有的评论家认为"小说家可能而且应该成为自我的分析家"。① 由于是自传体小说，作家更能准确地把握人物的内心世界，更能驾轻就熟地描写人物的心路历程，因而表现上也更具体、更深入、更细致，从而也就更真实可信。马哈福兹在谈到小说人物时说："原型是谁并不重要，我并不将我个人写进作品中。《三部曲》是唯一一部体现了我思想和心灵的作品。"② 纳吉布·马哈福兹并不是阿拉伯自传体小说先河者，在他之前，已经有不少作家都做过尝试，比如陶菲格·哈基姆的《灵魂归来》，塔哈·侯赛因的《日子》，易卜拉欣·马齐尼的《作家易卜拉欣》，阿巴斯·阿卡德的《萨拉》，等等。但是这些作品均未达到《三部曲》那样的思想高度。马哈福兹在《三部曲》中对人物的思想进行了深入的挖掘，具有深厚的哲理性。通过凯马勒这个人物，反映了整整一代人的危机和整个社会的悲剧。就此意义而言，有的评论家认为，马哈福兹的《三部曲》倒与法国著名存在主义哲学家、小说家萨特的自传体小说《到自由之路》类似，作品内含丰富的哲学思维，不仅反映个人的危机，更反映一代人、一个社会、一种文化的危机。③

---

① 《法国小说通过自传性的革新》，见《论当代小说》第 65~66 页。转引自柳鸣九主编《二十世纪现实主义》，中国社会科学出版社，1992，第 140 页。

② 杰马勒·基塔尼：《纳吉布·马哈福兹在回忆》，今日消息出版社，1987 年第 3 版，第 101 页。

③ 加利·舒克里：《归属者——纳吉布·马哈福兹文学研究》，出版社不详，1987 年第 4 版，第 19 页。

此外，这个时期，延续巴尔扎克《人间喜剧》、左拉《卢贡—马卡尔家族》等，用一整套小说来反映一个历史时期社会风貌的风格，出现了多卷本小说，如列夫·托尔斯泰的《战争与和平》、罗曼·罗兰的《约翰·克利斯朵夫》等作品。马哈福兹的《三部曲》由三卷构成，可能就是受到这一时期多卷本小说的启发。作家谈到创作《三部曲》前的冲动与欲望时说："事实上，写作《三部曲》的念头有过好几次。我记得最初我读过一本关于小说结构的书，其实有关小说艺术的书籍我读过不少，但那本书开篇就谈论那种描述好几代人生活的'家族小说'，或者叫'时间小说'。这种结构很吸引我，于是我就开始回忆，自己是否读过类似的小说呢？没有，没有读过。顺便说一句，有些东西你读了不会产生感觉，而另一些作品读来就似你跟它娓娓而谈，强烈冲击你的内心。我一定要写一部这样的作品，可是我又犹豫了，这类小说需要长时间的磨炼，并且得有充裕的时间作保障，也就是说，如果手头还有别的计划，如《梅达格胡同》和《蜃景》，需要首先完成。在这期间，塔哈·侯赛因发表了《苦难树》（1944年），我发现它非常接近这一类家族小说，只是太短了……这种念头完全控制了我，于是我开始阅读表现几代人的大作，比如高尔斯华绥[1]的《福尔赛世家》，托尔斯泰的《战争与和平》以及托马斯·曼[2]的《布登勃洛克一家》。就在某一瞬间，我感觉自己已经能够驾驭这个主题了。"[3] 于是马哈福兹着手积累资料，为每个人物设立档案，经过多年的辛勤劳动，终于使这部现实主义巨著面世。

不过我们发现，纳比勒·拉基布博士在《纳吉布·马哈福兹之艺术形式》一书中，认为《三部曲》是一部伟大的心理小说。他的主要依据就是马哈福兹多处运用心理描写、意识流的手法来表现人物。[4]笔者以为，通过上述对《三部曲》现实主义特点的论证，所谓"心理小说"的看法应该不攻自破了。更

---

[1] 高尔斯华绥（1867~1933），英国小说家，剧作家。1932年获诺贝尔文学奖。

[2] 托马斯·曼（1875~1955），德国文学家。1929年获诺贝尔文学奖。

[3] 杰马勒·基塔尼：《纳吉布·马哈福兹在回忆》，今日消息出版社，1987年第3版，第100~101页。

[4] 纳比勒·拉基布：《纳吉布·马哈福兹之艺术形式》，埃及图书总署，1988年第3版，第128页。

何况，心理小说的意思是："情节不多。事件也不按年代依次叙述，而是根据人物的联想而出现。"① 再观《三部曲》，作品尽管有大段大段，甚至整篇整章的心理描写或者是内心独白，但是就其总体而言，都是服务于现实主义小说描写现实、抨击社会弊端的需要，是为了突出典型环境中的典型人物，突显人物思想活动，从而塑造鲜明的人物性格而采用的一种手法。如果用一成不变的模式来衡量事物，那社会的进步与发展便无从体现。不过提到心理小说，作家的《蜃景》倒的确是这类小说的一次有益尝试，而且也为《三部曲》的心理描写打下了一定的基础。

《三部曲》通过艾哈迈德一家体现埃及人民内心和思想的历程，这似乎与作家新现实主义阶段的作品有一定重合。应该说，《三部曲》是其现实主义阶段的收山之作，是这个阶段的艺术巅峰，是标志性作品，此后作者的创作从纯粹的现实主义手法转向注重思想内涵和内心世界。仔细分析之下，我们不难发现，《三部曲》在继承原有的现实主义风格基础上，进一步发展挖掘了人物的思想与内心世界，因而这部作品是两个创作阶段的承上启下之作。

综上所述，《三部曲》的创作手法中，现实主义占主导地位。作品所塑造的典型环境与典型人物真实可信，因而具有时代性与广泛的影响力。从一定意义讲，由于结合了意识流等写作手法，作家打破了经典现实主义那种作家无所不在、无所不能的模式，为读者留下一片思维的天地，跟随小说中的人物一起进行思想的环游。因此，我们说马哈福兹的作品风格与创作手法是不断变化、不断更新的，他是紧随时代前进的。

① 《简明不列颠百科全书》第8卷，中国大百科全书出版社，1986，第614页。

纳吉布·马哈福兹《命运的嘲弄》评析

蒋和平 *

【内容提要】《命运的嘲弄》是埃及当代著名作家纳吉布·马哈福兹中长篇小说创作的发轫之作，这部作品与其后发表的《拉杜比丝》《底比斯之战》合称为"历史三部曲"，构成了作家创作生涯的历史浪漫主义阶段。本文将从创作背景、内容情节、主题思想与艺术特色几方面入手，对《命运的嘲弄》进行简要的梳理、分析。

【关键词】纳吉布·马哈福兹 《命运的嘲弄》 历史小说

具有浪漫主义色彩的历史小说，流行于 19 世纪上半叶。1814 年司各特[①]发表的《威弗利》，开创了历史小说的先河，这类小说由于通常在民族主义热情鼓舞下写成，始终颇受读者青睐。作家们从历史中寻求灵感与启迪，使民族情感形象化、具体化，继而在小说中倾注他们的愿望和理想，体现他们的

---

* 蒋和平，北京大学外国语学院阿拉伯语系副教授。
① 瓦尔特·司各特（Walter Scott，1771~1832），英国诗人、小说家，历史小说的首创者。

民族情感与爱国热忱，因此在特定的时期历史小说拥有异乎寻常的价值。此外，历史小说能够包含很多富有象征意义的东西，从中我们不难找到一些现实生活中难以实现的梦想，这大概也是吸引部分作家尝试这一创作手法的原因所在。

一 创作背景

自 1882 年英国派兵占领埃及，并于 1914 年宣布埃及为其"保护国"起，埃及实际上已经沦为一个半殖民地国家。在英国殖民势力的扶持下，以王室为代表的封建主、大资产阶级对埃及人民进行残酷的统治，造成埃及在社会、经济、文化以及思想领域的发展严重滞后，阶级分化日益明显，民不聊生。

1919 年革命并没有实现埃及人民所盼望的政治独立。工人和农民这两个阶级没有从这场革命中得到任何好处，真正受益的是封建王室和资产阶级。尽管如此，这场革命还是产生了一些积极影响，如埃及的教育事业尤其是高等教育得以迅速发展，为埃及人民提供了更多接受教育的机会。与此同时，各种各样的思想流派在大学校园里广泛传播，一个新兴的知识分子阶层随之出现。一部分接受过进步思想的知识分子具有变革社会的强烈愿望，但是他们并没有一套完整的思想和具体的计划，因此他们所起的作用仅仅在于唤醒民众的政治觉悟和社会意识而已。

在这样的历史背景下，20 世纪二三十年代的埃及社会充满了各种矛盾。英国殖民势力奉行强权政治，肆意掠夺；封建王室贪图享乐，穷奢极侈；政府机构效率低下，腐败成风；普通民众对前途感到茫然，人心涣散。私欲膨胀、缺乏社会责任感、民族自信心不强，这些都成为埃及社会发展的障碍。

文学是时代的反映。在国家面临内忧外患之际，每一个有良知、有正义感和社会责任感的作家，都会用他手中的笔表达自己的思想和心声。

1934 年，纳吉布·马哈福兹从开罗大学文学院哲学系毕业。无论从知识方面还是思想方面看，四年的大学生活大大丰富了作家的头脑，加深了他对民族与社会的了解和思考。在经过痛苦的徘徊之后，他毅然做出抉择，放弃进一步的哲学研究，全面转向文学创作。哲学领域的修养，也为他日后的创作奠定了坚实的哲学基础，开拓了更深的意境。尽管纳吉布·马哈福兹对阿拉伯的诗歌艺术推崇备至，但他还是选择了小说作为自己的创作方向。最初他曾写过一些短篇小说，之后倾力于长篇小说，对此作家坦陈："短篇小说、杂文、戏剧、诗歌这些文学形式在表达上均有其局限性，文学家无法逾越。长篇小说则不受任何限制，这是一种无与伦比的艺术形式。"① "当你开始写作短篇小说时，你会受到摆在面前的这部文学作品的篇幅的约束，它将行文的式样与方法限定在一个无法超脱的模子里；当你着手写作戏剧时，你会发现剧场本身以及观众都给了它更大的限制；而当你准备写作长篇小说时，你首先不会感到来自空间和时间的束缚——空间可以小至一平方米以内，大到涵盖世界及宇宙；时间也能够把握得住，短则一个小时，长则永恒持续。但是，没有拘束并不意味着可以胡编乱写或者草率了事，恰恰相反，我认为你在创作中获得的自由度与你身上所要承担的责任是密不可分的。长篇小说是一扇敞开的大门，其中充满了诱惑，假如你不能坚守自己的责任，它就会将你引向灭亡。……长篇小说是一种神奇的艺术形式，它可以包含所有的文学形式，甚至艺术形式。……因此我们可以说，在文学自由的时代，长篇小说是最好的文字表达手段。"②

关于长篇小说和历史的关系，作家是这样看的："我认为两者之间的关系是密切的。小说是对日常生活的展示，包括其中所有的问题、事件和人物，这是历史学家不曾写过的一部分历史。此外，历史中具有事件、分析、观点

---

① 《贝鲁特文学》1960 年 6 月刊。转引自侯赛因·埃德著《纳吉布·马哈福兹生平及文学经历》，黎巴嫩埃及出版社，1997，第 231 页。
② 阿卜杜·拉赫曼·艾布·阿乌夫：《纳吉布·马哈福兹长篇小说之不同见解》，埃及图书总署，1991，第 153~154 页。

和人物，小说中也不例外。"①

之所以选择古老的埃及历史作为小说的创作题材，这与当时的社会背景和作家的思想是分不开的。在英国殖民主义和奥斯曼土耳其帝国的统治下，埃及人民生活在水深火热之中。但是有着光荣爱国传统的埃及人民不甘压迫，他们用各种方法奋起反抗外来侵略。当时爱国主义情绪不断高涨，呼吁弘扬古埃及荣耀的思想得到普遍认可，继而形成了一股推崇历史久远的法老文明的热潮。对此作家曾经解释说："这股热潮的产生有其客观原因，因为相对于我们所生活的这个衰败与屈辱的时代——受英国殖民主义侵略和土耳其王室统治的时代而言，法老时代是唯一的光荣时代。"②光辉的法老历史给予埃及人民莫大的精神鼓舞，他们从中寻求精神寄托和民族希望，汲取面对黑暗现实的力量。

在这股爱国主义思潮和法老辉煌历史的影响与鼓舞下，对英国殖民者和王室中的土耳其人深恶痛绝的纳吉布·马哈福兹开始系统、全面、专业地研究古埃及历史。在大量阅读有关古埃及历史书籍的同时，他还坚持去听考古系的历史课，对古埃及社会的一切如日常生活细节、战争方式、宗教信仰等都加以深入研究。经过精心、充分的准备之后，作家完成了生平第一部长篇小说《命运的嘲弄》的创作，此后又相继出版了《拉杜比丝》和《底比斯之战》。学者将这三部历史小说称为"历史三部曲"，它们构成了作家的历史浪漫主义创作阶段。

"小说《拉杜比丝》和《命运的嘲弄》取材于两个神话，而《底比斯之战》则影射埃及当时的局势。"③"历史三部曲"以古老的埃及历史为题材，通过三个法老时期的故事，反映了埃及人民的宗教观、道德观、生活观，表达了人民追求独立、民主、自由的愿望与理想，作品透露出强烈的爱国主义思想。

---

① 拉贾·纳高什：《纳吉布·马哈福兹回忆录》，《金字塔报》翻译出版中心，1998，第57~58页。
② 《文学》1973年7月刊。转引自侯赛因·埃德《纳吉布·马哈福兹生平及文学经历》，黎巴嫩埃及出版社，1997，第233页。
③ 纳吉布·马哈福兹：《自传的回声》，薛庆国译，光明日报出版社，2001，第182页。

小说创作之时，作家正值青春年华，他的心中充满了乐观向上的精神，他为古代埃及的辉煌而骄傲，为古代埃及人民的智慧而自豪，他要向世人表达自己的光荣感，让埃及人民更加热爱这个有着灿烂文明与光辉前景的国家。那一时期埃及政治黑暗密布，君主专制统治受到广大人民群众的强烈反对，矛盾空前尖锐，推翻暴君统治、建立民主政权成为人民革命运动的宗旨。与此同时，埃及正遭受英国殖民主义和土耳其王室侵略，强烈的责任心与爱国心驱使作家采用春秋笔法，向野蛮统治与侵略行径提出控诉，进行抨击。

作家自己曾谈道："我对长篇小说情有独钟。我的早期作品是几部历史小说，我的创作灵感来自阅读古埃及历史，对我影响较深的，有莱德·哈葛德的作品，还有以写法老历史著称的英国作家霍克·金的作品，另外就是乔治·宰丹的系列历史小说。我受宰丹启发，想通过小说来表现整个埃及历史，但这个计划后来中止了。"[1] 另外，"当时埃及的民主主义运动高涨。那时有一股真正的崇拜法老时代的热潮，这股热潮的产生有其客观原因，因为相对于我们所生活的这个衰败与屈辱的时代——受英国殖民主义侵略和土耳其王室统治的时代而言，法老时代是唯一的光荣时代"[2]。在这些因素的推动下，作家走进历史的课堂，在掌握了大量史实及专业知识后，开始了"历史三部曲"的写作。

事实上，《命运的嘲弄》写作期间，纳吉布·马哈福兹尚未在文学与哲学之间做出抉择，当时他认为文学是一项不认真的工作，顶多能够从中寻找到一些乐趣，不乏有用文学来消遣的意思。[3] 小说面世后，在读者之中产生了一定的反响，但并未引起评论家和学者的广泛关注。原因大概可以归纳为两点：首先，作者当时刚刚涉足文坛，默默无闻，而且写作技巧不够老练；其次，作为埃及第一部历史小说，这种写作手法对于当时的大多数人来讲尚

---

① 纳吉布·马哈福兹：《自传的回声》，薛庆国译，光明日报出版社，2001，第117页。
② 侯赛因·埃德：《纳吉布·马哈福兹生平及文学经历》，黎巴嫩埃及出版社，1997，第233页。
③ 阿卜杜·穆哈辛·塔哈·白德尔：《纳吉布·马哈福兹之见解与手法》，知识出版社，1984，第123页。

且比较陌生，随着后来《拉杜比丝》与《底比斯之战》的相继发表，纳吉布·马哈福兹的历史浪漫主义创作手法才逐步为大家所熟悉、接受，继而确认作者并非以此来消遣或教授历史，而是想利用历史来表达自己的思想。

二 内容情节

《命运的嘲弄》讲述了这样一个故事。

伟大睿智的法老胡夫得知一个预言：他将平安执政至终，并得享幸福晚年，但他的子嗣将无人能够继承王位。预言还告诉他：继承王位的将是一个刚刚出世的婴儿，他是埃温城之神拉阿的大祭司蒙·拉阿之子。

不屈服于命运安排的法老，为了保卫王权，立即亲率精兵强将浩浩荡荡开往埃温城，开始了与命运的决战。事实上，先前已从神主那里得知此预言的大祭司，由于担心孩子惨遭毒手，在法老到达之前，已经让忠心的女仆扎娅带着孩子及其母亲匆忙逃离此地。在威严的法老面前，蒙·拉阿必须在效忠王权与父子亲情、服从万物之主安排之间做出抉择，左右为难的祭司万般无奈，走进与妻子同天生产的女佣卡塔房里拔出匕首自尽，女佣母子俩也被错当成拉阿的家小惨死于王储的剑下。

扎娅等人侥幸通过了法老车队的盘查，但是此后不久他们迷失方向，在途中遇到了贝都因人。一直梦想自己能有个孩子的扎娅弃女主人于不顾，抱着孩子慌忙逃窜，幸得"凯旋"的法老大军救助，来到了孟夫城，寻找为法老修建金字塔的丈夫，并得知丈夫已经亡故。所幸金字塔总监帕夏鲁对扎娅和祭司之子达达夫格外关照，随后娶扎娅为妻。

达达夫·拉阿在总监宫殿里快乐地成长，与总监的儿子——两个哥哥纳法与赫纳的感情日趋深厚。长大后达达夫进入军事学院，成绩优异，被选为王储的禁卫军军官，因为勇救王储性命很快被擢升为王储的禁卫队长，并进一步得到王储及法老的赏识与信任。此后，作为西奈讨伐军的将领，达达夫终于在出征前收获爱慕已久的玛丽·西·安赫公主的爱情，并且请求法老在自己得胜归来时将公主许配于他，法老毫不犹豫地答应了。

讨伐中，达达夫骁勇善战，节节获胜，俘获大批战俘，其中包括当年遭抢为奴的亲生母亲。意外的是，不明自己身世的达达夫将重获自由的生母带回家中暂住，生母认出了扎娅，继而得知威风凛凛的达达夫将军竟是自己失散多年的儿子。她向儿子讲述了20年前的那个可怕预言以及由此带来的灾难，这一切被帕夏鲁无意中听见。

正当此时，王储密谋篡位，妄图加害法老，被达达夫英勇挫败，王储身亡。当遭受巨大精神打击的法老从帕夏鲁口中知晓达达夫的身世时，他终于认识到命运是不可违抗的，并在临终前真心诚意地选定达达夫继承王位。

三 主题思想

埃及著名评论家艾哈迈德·海卡尔认为："《命运的嘲弄》是埃及历史小说的真正开端。即便是以历史为背景，这部小说的宗旨并非教授历史，而是要弘扬历史。小说不仅陈列了一些历史事实，而且展现了一些富于想象力和创造力的历史画卷。这些历史画卷乃至整个作品，流露出对光荣的法老时代的民族自豪感，同时旨在进一步加深这种自豪感，并将此视为迈向更加辉煌未来的推动力。"[①]

小说开场就做了这样的描写："他（法老）不时转向右面，遥望那一片永恒的高地，高地东面守卫着狮身人面石雕；高地下面长眠着法老的父辈；它的上面散布着几十万劳动者的尸骨。是他们用双手铲平了山包，劈开了岩石，挖出了庞大的金字塔的地基。法老想使这个伟大的建筑奇迹，世世代代扬名四海。"[②] 诚然，作为人类历史上一个伟大壮举，金字塔无可

---

① 艾哈迈德·海卡尔：《埃及小说与戏剧文学》，知识出版社，1983，第 256 页。
② 纳吉布·马哈福兹：《命运的嘲弄》，孟凯译，上海译文出版社，1998，第 1 页。

争议地表现了古代埃及人民的智慧与勇气，他们凭借执着的信仰和非凡的毅力，忍受了难以想象的巨大磨难，"以霹雳般的双臂，以主宰一切的意志敲击岩石"，造就了千百年来为世人传颂的建筑奇迹，这些足以让今天的埃及人民引以为豪，并且激励他们去创造更加美好的未来。

小说在为我们介绍埃及人民的典范——达达夫和万民敬仰的法老——胡夫的同时，着力颂扬了古代埃及人民的聪明才智以及他们当时拥有的先进生产力。正如小说中金字塔的建筑师在向国王宣布奇迹竣工时所说："亘古以来尼罗河土地上最伟大的奇迹、自从阳光普照埃及以来所出现的最宏伟的建筑竣工了！……它是埃及劳动者奋斗的成果，是千百个智者能人天才的结晶。……今天竣工的是埃及的永恒的象征、现实的体现，是埃及南北联合的力量的产物，是埃及亿万手持镐头的劳动者和执笔从文的学者坚持努力的结晶，是她的人民忠实信仰的宗教的启示，是使我们祖国主宰这块太阳环行的土地的智慧的象征，是降临在埃及亿万人心里的永垂不朽的精神。这个精神给他们以力量，教他们以耐心，督促他们笃信宗教，鼓舞他们继续创造。"这段描写，酣畅淋漓地宣泄出作家对祖国和人民的满腔热爱，一股股蓬勃向上、催人奋进的激情跃然纸上，让读者不禁随之动情，对埃及的光荣历史肃然起敬，满怀钦佩。

从小说中我们看到，为了保护王位世袭制度，法老不惜对一个刚刚出生的婴儿痛下杀手。他亲自率领了一支大军，"不是为了征伐一个国家，或者讨伐一支叛军，而是为了去包围一个仍在襁褓之中、两眼尚不能适应世间光明的婴儿"。法老见到了婴儿的父亲、拉阿神的大祭司，步步紧逼之余，他以"法老世家自古就有尊重神主和他的祭司的传统"为由，迫使祭司去亲手杀死那个威胁到法老王位的婴儿。在法老看来，"每个埃及人都为自己和自己的家庭操劳，而法老则担负着为亿万人操劳的重任，他在主面前为他们负责"。所以，当王位的世袭受到威胁时，就应该毫不犹豫地消灭这个隐患，否则就"背叛了主的委托，辜负了神的赐予，丢掉了黎民的权利"。法老自认为对臣民仁慈厚爱,去杀死那个不幸的孩子,实是无奈之举。"法老的行为也跟神主的行为一样,有时看起来是野蛮的,但本质上却是为了崇高的目的。"

如此残忍与野蛮的行径,却被法老冠冕堂皇地美化、神化、崇高化,小说字里行间流露出作家对法老使用强权手段保住王位、实施统治的批判,对王位世袭制的不满,表达了作家对众生平等、和谐共处的理想社会的期许。

客观地说,当阿拉伯评论家和学者开始认真地面对《命运的嘲弄》这部作品时,作家已然成为阿拉伯世界最负盛名的小说家。于是,他们又回过头去为这部小说寻找相适应的严肃的主题、宗旨以及与作家的文学地位相匹配的价值。马哈穆德·艾敏·阿里木教授认为"小说批判与讽刺了强权政治"[1],塔哈·瓦迪博士也表达了同样的看法:"小说鞭挞了王权,讴歌了埃及人民。"[2]

四 艺术特色

关于小说形式,作家本人的评价是中肯的,他发现小说最主要的问题在于风格方面,"我现在觉得自己采用这种风格很可笑,因为我那时满脑子都是背得滚瓜烂熟的各式各样华丽的词句表达方式,而且我没有意识到表达方式服从于小说主题的必要性。本小说的主题是有关法老的,其中会有一定的历史想象,但小说从头至尾采用了简洁的词句,致使整篇小说显得互不谐调"[3]。

语言方面,小说多处采用了形容、比喻等修辞手法,以烘托人物。例如法老要求祭司蒙·拉阿亲手杀死儿子,他正慌乱不决时,"突然,像乌云中

---

[1] 阿卜杜·穆哈辛·塔哈·白德尔:《纳吉布·马哈福兹之见解与手法》,知识出版社,1984,第123页。

[2] 塔哈·瓦迪:《历史小说入门》,埃及复兴书局,1972,第87页。转引自阿卜杜·穆哈辛·塔哈·白德尔《纳吉布·马哈福兹之见解与手法》,知识出版社,1984,第123页。

[3] 阿卜杜·穆哈辛·塔哈·白德尔:《纳吉布·马哈福兹之见解与手法》,知识出版社,1984,第124页。

的闪电一样，他惶恐不安的心里闪出了一个念头。他记起女佣人卡塔今天早晨刚生了一个孩子，就睡在他夫人对面的房间里"，表现出祭司在法老逼迫下突然产生了这样一个不该有的念头。再如，不会生育的扎娅带着女主人逃亡途中，内心多么盼望自己也能有个孩子，可是，她不得不为自己的命运悲哀叹息："主啊！为什么不给我做母亲的幸福？既然如此，又为什么把我造成一个女人？不能做母亲的女人是什么样的女人？不能生育的女人就像不会使人醉的酒，就像没有香味的玫瑰，就像没有信仰的礼拜。多么令人失望啊！"

小说描写的年代是埃及法老胡夫时代，它展示了古埃及政治、军事、思想、艺术、社会及道德等方方面面的灿烂景象。小说主要通过两条线索展开故事情节：以达达夫的成长为主线索，以达达夫与玛丽·西·安赫公主的爱情为辅线索。主线索从达达夫出生开始，随后跟着生母的女仆扎娅逃亡，经历了一番生死险境，在拉阿神的庇护下，在扎娅的爱抚下，在养父帕夏鲁的养育下，智勇双全的达达夫成长为一名英勇威武、骁勇善战的军官，经过锤炼，神把他培养成真正的有资格继承埃及王位的年轻人。

辅线索是达达夫的爱情经历。描写时，作家似乎有意营造出一些浪漫色彩与氛围，如同其后的长篇巨著三部曲中描写凯马勒与阿依黛的爱情故事一样，浪漫主义的手法其实早在这部作品中埋下了种子。达达夫在哥哥的画室里看见了一幅农家女的画像，从此迷恋上她，此后巧遇这位姑娘并试图接近未果。成为军官后，达达夫才有机会知道她原来是埃及美丽的公主，他几次三番向公主表达爱意，均被公主冷傲拒绝。灰心失意之下，达达夫准备开赴讨伐西奈的战场，此时，被他的英雄气概已然打动的公主意外现身，达达夫梦寐以求的爱情就此实现，令他增添了无比的信心与勇气。最后，达达夫不仅赢得了公主，也登上了埃及王位，爱情与权力双丰收。这两条线索连为一体，使故事情节跌宕起伏，富有悬念，引人入胜。

小说结构紧凑，富于想象，情节上安排了不少巧合与偶然事件。例如：达达夫出生的同一天，女仆卡塔也诞下一男婴，因此使法老误以为那个命运安排与己对抗的敌人已消灭；逃跑过程中，扎娅抱着达达夫迷了路，又巧遇国王"凯旋"的车队，将她带到孟夫城；达达夫成为军官后与法老一家的关系逐渐密切，他与公主相遇、相知、相爱的过程中，也有一连串的巧合发生。这就是命运为达达夫所做的安排，也是命运对违抗它的人——法老的嘲弄。临终前法老终于参悟："二十多年前，我向命运宣战，抗拒神主的意志，我亲自率领一支部队去屠杀一个婴孩。那时候，看起来一切都按我的意志进行。我丝毫没有怀疑过，我是在实施自己的意思，提高自己的威望。而今天，事实在嘲笑我的自信，神主在鞭笞我的骄傲。你们都看到了，我妄图杀害蒙·拉阿的儿子所得到的报应，神把他培养成了我真正的王储，来继承埃及的王位。这是多么奇怪呀，人们！"

一些评论家认为，如此一来小说就不能为读者展示法老时代的埃及历史，也就不能称其为"反对强权、批判独裁的运动"[1]；也有评论家认为"尽管小说有一些巧合，但这样的巧合并非离奇而不可发生，既然主题是关于天命的安排，那么为了达到小说的目的，由天命带来种种巧合与机遇也是顺理成章的"[2]。作家对此做何解释呢？"文学作品中，如果安排的巧合对文学作品的重要性无损，那么巧合是无碍的，而且对多方面有益……我们所读到的其实就是真正的生活，或者像真正的生活，因为真正的生活是不乏巧合的；另外，巧合是文学作品不可分割的一部分，在嘲弄人的命运的手中，它本身不能控制其利弊，而是作为一种手段，以凸显人物在面对命运的嘲弄时如何弱小无能。"[3]

纳吉布·马哈福兹坚持以阿拉伯语标准语创作，他曾经这样说道："我一生面临的最大挑战，便是来自阿拉伯语的挑战。在我的第一部长篇小说

---

① 阿卜杜·穆哈辛·塔哈·白德尔：《纳吉布·马哈福兹之见解与手法》，知识出版社，1984，第124页。
② 艾哈迈德·海卡尔：《埃及小说与戏剧文学》，埃及知识出版社，1983，第264页。
③ 阿卜杜·穆哈辛·塔哈·白德尔：《纳吉布·马哈福兹之见解与手法》，知识出版社，1984，第124页。

《命运的嘲弄》里，你会发现小说的文体是标准书面文体，是我们从学校里学来的文体……怎样让对话既是标准语又符合情理？……问题在于如何让语言既有艺术性，又不与实际脱节，这是我在小说生涯中遇到的最大难题。"[1]

　　综上所述，小说命名为《命运的嘲弄》，事实上强调的是"反抗天命受到的嘲弄"，其中的宗教思想显而易见，这与作家的生活环境、所受文化与教育息息相关。作家借法老之口告诉我们"神意就是武力，是仁慈和友爱"，借首相胡梅尼之口，告诉我们"前辈传下来的、哲学家卡古姆纳总结出来的至理名言是：命运不可抗拒"，让我们看到了认为"'宿命论'是一种腐朽的信念"的雄心勃勃的法老，最终还是向命运低下了头，服从了神主的意志。显然，作家想借此说明人的命运生而注定，天命强大无比，不可违抗，它裁决一切，战胜一切。由此可见，作家当时受"宿命论"这一唯心主义理论影响颇深，体现了其自身的局限性，我们应该予以坚决批判。

---

[1]　纳吉布·马哈福兹：《自传的回声》，薛庆国译，光明日报出版社，2001，第191页。

疫情下的日本文学书写与社会

——以日本讲谈社线上掌篇连载 *Day to day* 和 *Story for you* 为中心

岳远坤[*]

【内容提要】 新冠疫情以来，日本出现了很多以疫情为题材的文艺作品。本文通过日本讲谈社策划的疫情文学掌篇连载（成人与儿童两个系列），结合当代日本社会的现实，选取其中具有较高文学性和思想性的掌篇作品，讨论疫情中文学表达的意义，同时从中管窥日本社会的问题、现状与国民心态。

【关键词】 疫情文学　虚构文学　社交媒体　日本社会　讲谈社

2020 年冬春之交，新冠疫情瞬间蔓延到整个世界，地球上的人类第一次面临同一种灾难。人们不得已从已经习惯的常态生活转换到非常态生活之中。日本是个灾难频发的国家，也擅长用文学记录灾难，正像 2011 年东日本大地

---

* 岳远坤，北京大学外国语学院日语系、北京大学东方文学研究中心，副教授。

震后出现了很多以大地震为题材的文学作品一样，新冠疫情发生后，日本也出现了很多以新冠疫情为题材的小说、日记、随笔、评论和漫画等文艺作品，日本作家以不同的形式记录疫情下的日本社会与现实。日本作家砂川文次①在日本宣布进入紧急事态之前就已经开始连载《怯懦的城市》，然后作为单行本出版发行，被认为是新冠疫情发生之后第一部以传染病为题材的小说，精确地预言了几个月后或几年后的日本社会，被认为是一部疫情文学的佳作。这部作品揭示了民意在突如其来的灾难面前失去控制后的种种现象，深刻地洞察了日本现代社会的病灶。而另外一位芥川奖获奖作家金原瞳创作的短篇小说 *Unsocial Distance*（意为反社交距离）则描写了一对与社会格格不入的年轻男女，原本企图自杀，在非必要不外出的紧急状态下面临着非常紧急而且必要的问题，逐渐发现生的希望的故事。这篇小说在日本也受到了关注，获得了较高的评价。此后很多小说陆续出现，但本文暂不讨论。本文主要以笔者担任中文翻译的讲谈社网上连载的掌篇文学 *Day to day* 系列和儿童文学 *Story for you* 系列②为例，结合当代日本社会的现实，选取其中具有较高文学性和思想性的掌篇作品，讨论疫情中文学表达的意义，并从中管窥日本社会的现状与日本人的心灵。

一　关于 *Day to day* 掌篇系列连载

Day to day 系列是日本讲谈社第三文艺部策划的在线连载作品，从 2020 年 5 月 1 日开始，每天由一位作家创作一篇以疫情为主题、以一个月前的今天为背景的掌篇小说或随笔（也有诗歌），比如 5 月 1 日刊登的是辻村深月创作的《今天开始的故事》，设定的故事发生时间为 4 月 1 日，以此类推。这个策划集结了包括东野圭吾在内的日本当代知名作家共 100 人，他们各自

① 砂川文次于 2022 年以《黑箱》获得第 166 届芥川奖。
② 连载网站：https://tree-novel.com/。

以新冠疫情为主题进行文学创作，并在讲谈社运营的文艺网站（tree）上同时刊登中文版和英文版，向世界展现疫情时代的日本。

如上所述，本系列名为 *Day to day*，但题材并非日记的形式，而是每位作家以 4 月 1 日以后的日本为故事舞台，进行文艺创作。虽然其中也有部分随笔和诗歌，但虚构文学（小说）作品占绝大多数。*Day to day* 的策划从 4 月份开始，策划编辑称 4 月中旬就已经开始联系各位作家约稿，因此从时间上来说，*Day to day* 系列是除《怯懦的都市》之外，最早以新冠疫情为主题而开展的大规模文艺创作活动，也带动了日本文坛一系列所谓"疫情文学"的诞生。从这一点上来说，*Day to day* 系列连载的企划不仅具有重要的现实意义，也具有重要的文学意义。

在世界范围内，相似的企划还有美国《纽约时报》策划的疫情文学特辑，该特辑刊登了玛格丽特·伍德等 29 位作家创作的疫情小说。目前为止，这个系列在日本并未受到关注和译介，而在中国也只有部分自媒体介绍了该特辑的美术设计，没有关于小说内容的介绍。不过，该小说特辑的宣传词与 *Day to day* 系列策划的主旨异曲同工，其中提到"当现实变成了超现实，便只有通过虚构才能理解它"。我们无法确定这个特辑是否受到英文版 *Day to day* 的启发，但对虚构文学、疫情文学的理解和理念，二者却有着惊人的相似之处。[①]

二　社交媒体时代的文学表达与虚构文学的意义

意大利畅销作家保罗·乔尔达诺《新冠时代的我们》被认为是最早的疫情文学作品，现已被译为近 30 种文字，以此为契机，各国作家都开始记录疫情时期的生活状态，刊登在网络、报刊上。但有些作品虽然冠以"日记"之名，其真实性却遭到质疑。而随着社交媒体的普及，人人可以依靠网络发出声音，

---

① 关于《纽约时报》刊登疫情文学特辑的消息及相关图片资料，承蒙庆应义塾大学博士生、本系列中文译者之一李晓砚告知与提供。

进行所谓的"创作",完全没有根据的谣言披上"真实"的外衣,在网络上肆意传播。可以说,社交媒体出现后的网络时代,虚构与非虚构的界限已经变得模糊。在这样的时代,职业作家应该进行怎样的文学创作?虚构的意义又是什么?

1. 社交媒体时代的文学表达

本系列连载的策划编辑锻冶佑介指出,现在日本的媒体与社交网站上充斥枯燥乏味的语言。比起那些罗列事实的流水账、充满恶意的谩骂、倾诉苦水的哀怨等,他们更希望通过小说家的创作,找回丰富的语言。① 笔者对此深有同感,这也是笔者应邀担任该系列中文翻译的原因。人人都可以通过社交媒体发出声音的时代,社交媒体的用户都成了"写作者",而原本拥有职业写作能力的作家也利用社交媒体,在网络上发表自己的评论,成为意见领袖引导舆论。作家可以利用自己的影响力改变社会,具有积极的一面,但同时这也让职业写作与思考变得碎片化,不利于文学的健康发展,而有些激烈的言辞则让原本容易割裂的网络世界和社会变得更加撕裂,为社会上充斥的戾气推波助澜。职业文学家与业余写作者之间的界限变得模糊,职业作家的表达也越来越社交媒体化。这样的状况促使我们思考:文学的意义是什么?虚构的意义又是什么?

北京外国语大学副教授魏然在《光明日报》(2020 年 7 月 16 日)刊登《那些与疫病共存的过往 —— 经典文学作品中的瘟疫》,梳理了与疫情相关的文学作品,指出"优秀的文学作品,总是能够击中人类内心深处的情感",并指出,文学的目的在于记录,告诉我们"不要忘记"。日本当代著名作家平野启一郎也在接受采访时指出:"优秀的文学作品细致地描绘人们在直面前所未有的事件时所表现出的各种性格与心理,而不是泛泛的一般论。其中最重要的是能让人产生共鸣的东西。"而关于文学创作的意义,他则认为"以新冠疫

① 详见新闻 App"全历史"的采访稿,https://baijiahao.baidu.com/s?id=1667211671764848374&wfr=spider&for=pc(2020 年 11 月 27 日)。

情为中心，周围充斥着各种各样的信息。但这些无法处理的信息、过剩的信息只会给人带来不安。而文学则对读者心中的感情负责。它的功能是让人平心静气"①。笔者同样认为，文学，尤其是虚构文学的作用，不应该像社交媒体上的短文那样充斥着缺乏深入思考的戾气，而应该超越辈分、阶层、国境与时代，关注更加普遍的人性与现实，用丰富而有张力的语言书写打动人心的故事。

综观 *Day to day* 的 100 篇作品，从整体上来说很少有强烈的主张或漫骂之辞，秉承了日本文学细腻而温婉的传统，通过娓娓道来的故事揭示出灾难面前人性的善与恶、美与丑，以及当今日本社会的现实或病灶。

2. 虚构文学的意义

如前所述，*Day to day* 中几乎所有的作品都是虚构的。基于想象的虚构文学与日记或随笔的不同之处，在于虚构文学的创作来源于现实却高于现实，在超越现实的基础上描述普遍的真实。小说、漫画、影视剧等虽然所用媒介不同，但虚构的艺术都具有这样的特性。日本漫画研究者竹内美帆在谈及漫画虚构的意义时曾指出："考虑到作为媒介的特性，漫画与其说是传递准确或正确的信息，不如说这种媒介更适合具体地记录众多人的声音或立场并让其可视化，（为我们）提供更加多元的视角。"②

森鸥外是日本明治时期著名的作家，开创了日本近代浪漫主义文学的先河。他曾经以自己留学德国的经历为素材创作了"留德三部曲"，其中的《泡沫记》讲述了一位日本画家和一个叫作玛丽的女孩的爱情故事。女主人公玛丽原本出身高贵，父亲曾是宫廷画师，但在一次宴会上，国王偶遇玛丽的母亲，贪恋她的美色，意图不轨。玛丽的父亲发现后试图阻止，却惨遭殴打，含恨而死。玛丽家因此家道中落。多年后，玛丽被一对善良的渔民夫妻收养，

---

① 「コロナと創作——文学が描く危機下の共感、「非日常」価値観変える力、作家平野啓一郎氏」，『日本経済新聞』朝刊（2020 年 5 月 18 日）。中文为笔者译。

② 竹内美帆『新型コロナとマンガ表現——その想像力と社会的役割』https://mediag.bunka.go.jp/article/article-16838/（2020 年 11 月 27 日）。

后来到美术学院当裸体模特，混迹于放荡不羁的美术学生之间，与日本来的画家巨势相爱。但命运弄人，当她带着爱人回养父母家，泛舟湖上时，在那里偶遇国王。玛丽因惊吓落水而亡，国王也在与随从的撕扯中溺水而亡。这篇小说的最后一句令人印象深刻，也表明了作者森鸥外的文学观。

> 国王惨死的消息沸沸扬扬，而莱尼渔民汉斯的女儿同时溺亡的事情，却无人问起。①

历史上有很多像玛丽一样的女孩，命运多舛却坚强地生活。虚构文学的意义，就是将历史上这许许多多与国王同一天死去，甚至连姓名都不曾留下的、不可见的女孩抽象为一个个具体可见的玛丽，记录被正史遗忘的人民和人类心灵的历史。在这一点上来说，虚构文学在记录历史方面与正史一样具有重要的意义。

而关于真实和虚构的问题，日本自古以来就有很多讨论。上田秋成曾在《诸道听耳世间狙》的序言中这样写道（以下为大意）：

> 竹林七贤有一个约定，（他们之间）可以讲像谎言一样的真实，但不讲像真实一样的谎言。释迦的《大藏经》、老子的《道德经》亦是如此。谎言才是真实，真实则是真的谎言。

"讲像谎言一样的真实，但不讲像真实一样的谎言。"所谓谎言才是真正的真实，是通抵真实的方便法门②，这是日本近世以来影响深远的文学观，

---

① 森鸥外著，岳远坤译注《舞姬》，世界图书出版公司，2018。
② 关于这一点以及下面的引用部分，主要受稻田笃信教授 2018 年 11 月在北京大学的演讲《上田秋成的语言观》（文字版详见论文集《上田秋成的语言观》）的启发，这是笔者感触最深的地方。因此，对职业作家的创作部分事实与虚构渐渐变得社交媒体化这一点，感到不满。这是我接受这个系列连载翻译的动机之一，也构成了本文的论旨之一，即探讨何为真正的虚构文学以及虚构文学的意义之所在。

对后世日本文学尤其是浪漫主义文学流派的创作产生了重要的影响。

日本近代很多小说家喜欢上田秋成，芥川龙之介、佐藤春夫、谷崎润一郎三人曾组成读书会研读《雨月物语》，太宰治和三岛由纪夫也是上田秋成忠实的读者。三岛由纪夫在其文坛奠基之作《假面的告白》的序言中，也曾提到虚构与真实的问题。

> 在自传（指虚构小说《假面的告白》——笔者注）中，不想对真实这个偶像宣誓忠诚。我反而会放养"谎言"。在喜欢的地方，让它们吃草。这样它们就能吃饱肚子，不会吃掉"真实"了。①

而面向公众公开的日记，在创作之初就确定了目标读者，自然带有一定虚构的性质。这一点暂且不论，原本语言在传递意义方面就有局限性，并不能完全传递或还原真实的客观世界。而讲谈社掌篇系列中的作品，几乎从一开始就抛弃了真实的假面，试图通过虚构传递疫情当下的客观世界。虽然讲谈社本系列的策划编辑没有提及，但这一点正是笔者感触最深的地方。从一开始就放弃所谓的真实，设定为杜撰的故事，通过这些杜撰的"谎言"，反映社会现状和人类最普遍的真实，正是倡导"寓言论"和通过虚构描写人类社会普遍真实的上田秋成、为了不让谎言吃掉真实而放养谎言以完成真正告白的三岛由纪夫都曾信奉的文学观，也是虚构文学的真正价值与意义之所在。

3. 虚构文学阅读的意义

读者通过报刊新闻了解事实真相。那么，阅读虚构文学的意义何在呢？笔者认为，正因为是虚构，因此对于读者来说，无须辨别事实本身是否存在，避免了真实与否的争辩，读者可以从虚构的作品中发现自己，产生共鸣，获

---

① 日文引自『决定版三岛由纪夫全集』27，此处为笔者译。

得更深层次的感动。

三 *Day to day* 所反映的日本社会与日本国民心态

1. *Day to day* 中描绘的日本社会整体形象

Day to day 是由 100 位日本作家创作的 100 篇掌篇作品,虽然每日连载,但每位作家观察社会的角度与想法不尽相同。而且因为大部分都是在有限时间内应邀创作的"命题作文",因此也并非每篇都有着深刻的主题。虚构文学原本具有娱乐的功能,因此也有作家抱着游戏的心态写出类似"轻小说"的轻松读物,供读者一笑了之。但是,这个系列是由代表当代日本大众文坛的 100 位作家集体创作而成的,若从整体上串联起来,又的确能够反映当代日本社会与国民的心态,勾连出当代日本的整体形象。以下将介绍其中的主要篇目,并试图从中管窥这些作品与日本传统、当代日本社会现状与思潮的关联。

"无常观"是日本文学的传统理念之一,在灾难发生的当时,有些作品反映了这样的观念,也有许多作品尝试在无常中寻找人类社会中恒常不变的东西。有的作品以女性主义的视角塑造了与残酷的现实顽强抗争的坚强的女性形象,也有男性因为灾难的发生而选择回归家庭,这些都反映了日本近年来的女性主义话题与社会的变化。

此外,还有部分作品以恐怖小说的形式,描写了日本社会的痼疾,即所谓集团意识和同侪压力,读来让人毛骨悚然。其中日本恐怖小说家泽村伊智书写了一个令人毛骨悚然的故事:

> 生活必需品都在网上购买,家人也都尽量不外出了。本地区的感染人数即便是在东京也算多的,所以绝对不能马虎。
>
> 但是,我所住的小区现在感染者为零。虽然这个小区楼房密密麻麻,

简直可以称得上巨型住宅区，入住人数也非常多。

　　这不是幸运。多亏了居民们卫生观念很强，也很有凝聚力。这是爸爸友、妈妈友、同一层的住户，大家一起团结起来与病毒抗争、最终战胜了病毒的结果。绝对不能让大家的努力化为乌有。（泽村伊智，6 月 23 日）①

　　一句"绝对不能让大家的努力化为乌有"和小说最后提到家中的"尸臭"让人不由得毛骨悚然，虽然故事没有告诉我们具体的结果，但可以猜测主人公因为所谓的耻感文化和同侪压力，牺牲了象征一己之私的家人。

　　此外，还有部分作品尖锐地注意到"自肃警察"（监督别人是否遵守社会规范的人）的问题，或表达了对未来的担忧，或描绘了扭曲的非常态生活以及人类在灾难面前表现出来的人性丑恶。也有的作品描写了底层人民顽强生活的姿态，或以婴儿的诞生为隐喻，寄托了对未来的希望。如当年日本本屋大奖作家凪良汐的作品，描写了一位一朝成名的大奖作家与出轨丈夫之间的悲喜剧，绝望中带着幽默，笑中有泪又满怀希望，堪称掌篇小说的杰作。而著名通俗文学作家赤川次郎的作品，也表达了大致相同的主题。

　　彩濑圆的《跟踪者》（5 月 30 日）描写了自己因为政府提出的"不聚集"的自律要求，去一条人迹罕至的街道散步时，被跟踪狂跟踪的体验，借主人公之口，说出"面对危险，绝不能移开视线。你不去看它，它就会跟上你。直视它，表明应对的意志，自卫方才开始，我深刻体悟到了这一点。那次之后，早晚的跟踪停止了"②，表达了直面灾难（危险）的意志，同时也可以理解为对那些一味保全经济发展、确保奥运会的举办而不惜牺牲人民利益，不认真采取防疫对策而将人民置于危险之中的日本政治家的讽刺。

　　最后一天刊登的是东野圭吾的《团圆》（8 月 8 日）。这篇小说的日文

---

①　本文中文为彭泽莲译。
②　本文中文为廖婧译。

题目原文直译为"大家的脸庞",考虑到小说的主题,笔者将其意译为"团圆"。这篇小说讲述了一个确诊癌症晚期、时日不多的老年人患上新冠病毒,接受治疗痊愈后,回到自己家中迎来生命最后一刻的故事。平淡的笔触发人深思,故事的内容向我们提出疑问:即将迎来死亡的新冠病毒患者是否还有救助的必要?医生的使命是否仅仅为救命?同时,这篇小说也可以说是对当时社会上一部分人认为新冠病毒不可怕、得了新冠病毒去世的都是老年人的论调的一种委婉的反驳。从这个意义上来说,"大家的脸庞"这个题名具有重要的提示意义,它考问我们,生命的意义在于生命体本身的存续,还是作为社会人的存续,并让我们思考生命尊严这一深刻的问题。这是这篇小说展现的主题,也是中文译为"团圆"的原因之所在。

早已步入老龄化的日本,一直有关于临终关怀的讨论。据日本的社会调查,约有七成老年人希望在自己熟悉的家中与世界道别。[①]2020 年 6 月 19 日,日本社会学家上野千鹤子接受《周刊朝日》的采访,谈及新冠疫情导致访问介护(即护理人员上门服务)系统的崩溃,指出居家临终的意义。她也提到家人尊重本人的意愿,决定放弃治疗(疾病本身),选择居家临终的案例。[②]虽然该访谈的主旨是主张"独自一人在熟悉的家中死去",与上面东野圭吾的小说"团圆"的主旨不相符,但两者希望老人能在自己熟悉的地方迎来临终的主张却是一致的。可以说,东野圭吾创作的这篇《团圆》也体现了同一时期的社会思潮。

2. 追求变革的倾向

众所周知,20 世纪 80 年代末 90 年代初,日本泡沫经济崩溃,随后迎来"失去的十年",直到今天日本社会发展停滞不前,阶层固化问题严重,缺乏发

---

① 参考『在宅死のすすめ方 完全版 終末期医療の専門家 22 人に聞いてわかった痛くない、後悔しない最期』、世界文化社、2021 年 11 月。

② 『週刊朝日』(2020 年 06 月 19 日)第 30 頁。2021 年 1 月上野千鹤子出版专著『在宅死のすすめ』(文藝春秋 、2021 年 1 月),重新审视老年独居与孤独死的问题,提出即便独自一人也希望居家临终的观点。中文版现已由译林出版社出版,中文译名为《在熟悉的家中向世界道别》(2022 年 5 月),廖荣发译。

展的活力，社会存在许多亟须解决的问题。前述意大利作家作品《新冠时代的我们》也表达了以新冠疫情为契机重新审视我们生存的这个时代的主张。但与其他以疫病为主题的文学相比，讲谈社的这个系列另外一个显著特征就是重新审视日常，追求所谓日常的"变化"，隐含着民众对日本社会发展停滞的不满，表达了追求社会变革的倾向。也就是说，新冠疫情虽然是一场突如其来的灾难，但是或许可以以此为契机，让原本人们习以为常的病态日常发生改变，也促使人们发现原本不会发现甚至不愿发现的、掩盖于日常中的诸多问题，并以此促使长期停滞的日本社会进行良性的社会改革。这个系列的很多作品都表达了类似的主题。

比如，辻村深月以 4 月 1 日为背景创作的《今天开始的故事》，讲述了两个男孩因为突然发生的新冠疫情无法见面，对小主人公的心理描写"若冒险之门真的打开，倒和现在这种糟糕透顶的心情很搭"，借冒险小说常用的桥段，巧妙地喻示灾难与希望相伴而生。似鸟鸡的《听着摇篮曲》（4 月 21 日），则讲述了一个新手爸爸通过婴儿不同寻常的哭声发现自己身体的病症，可以视为一种巧妙的隐喻，即希望通过新冠疫情这种不寻常的变化发现日本社会的病灶。黑泽泉的小说（4 月 22 日）则以中年夫妻无聊的日常比喻长期停滞且没有活力的日本社会，其中这样写道：

> 将日常生活粉饰一番，努力装作什么都没发生，这样的自欺欺人总让人心里不舒坦。每个人都想把目光移开，愿意相信，若是有朝一日这种"非日常"终结，那此前的"日常"定会摆出一副理所当然的样子，回到我们身边。不过，这世上根本没有这种所谓的"日常"，只不过是人们的幻想罢了。实际上是将"日常"这一概念偷梁换柱，对既定事实视而不见，靠着自我欺骗寻得些许安心，把"万事如常"当作一门宗教一般死死抓住不放。
>
> 人们都不愿改变。这也是人之常情。改变是可怕的。要是没法回到

往常的舒适区，悬着的一颗心便怎么也放不下来。所以，大家都盼着这病不曾发生，都盼着回到一切尚未发生的时候。每个人都将心灵的故乡设定在了过去，连我也不例外。

（中略）

我能确定的事只有一件：我们栖身的那个自我欺骗的微型盆景世界，过不上多久便会分崩离析。没有什么是恒久不变的。明天，或是一个月之后，或是半年之内，就一定会发生什么戏剧性的事件，并随后变成我们的日常。我想，那一天应该离我们不远了。①

芦泽央的《协同作业》（5月17日）中所体现的夫妻关系也有异曲同工之处。6月7日田丸雅智的《细面》也表达了同样的观点，其中这样写道：

我并不认为，横行世间的疾病会轻易离场。可是，也许淅淅沥沥落下的好雨，会将各种沉积冲刷一尽。那样的话，不也挺好的吗。②

另外，还有一些作品表现了新冠疫情带来的变化。垣谷美雨《新日常》（6月12日）讲述了一个因工作忙碌而无暇顾家的丈夫因为疫情回归家庭，让家里变得更加和谐的故事，其中这样写道："长期以来，家庭事业双丰收的美梦，在我看来不过是空中楼阁。公司加班太多，连喘口气的工夫都没有，我一直以为，这辈子恐怕都没法好好照顾家庭了。没想到，新冠病毒加速了世界的进程，只用了短短数月就把需要十年才能达成的目标实现了。再也回不到从前了。我决不要再回到从前。"③

原田舞叶的作品用了一个具有丰富寓意的题目《花开》，将花开比喻成

---

① 中文为魏雯译。
② 中文为陈燕译。
③ 本文中文为魏雯译。

生产时的阵痛，揭示了变化的艰难，以及对艰难变化过后的新常态的期待，文中这样写道："花开的时候最用力。先憋一股劲儿，然后就只待花开了。花开是自然的力量，不用担心。"①

四 连接世界、通往未来——讲给孩子听的疫情故事系列 *Story for you*

继 *Day to day*（100 位日本作家以疫情为背景接力创作 100 篇微型小说或随笔）之后，讲谈社又邀请了 62 位作家为暑期中或因为疫情而失去假期的孩子们创作了 62 个掌篇故事，每篇约 1000 字。每天刊登 1 篇，从 7 月 1 日持续到 8 月 31 日。读者面向小学高年级到初中三年级的儿童和青少年。中、英、日三语每天中午同时更新。

如何给孩子讲述战争、灾难与死亡，一直是儿童文学创作的难题，很多对于大人来说不言自明的事情，当我们俯下身来讲给孩子听时，就要特别谨慎。灾难发生后，笔者也尝试给 5 岁的女儿讲述疫情，但以失败告终。当然，高高在上的说教很容易，但那样就流于表面的知识灌输。笔者不希望女儿是从父亲口中知道疫情发生后的世间纷扰，而更希望她用自己的眼睛去看、用自己的耳朵去听、用自己的心去感受。相信即便只有 5 岁的她也会很快感知：这段日子不平常。

收到讲谈社编辑发来的策划案，他在邮件里说，这次的策划与面向大人的 *Day to day* 不同，主旨不是讲述疫情，而是讲故事给疫情中的孩子听，因此题材更加多样，既有现实中发生的故事，也有幻想、童话、推理等。这也正是笔者期待的儿童文学：放飞孩子的想象，锻炼他们的五感，让他们自己去感知世界。

---

① 本文中文为岳远坤译。

当孩子面对这个世界时，对世界抱着幻想，充满期待，能感受到忧伤、快乐、寂寞、恐惧、兴奋等，做一个情感健全、有血有肉的人，这是儿童文学最重要的职责之一。正像日本著名儿童文学作家柏叶幸子在接受这个策划的邀约时所说，我们都在忍耐，也在放弃，艰难的日子仍在持续。每天为孩子们创作一个千字的小故事，希望孩子们读了故事，会说出"好开心啊""好奇怪啊""好伤心啊""好可怕啊"等，只要把这些心情表达出来，就会心情舒畅，也会有所收获。

第一个故事是由在童书界享有盛誉、被读者和媒体称为"日本童话女王"的柏叶幸子带来的《魔女芭菲友》，全篇没有提到疫情，但告诉我们：在这种时候，我们要温柔地对待每一个人，无论对方是魔女，还是幽灵。另外，日本著名儿童文学作家浅井鸭的《墙的另一边》讲述了因为一堵墙而相隔一方、都将对方视为妖魔的两个村子的孩子最终消除误解而成为朋友的故事。这篇作品真实地反映了当今世界的现实问题，是一篇虚构的掌篇杰作。

总之，与 *day to day* 系列中不同的是，大部分 *Story for you* 的故事继承了日本传统儿童文学的主题，虽然没有明显的说教，却通过温暖的笔触揭示了深刻的道理。

结　语

日本讲谈社策划的这次线上疫情文学连载在日本产生了广泛的影响，在中国也受到了学界广泛的关注。中国社会科学院外国文学所主办的《世界文学》杂志刊登了其中 14 篇，并对系列连载进行了介绍，而中国少年儿童出版社《儿童文学》杂志也选登了《墙的另一边》。这是一次具有重要意义的策划，而这种有组织的文学创作活动，为我们提供了一个了解日本社会与人情世态的窗口，也让我们更全面而深入地思考疫情、社会与人的关系，审视人性在灾难面前表现出的种种样态。

附记：感谢参与这个项目中文翻译（含校对）的各位朋友和北京大学的两位同学，他们分别是：廖婧（时为上海世纪出版集团编辑）、陈燕（福建师范大学副教授、文学博士）、李晓砚（庆应义塾大学博士，现为北京外国语大学日语学院讲师）、蔡春晓（重庆师范大学讲师、文学博士）、魏雯（重庆出版集团编辑）、覃思远（天津师范大学讲师、文学博士）、邱春泉（湖南大学助理教授、日本早稻田大学客座研究员）、张苓（新经典文化有限公司编辑、文学博士）、彭泽莲（北京大学日语系硕士研究生）、段洵美（北京大学日语系翻译方向博士生），并以此文致敬我们一起直面疫情、以翻译传递世界、用文字记录历史的那段难忘的岁月。

女装男英雄的隐喻

——论倭建命女装传说的起源与流变 *

邱春泉 **

【内容提要】《古事记》《日本书纪》中的倭建命女装传说在中国兵法思想影响下产生，倭建命的女装因此成为"女色"和"智谋"的双重表象。中世末期至近世前期，倭建命女装传说与杨贵妃红颜祸国的理论相融合，"女色"要素逐渐转移到了以杨贵妃为代表的女性人物身上，男性的女装则保留了"智谋"要素，女装逐渐成为英雄智谋的象征，催生出江户后期大量女装男英雄人物形象。这一过程伴随着女性异化程度的加深，反映了女性歧视在日本文化中的渗透过程。

【关键词】男扮女装　倭建命　兵法思想　女性歧视

---

*　本文为 2023 年日本学术振兴会特别研究员项目（令和 5 年度科学研究費助成事業特别研究员奨励費）「文化史的視点による日本古代・中世文学の女性イメージ形象に関する研究」（課題番号：22KF0352）的阶段研究成果。
**　邱春泉，湖南大学外国语学院助理教授。

日本文学中的女装男英雄形象可追溯到《古事记》《日本书纪》中的倭建命①女装传说。已有研究大多将这一源头与江户后期女装男英雄故事流行的现象直接联系起来，认为一贯存在的男扮女装文学形象反映了日本文化中性别界限的模糊性和可跨越性，是日本性别文化包容性的象征。②然而这些研究没有探究倭建命女装传说背后的性别文化根源，也没有把握从上代到近世的女装男英雄形象流变脉络。本文将从文本角度追溯日本女装男英雄文学传统的形成过程，在中日文化交流语境中明晰日本文学中女装男英雄形象的性别文化内涵。

一 倭建命女装传说在《古事记》《日本书纪》中的异质性

倭建命是最广为人知的日本神话英雄之一。在《古事记》《日本书纪》所载倭建命众多的英雄事迹中，有一段倭建命男扮女装征服熊曾建的事迹。这是整个"记纪"传说体系中唯一一个隐藏性别身份的故事，也是日本最早的男扮女装故事。

目前相关研究主要在民俗学的框架下探讨倭建命女装传说出现的原因和意义。然而在《古事记》《日本书纪》的倭建命女装传说中，倭建命是用假扮女性的方法诱惑男性敌人从而得到接近并斩杀敌人的机会。男扮女装在这里起到的只是迷惑敌人的作用，呈现的是"女色"对男性的吸引力，而并非民俗信仰和宗教权威。

有研究指出，《古事记》《日本书纪》中的倭建命的形象是由大和朝廷征服周边诸王国的功绩抽象而来，形成时间不早于7世纪，很可能是飞鸟时

---

① 该人物名在不同的作品中被表记为不同的汉字，为了便于论述，本文中依《古事记》表记，统一称之为"倭建命"。在论及各作品中倭建命传说的共通情节时，本文也统一采用《古事记》中的人名和地名。

② 三橋順子『女装と日本人』、講談社、2008年、22頁；佐伯順子『「女装と男装」の文化史』、講談社、2009年、30頁；渡辺晃『江戸の女装と男装』、青幻社、2018年、131頁等。

代宫廷文化的产物①。如果我们脱离民俗信仰语境，将倭建命女装传说看作一个英雄故事，便自然会产生疑问：女装传说在倭建命英雄形象的构建中起到了何种作用？其中又透露出怎样的性别文化特征？

《古事记》与《日本书纪》中所载倭建命事迹不尽相同，但两书都保留了倭建命女装诱杀熊曾建的故事：倭建命受父亲景行天皇之命西征熊曾建，到该地探查军情时发现熊曾建即将举行宴会，于是倭建命身藏武器男扮女装混入女人队伍中。女装倭建命的美貌吸引了熊曾建，熊曾建将他唤至身边陪酒作乐。熊曾建酒酣之时，倭建命趁机杀死了他。

在这个过程中，倭建命女装的作用非常明确，那就是用女性美迷惑男性对手，令对手放松警惕，从而得到接近对手将其击败的机会。虽然故事中倭建命并不是真的女性，但这一叙事背后的逻辑却是用"女色"诱惑男性致其失败。这种"美人计"逻辑在《古事记》与《日本书纪》的世界中显得相当独特。

《古事记》和《日本书纪》中虽然描写了大量的战争和政治斗争，但除倭建命女装诱杀熊曾建的故事外，没有任何一个事件将女性作为诱饵来描写。相反，《古事记》和《日本书纪》中所描写的女性往往是为其丈夫或爱人带来利益的人物。折口信夫曾根据"记纪"中的英雄传说提出过著名的"好色论"："（古代英雄）为了本国的繁荣必须收服他国的神。神是各个国家的力量源泉，失去神国家便会灭亡。因此吞并他国的关键是把他国之神召唤到自己的宫廷中。达成这个目的最有效的方法便是将各国侍奉神灵的最高巫女变成自己的妻子"②。这段话点出了《古事记》《日本书纪》中两性关系的一个重要逻辑，那就是，女性往往代表了神权和王权，是男性追求和争取的对象，与女性的结合往往给男性带来利益。

---

① 門脇禎二「日本における英雄時代——ヤマトタケル伝説とその周辺」『 マトタケル 尾張・美濃と英雄伝説』、森浩一、門脇禎二編、大巧社、1995 年、第 11~60 頁。

② 折口信夫全集刊行会編『折口信夫全集 16』、中央公論社、1996 年、第 229~230 頁。

当然《古事记》和《日本书纪》所描写的男女关系也并不总是给男性带来利益，在天皇家族残酷的政治斗争中，也有围绕女性而产生的悲剧。但在《古事记》和《日本书纪》的叙述中，这些女性都是受困于情爱被卷入政治斗争的悲情人物，而并非利用美色诱发动乱的野心家。

也就是说，《古事记》和《日本书纪》中的女性具有她们独自的权威和人格，她们的女性魅力与她们所代表的神权、王权以及她们的个体情感融合在一起，并没有被异化成性诱惑的工具。而倭建命女装诱杀熊曾建的故事则包含以"女色"破敌的逻辑。这种逻辑中所暗含的女性观与《古事记》和《日本书纪》作品世界整体所呈现的女性观截然不同，显示出倭建命女装传说与当时日本传统性别文化的异质性。那么这个明显异于当时性别文化传统的故事为何会出现在作品中？

《古事记》所记载的倭建命的英雄事迹有：诛杀兄长大碓命，女装诱杀熊曾建，设计斩杀出云建，击退相武国火攻，招降东方诸荒神，徒手挑战伊吹山神最终落败。《日本书纪》在《古事记》倭建命传说的基础上去掉了其中诛杀兄长和设计斩杀出云建两项内容，但仍保留了《古事记》中倭建命的大部分英雄事迹。在《古事记》和《日本书纪》中，倭建命的经历几乎全部由战斗组成，可以说他的形象就象征着武力本身。虽然倭建命并未登上皇位，但是《古事记》和《日本书纪》都以天皇的规格来记录他，突出了他的崇高地位。正如门协祯二所指出的那样，倭建命形象是大和政权武功的抽象体现[1]，代表了大和朝廷的强大战力。

《古事记》和《日本书纪》中所记录的倭建命的英雄事迹从不同角度构建起了倭建命的英雄形象。诛杀兄长事件展现了倭建命力量的强大和不可控性，为他的悲剧命运埋下了伏线；女装诱杀熊曾建和设计斩杀出云建都是智取，展现了倭建命的智谋；击退火攻展现了倭建命的神勇；招降东方诸荒神

---

[1] 門脇禎二「日本における英雄時代——ヤマトタケル伝説とその周辺」『 マトタケル 尾張・美濃と英雄伝説』、森浩一、門脇禎二編、大巧社、1995 年、第 55 頁。

展现了倭建命作为统治者的威信；徒手挑战伊吹山神以孤勇的失败为他的英雄人生画上了句号。其中女装诱杀熊曾建、设计斩杀出云建所展现的智谋是倭建命英雄形象中重要的一环。

值得注意的是，表现倭建命智谋的另一个事件——设计斩杀出云建事件与女装诱杀熊曾建事件一样具有异质性。

《古事记》中，倭建命征服熊曾建后来到出云国。倭建命想要杀死出云国的勇士出云建，便先与之结交，二人成为好友。其后倭建命制作了一把木剑佩戴在身上，要求与出云建互换佩剑比武，不知就里的出云建依言与倭建命换剑比武，遂被倭建命斩杀。

这一个事件中，倭建命利用朋友的信任杀死朋友，其手段不可谓不卑劣。对于这一点，研究者们往往将其解释为古代独特的英雄观，比如西乡信纲认为"似乎在当时，算计对手、给对手下套等行为都不是什么恶行或卑劣的行径，而是智慧的表现"。[①] 然而，尽管《古事记》中的许多故事不能用今天的道德观来衡量，但倭建命这种背信弃义的行为也并不符合《古事记》的整体价值观。

《古事记》《日本书纪》以中国史书为范本而作，在中国的史书中"信""义"是英雄必备的品质。即使是受儒家思想影响相对较轻的《古事记》，其人物形象塑造也有与儒家伦理趋同的倾向。比如在履中天皇时期水齿别命诛杀曾婆加理事件中，水齿别命用儒家"信""义"的伦理来为自己利用、杀害曾婆加理的行为寻找正当性。这说明儒家的"信""义"在《古事记》中是一种理念上的最高行为准则，违背此准则的行为不具备正当性。

实际上，《古事记》中天皇和皇家英雄少有无故违背"信""义"的行为，即使有以亲密身份接近对手将其杀害的举动，被杀之人也往往不忠不孝或怀有异心。而在倭建命设计斩杀出云建事件中，作品并没有提示出云建有任何

---

① 西郷信綱『古事記注釈 第3巻』、平凡社、1988年8月、第303頁。

该当被杀害的理由，只是说"（倭建命）入坐出云国，欲杀其出云建而到即结友"①。似乎仅仅是因为倭建命想要除掉这个出云国的勇士，便利用了对方的信任，做出了背信之举。更为重视儒家道德的《日本书纪》去掉了倭建命斩杀出云建的事件，将换刀杀人情节用到了一个哥哥惩罚犯错弟弟的故事中。这充分说明了倭建命对出云建的背信行为不符合《日本书纪》所推崇的一般英雄的正面形象。

《古事记》《日本书纪》所载倭建命传说中，凸显倭建命智谋的两个事件都包含了相对于整体作品世界的异质性内容，其背后是否存在某种共通的内在逻辑？

二 《古事记》《日本书纪》倭建命女装传说与兵法思想

《古事记》《日本书纪》中倭建命形象代表了大和朝廷的战力，而女装诱杀熊曾建、设计斩杀出云建两个事件代表了倭建命的智谋。从战力和智谋两个要素中，我们不难联想到一种可能贯穿女装诱杀熊曾建、设计斩杀出云建事件的共通逻辑，那就是兵法思想。

中国的兵法思想源远流长，许多重要兵书先秦时期便已诞生，两汉以来广为流传。中国兵书从6世纪后半开始便通过百济传入日本，②。大和朝廷非常重视中国兵书的学习和利用，推古天皇十年（602）十月，百济僧观勒进献"天文地理书并遁甲方术之书"，朝廷选数名书生，令其跟随观勒学习。③天智天皇十年（671）年正月，达率谷那晋首等四名百济人因"闲兵法"而

---

① 山口佳纪、神野志隆光校注『古事記』、小学館、1997年、第218頁、第310~312頁。引文将原文日文汉字换为简体字。后文出自同一著作的引文，将随文标出该著名称简称「记」和引文出处页码，不再另注。

② 吉永匡史「古代東アジアにおける兵書の伝播：日本への舶来を中心として」『アジア遊学』2020年1月第242号、第149~161頁。

③ 小島憲之、直木孝次郎、西宮一民、蔵中進、毛利正守校注『日本書紀②』、小学館、2006年、第538頁。引文将原文日文汉字换为简体字。后文出自同一著作的引文，将随文标出该著名称简称「纪（卷号）」和引文出处页码，不再另注。

叙爵（「纪③」：288）。据孙猛《日本国见在书目录详考》，圣德太子于推古天皇十二年（604）年颁布的《宪法十七条》中便有引用《孙子兵法》和《黄石公三略》的痕迹，① 说明在 7 世纪，中国兵书的内容已经对日本文化产生了影响。

以"武经七书"为代表的中国经典兵书著作杂糅了儒家、道家思想，显示出许多有别于正统儒家思想的独特的价值观。笔者查阅《司马法》《孙子兵法》《太公六韬》《黄石公三略记》《太公阴符》等《日本国见在书目录》所载中国先秦、汉代兵书的现存文本，发现倭建命女装诱杀熊曾建、设计斩杀出云建两个事件所呈现的价值观与《六韬》②的兵法思想十分相近。

《六韬》非常强调"女色"在战争中的作用。今本《六韬》"武韬"卷"文伐"篇两次提到用美色迷惑对手："辅其淫乐，以广其志，厚赂珠玉，娱以美人"③、"养其乱臣以迷之，进美女淫声以惑之"；"武韬"卷"三疑"篇中，太公对武王讲攻击强大的敌人要"淫之以色、啖之以利、养之以味、娱之以乐"；敦煌写本《六韬》残卷④中保存了与今本不同的"文韬"卷文本，其中专列"美女破国"篇目："美女破国。昔者青阳氏，强力四征，重兵苦之，遗之美女，青阳之君悦之，营械不治，大臣争权，远近不相听，国分为八。"

---

① 孙猛：《日本国见在書目録詳考 中》，上海古籍出版社，2019，第 1248、1269 页。

② 《六韬》是重要的先秦兵书之一，最初可能以单篇形式流传，大约在西汉末年固定为与今本相似的篇目形式。在其流传的过程中曾衍生出诸多版本，其中宋代以前流传的"中古本"系统已散佚，仅存节录和残卷，现今通行文本是宋代删减整理的版本（详见王震《〈六韬〉成书及其版本汇考》，《文史哲》2022 年第 2 期）。今本《六韬》和"中古本"系统的篇目框架一致，保留了《六韬》的核心思想内容，因此本文以今本《六韬》为基础，参考散佚文本残卷，分析《六韬》与《古事记》倭建命传说的关联。

③ 本文所引今本《六韬》文本均据国家图书馆中华古籍资源库所收影宋抄本《武经七书》第二册图像辑录。引文将繁体改为简体并加标点。后文出自同一著作的引文不再另注。图像网址：http://read.nlc.cn/OutOpenBook/OpenObjectBook?aid=892&bid=206280.0。

④ 现藏于法国巴黎国会图书馆，为《六韬》文韬卷的唐代写本，其中包含许多今本不存的内容，是现存最早的纸写本《六韬》。引文根据国家图书馆中华古籍资源库图像辑录，将繁体改为简体并加标点。图像网址：http://read.nlc.cn/allSearch/searchDetail?searchType=1002&showType=1&indexName=data_892&fid=BNF04162。

君主沉迷女色导致亡国的叙事在《尚书》《左传》中就已出现，汉代《史记》《列女传》等著作也大肆宣扬红颜祸国的思想。然而这些儒家典籍论述"女色"危害性的目的是劝诫，意在避免此类事件再度发生。而《六韬》则在红颜祸国思想的基础上更进一步，有意识地将"女色"作为一种工具，明确提出了运用"女色"的破敌之法。

《古事记》和《日本书纪》与女性相关的叙述没有显示出任何红颜祸国思想的痕迹，而在倭建命的征战经历中却出现了运用"女色"打败对手的情节，跳过了红颜祸国思想直接进入了以"女色"破敌的逻辑。这种逻辑最有可能的来源便是《六韬》的兵法思想。

《司马法》《孙子兵法》《六韬》《黄石公三略》等兵书都推崇"忠""信""仁""义"等儒家道德，但强调兵为诡道，二者之间的矛盾只能通过"双重标准"来解决，即对己方"忠""信""仁""义"，而对敌方则可不择手段。这种双重标准在《六韬》中表现得尤为明显。

《六韬》"文韬""武韬"卷中一些论述治国、治军之道的篇章反复强调儒家道德的作用。如"太公曰：天下非一人之天下，乃天下之天下也……仁也。仁之所在，天下归之……德也。德之所在，天下归之……义也；义之所在，天下赴之"（"文韬"卷"文师"篇）、"太公曰：一曰仁、二曰义、三曰忠、四曰信、五曰勇、六曰谋，是谓六守"（"文韬"卷"六守"篇）。然而在论述对敌谋略的篇章中，太公则冷酷地强调假意接近对方以利用对方信任的重要性。如"武韬"卷"文伐"篇中有："下之必信，以得其情；承意应事，如与同生；既以得之，乃微收之；时及将至，若天丧之。"讲对待敌人要设法取得对方的信任，与其亲密无间，从而寻找机会将其消灭。在"龙韬"卷"论将"篇中，太公讲到将才有"五材十过"，五材为"勇、智、仁、信、忠"，而"十过"中一过为"信而喜信人"，主张对于这样的敌人可以"信而喜信人者可诳也"。"信"在己方则为美德"信则不欺"，而在敌方则为一种缺陷，可以利用对方的"信"来欺骗对方。

《六韬》所强调的利用对方的信任来消灭对手的理念能够很好地解释倭建命的背信弃义。倭建命欺骗出云建正是针对其"信而喜信人"的缺陷而采取的有效应对策略，在《六韬》的兵法思想框架下，这不但无损倭建命的正义性，反而显示了他成熟的军事素养，凸显了他的卓越性。

除上述两点之外，《古事记》《日本书纪》的倭建命传说中还有另一个《六韬》影响的痕迹。《古事记》《日本书纪》都记载，倭建命在东征途经相武国时，当地的土著武装力量将他骗至原野中，然后放火引燃原野想烧死他。这时倭建命也拿出火石放火，倭建命所放之火朝着敌方的火烧过去，倭建命得以生还。川口久雄曾指出，在野火之中的自救之法应该是源于亚洲大陆居民的智慧而不是日本列岛居民的原创[1]。

在《六韬》"虎韬"卷"火战"篇中，武王问太公，当遭遇敌人火攻时如何应对。太公回答："见火起，即燔吾前，而广延之，又燔吾后。敌人若至，则引军而却，按黑地而坚处。敌人之来，犹在吾后，见火起，必远走。吾按黑地而处，强弩材士，卫吾左右，又燔吾前后。若此，则敌不能害我。"这里非常具体地阐述了遭遇敌人火攻之时的应对之法：当敌人上风纵火又埋伏于我军之后，我军应该放火点燃前方的草木，扩大火焚面，同时点燃后方的草木，以便烧出一块黑地。若是敌人前来进攻，就把军队撤到烧出的黑地上坚守，再前后放火以逼退敌人。倭建命的自救方法与太公所讲纵火之法一致。

《孙子兵法》等兵书中也有火攻的内容，但与其他兵书注重火攻之法不同，《六韬》的"火战"篇[2]专讲遭遇火攻之时的自救之法，而倭建命传说也以火中自救的事迹凸显倭建命的神勇，这一人物形象塑造思路也很可能是受《六韬》"火战"篇的启发而来。

---

[1] 川口久雄「李陵変文と記紀ヤマトタケル説話」『文学』、1973 年 2 月第 41 巻第 2 号、第 44~63 頁。

[2] 以宋代以前的古本为底本的西夏文译本《六韬》（黑水城出土文献）所列篇目中也有"火战"篇（详见贾常业《西夏文译本〈六韬〉解读》，《西夏研究》2011 年第 2 期），说明"火战"篇的内容在《六韬》早期文本中就已存在。

倭建命是由大和朝廷征服周边诸王国的功绩抽象而来的英雄形象，要构建这样的人物形象，兵法是绝好的素材来源和理论依据。源自兵法的智慧能够凸显倭建命的卓越军事能力，善于依据兵法理论行动的倭建命也能够显示大和朝廷军事力量的先进性。《古事记》《日本书纪》中的倭建命传说中能看到很多《六韬》兵法思想的影子，可以推断，在倭建命形象形成过程中《六韬》应该起到了重要作用。

由以上分析可知，倭建命女装故事所暗含的明显异于当时女性观的"女色破敌"思想当来自于《六韬》。正是由于"女色破敌"思想与当时的女性观格格不入，所以《古事记》《日本书纪》中并没有出现真正的"美人计"，倭建命传说仅仅吸收了女色破敌的方法论，并没有实际将女性用作色诱工具，而是让倭建命通过男扮女装的办法亲自实施"美人计"。中国兵法的"女色破敌"思想与当时尊重女性独立人格的文化背景相碰撞，催生了倭建命女装诱敌这一"美人计"的变形，在兵法思想影响下诞生的日本首个男扮女装形象便因此成为"女色"和"智勇"的双重象征，这在某种程度上决定了其后日本文学中男扮女装形象的发展方向。

三 中世的倭建命转世杨贵妃传说与"女祸"观

《古事记》和《日本书纪》以后，倭建命相关事迹在奈良、平安时代仅作为历史资料被引用，倭建命传说并未受到人们的关注。进入中世之后，倭建命的武功在中世的各类文献中被反复传扬，但到 15 世纪为止，倭建命女装的事迹都未被提及。[①] 一直到 16 世纪，倭建命女装传说才以热田明神转世杨贵妃传说的形式再次出现在人们视野中。

正如近藤春雄、刘雨珍所指出的那样，镰仓时代日本流传着杨贵妃死后

---

① 磯前順一「古代・中世のヤマトタケル——変貌する神話——」『東京大学宗教学年報』、1991 年 3 月第 8 巻、第 37~53 頁。

来到热田神宫的传说，而倭建命被认为是热田明神，倭建命传说中又含有女装诱敌的要素。于是在元日战争后神国意识高涨的思想背景下，热田明神信仰、倭建命色诱熊曾建的故事、杨贵妃来到热田神宫的传说几个要素叠加，催生出了热田明神转世杨贵妃的故事。[①]中世前期一直默默无闻的倭建命女装传说，在日本民族意识高涨的思想背景下被重新挖掘出来。热田明神转世杨贵妃传说将倭建命"女色破敌"的智勇与唐玄宗沉溺女色形成对比，以此来凸显日本相对于中国的"优越性"。

然而我们应该注意到，热田明神转世杨贵妃传说产生还有另一个重要的思想背景，那就是中世"女祸"观的流行。

如第二节所述，将国家衰败的原因归结于女性的观念在中国的先秦典籍中就已出现，在汉代的历史叙述中被进一步明确化。《六韬》中所强调的"女色破敌"之法就是这种"女祸"观在兵法中的体现。包含"女祸"观的中国典籍很早便传入日本，但《古事记》和《日本书纪》中虽然存在"女祸"观相关文献的影响痕迹，却没有吸收"女祸"观本身。在其后的奈良、平安时代，批判女性迷惑君王的言论偶有出现，但"女祸"观并未生根。[②]

从平安末镰仓初开始，《宝物集》《续古事谈》《十训抄》等说话集中频频出现批判杨贵妃、褒姒、妲己、藤原药子等人祸国的言论，"女祸"观流行之势初显。在军记物语中，"女祸"观进一步深化。延庆本《平家物语》将杨贵妃说成安史之乱的根源，还暗示治承·寿永之乱是由后白河上皇宠幸建春门院所导致；慈光寺本《承久记》开篇便指出承久之乱的

---

① 近藤春雄『長恨歌・琵琶行の研究』、明治書院，1981 年，第 168 頁；劉雨珍「楊貴妃」『日中文化交流史叢書 第 10 巻 人物』、中西進、王勇編、大修館書店、1996 年、第 400~422 頁。

② 如《日本后记》将"药子之变"归罪于藤原药子对平城上皇的魅惑。《源氏物语》"桐壶"卷描写桐壶帝对桐壶更衣的宠爱时也提到世人因更衣受宠联想到杨贵妃给唐朝带来的动乱，为之忧心忡忡。这说明女祸观念已经进入了平安时代文人和女性作者的视野。但藤原药子事件只停留在史书的记录中，并没扩散成为文学题材，《源氏物语》中人们对更衣的批判更是紫式部的故意夸张，以此来讽刺权门对桐壶更衣的倾轧（参看张龙妹《〈源氏物语〉〈桐壶〉卷与〈长恨歌传〉的影响关系》，《日语学习与研究》2007 年 4 期），"女祸"观并未被广泛接受。

根源是后鸟羽天皇的宠妃龟菊;《太平记》也将后醍醐天皇的宠妃阿野廉子比作杨贵妃,指责她导致了天下动乱。在战乱频仍的中世,源自中国的"女祸"观开始渗透进人们的思想,甚至形成了以"女祸"解释动乱的历史观。

在"女祸"观流行的背景下,倭建命女装传说中的"女色破敌"逻辑有了再次生长的土壤,热田明神转世杨贵妃传说正是中世流行的"女祸"思想对倭建命女装传说的改造。也正是由于倭建命女装传说实质上是"女色破敌"兵法思想的体现,不同于说话《军记物语》等作品对红颜祸水的批判,热田明神转世杨贵妃传说中的"女祸"表现为一种有意识的策略,并具有护卫国家的"正当性"。

"女祸"观的加入给倭建命女装传说带来了新的发展。在倭建命转世杨贵妃的故事中,色诱的主体仍然是倭建命,即热田明神,但"女色"的要素却具化为杨贵妃这一女性形象。原本由倭建命本人实施的色诱任务,通过转世的方式转移到了杨贵妃身上,女性形象成为性诱惑的表象。

中世后期,以幕府将军为顶点的权力体制分崩离析,各地割据政权在相互抗争过程中都将女性当作重要的政治斗争工具,以联姻的名义,用女性来笼络、安抚或麻痹对手。热田明神转世杨贵妃传说以女性为色诱工具的倾向也在某种程度上反映了现实中的女性处境。

四 "女色"要素与女装男英雄的剥离

进入江户时代之后,热田明神转世为杨贵妃的传说继续流行,同时倭建命女装故事又出现了新的版本。

1720年,近松门左卫门创作的净琉璃《日本武尊吾妻鉴》上演。这是一部以倭建命传说为题材而创作的净琉璃,近松门左卫门在《日本书纪》倭建命传说的基础上,对人物情节进行大幅度的加工。倭建命变成了从小男扮女装长大的神贤姬，倭建命的西征也变成神贤姬的和亲。神贤姬带着刺杀西国首领八十枭帅的任务踏上和亲之路，途中得知自己的真实身份已被敌人察觉，便和侍女敷妙互换了身份。色诱敌人的任务落到了敷妙身上，神贤姬则以侍女的身份从旁辅助。最终敷妙刺杀失败反被杀，躲在暗处的神贤姬伏击八十枭帅完成了刺杀任务。

在《日本武尊吾妻鉴》中，女装故事的核心仍然是倭建命以女性身份接近并杀死西国首领八十枭帅，倭建命也仍然男扮女装完成了刺杀，但刺杀情节却发生了一个根本性的变化，那就是以美色诱惑敌人的并不是倭建命女装的神贤姬，而是侍女敷妙。

虽然《日本武尊吾妻鉴》中的倭建命女装故事直接改编自《日本书纪》，从内容上看与热田明神转世为杨贵妃的传说毫无关联，但二者都显示出同样的倾向——将原故事中倭建命女装色诱敌人的任务转移到女性角色的身上，色诱由女性完成，而不是由假扮女性的男性完成。

《日本武尊吾妻鉴》之前，《杨贵妃物语》已于1663年出版，《日本武尊吾妻鉴》上演后三年，近松门左卫门的竞争对手纪海音就推出了《玄宗皇帝蓬莱鹤》，近松门左卫门的其他剧作中也曾提及杨贵妃与热田神社的关联。可以想见，热田明神转世为杨贵妃的传说被元禄前后的作家们所熟知。近松门左卫门在《日本武尊吾妻鉴》中安排女性角色敷妙代替倭建命执行诱敌计划，这一构思很可能受热田明神转世杨贵妃传说的启发。在热田明神转世杨贵妃传说的基础上，近松门左卫门进一步推进了倭建命的女装与"女色"要素的剥离，安排了敷妙这个替身来代替倭建命完成色诱任务，而倭建命则承担设计色诱计划和斩杀八十枭帅的任务。

从这个分工可以很明显看出，"智勇"要素归于倭建命，而"女色"要素则归于敷妙，"女色诱敌"的任务由女性承担，而"智勇破敌"的功绩归于男性。在热田明神转世杨贵妃传说中，作为色诱工具的杨贵妃是热田明神的转世，本质上还是倭建命的分身，而在《日本武尊吾妻鉴》中，倭建命和敷妙完全变成了两个人，女装男英雄的"女色"要素被剥离，同时女性作为色诱工具的处境进一步凸显。

《日本武尊吾妻鉴》上演后50余年，倭建命女装传说又在建部绫足的《本朝水浒传》（1773年）中出现了新的版本。《本朝水浒传》中没有出现倭建命这个人物，但化用了很多倭建命传说的素材。其中，卷十二中的武鹿女装故事，以及卷二十二至卷二十五中的杨贵妃故事明显源自倭建命女装传说及热田明神转世杨贵妃传说。

武鹿本是草寇，归顺义军之后自告奋勇去招安另一个草寇首领倭蜘。他用扮作舞女混入戏班的方法进入了戒备森严的倭蜘山寨，联系上了给倭蜘做压寨夫人的妹妹，成功招安倭蜘。在《本朝水浒传》中，武鹿被设定为倭建命部下的子孙，建部绫足又在相关描写中引用了很多《日本书纪》《古事记》倭建命女装传说中的词句，还特地提到在武鹿扮成舞女之后，戏班的人搜了他的身，以防止"发生熊曾建那样的事"①。从这些描写可以看出，武鹿女装故事是对倭建命女装传说的戏仿。虽然故事的主角从皇族将军降格成了侠义草寇，但女装招安倭蜘的情节同样体现了武鹿的机智和勇敢，使他成为《本朝水浒传》众好汉中的一员。

在武鹿女装故事中，建部绫足也剥离了原倭建命女装传说中女装的"女色"要素。武鹿女装不是为了色诱倭蜘，而只是为了混入山寨和妹妹取得联系。故事中倭蜘也并未对女装的武鹿见色起意，武鹿的女装只与"智勇"相关。与此同时，作品中出现了杨贵妃的"美人计"。

遣唐使藤原清河在马嵬坡救下杨贵妃带回日本，并用她设计"美人计"来诛杀国贼阿曾丸。《本朝水浒传》中提到杨贵妃出生时母亲曾梦到热田国女神宫酢姬投生到自己腹中，这很明显是对热田明神转世杨贵妃故事的引用，但作品将杨贵妃的真身定为女神。这说明《本朝水浒传》和《日本武尊吾

---

① 高田衛、田中善信、木越治校注『本朝水滸伝　紀行　三野日記　折々草』、岩波書店、1992年、第167頁。

妻鉴》一样，有意让女性角色成为"女色"的表象，而斩断了色诱与倭建命的关联。

在《本朝水浒传》中，武鹿的女装唤起了人们对英雄倭建命的记忆，象征着他继承了倭建命的智勇。同样是智取，毫无色诱属性的武鹿的女装与专用于色诱的杨贵妃的"女色"形成了对比，固化了在对敌过程中男性和女性的不同"功能"。

《本朝水浒传》之后至江户末期为止，倭建命女装故事没有再演变出新的版本，但《日本武尊吾妻鉴》和《本朝水浒传》所推进的智勇破敌的女装男英雄形象则被其后的作品所继承，如《南总里见八犬传》（1827）中的犬坂毛野、《白缝谭》（1854）中的岛田秋作等英雄人物都曾身着女装奇袭敌人，《三人吉三廓初买》（1860）中的嬢吉三等义盗也以女装形象出现。在这些19世纪的小说和戏剧中，男主人公以女装隐藏身份，在关键时刻显示出男性本色，女装是凸显他们智勇的重要设定。与此同时，以美色诱杀男性的女强盗等"恶女"形象也在江户后期的小说戏剧中流行开来，倭建命女装传说中被剥离的"女色诱敌"属性，最终固化到了女性人物身上。

结　语

日本古典文学频频出现的女装男英雄形象与中国古代的女装男性形象截然不同，但这一文学传统的起源和发展都与中国文化有着密切的关系。上代倭建命女装传说对中国兵法思想的借鉴和吸收奠定了日本古代女装男英雄形象中"智勇"要素的基础，中世杨贵妃红颜祸国传说的传播促使倭建命女装传说再次发展，"智勇"要素与"女色"要素分离，女装成为凸显英雄智勇的典型情节，带来了江户后期女装男英雄故事的流行。

中世末期倭建命女装传说以热田明神转世杨贵妃故事的形式再次进入文学叙事以来，倭建命女装的"女色"要素便被分配给了女性角色，这种色诱功能的女性专属倾向是男权伦理对女性异化的体现。日本文学中的女装男英雄故事没有将女装视作怯懦无能的表现，这看似是日本性别文化对女性包容性的体现，但实际上女装男英雄文学传统的形成过程伴随着女性异化程度的加深，体现了女性歧视观在日本文化中的渗透过程。

平家盛衰的中世贵族文化遗产

——以小松一门的和歌活动为中心

匙可佳*

【内容提要】12 世纪的平安时代末期，平氏政权曾短暂地活跃于历史舞台。以《平家物语》为代表的一系列"平家故事"通过对盛极而衰的平家一门的描写，传递出"骄奢者必不长久"的无常观，对日本文化产生了深远的影响。然而，在这些"平家故事"中登场的平家成员，其形象经过后代多次改写和润色，逐渐成为与原本的历史人物相分离的艺术符号。而回到历史现场，考察平家成员的活动对当时的文化产生的直接和间接影响，则仍有进一步研究的余地。本文拟以小松一门的和歌活动为切入点，管窥贵族化的平家一门对中世社会转换期贵族文化的接受和影响，探讨平家盛衰的真实历史如何渗透到后世的文化遗产之中。在得出结论的基础上，本文尝试对《平家物语》中小松一门人物形象的成因做出初步推论，探讨小松一门作为真实历史人物的形象侧面如何对后世的创作和虚构产生潜在的影响。

【关键词】小松一门　平氏政权　《平家物语》　中世和歌　平资盛

---

* 匙可佳，北京大学外国语学院日语系 2021 级硕士研究生。

一　平氏政权时期的歌坛背景与小松一门所在的文化空间

若将六条天皇向平重盛下达治安警察权委任的仁安二年（1167）[1]前后视作平氏政权的开端，而将平氏一门离京的寿永二年（1183）视作其终结，可对约 15 年的平氏政权下的歌坛状况做一简要的考察。

历经保元以来的动乱，平安贵族文化赖以生存的土壤遭到严重破坏。在此期间虽诞生了《治承三十六人歌合》等一定数量的和歌，整个和歌史上的一流作者藤原俊成和西行也各自步入其创作的成熟期，但作为一种集团性艺术活动的和歌创作，总体而言，与稍前的崇德院时期和此后的后鸟羽院政下的新古今时代相比，不得不将这一时期称为两个高峰之间的低谷。即使将平家活跃于政局的上限推至更早的平治之乱后的永历元年（1160），至元历二年（1185）平家覆灭于坛之浦战役的二十五年中，也并未有一部敕撰和歌集完成。距离其最近的是完成于仁平二年（1152）的《词花和歌集》和完成于文治四年（1188）的《千载和歌集》，而后者的编撰诏令恰好颁布于平氏政权崩坏前夕的寿永二年（1183）。

与政局的变动相比，文学史的变迁往往稍微滞后。在经历了中世转换期翻天覆地的大变动后，原本走向没落的贵族文化忽然迎来了绚烂的新古今时代，和歌这一传统文艺走向一个崭新高潮，其中当然包含了对平氏政权时期文化遗产的继承。在日后开创了新古今时代的著名歌人中，将平家离京的寿永二年（1183）时在世者的年龄由长及幼举例如下：

藤原俊成 70 岁，西行 66 岁，寂莲 45 岁，式子内亲王 35 岁，慈圆 29 岁，藤原家隆 26 岁，藤原定家 22 岁，藤原良经 15 岁，藤原俊成女 13 岁，后鸟羽天皇 4 岁。

---

[1]　元木泰雄『平清盛と後白河院』、角川選書、2012 年、第 75~79 頁。

可以发现，新古今时代歌人多为平家全盛时代的亲历者。而后鸟羽院歌坛最为耀眼的歌人定家、家隆、良经三人，均在平家盛衰的历史中度过了青少年时代，亦是创作意识确立和歌风形成的关键时期。而其父辈俊成、光隆、兼实自身即与平氏政权下的政局保持着密切关联（三人均在《平家物语》中登场）。不难想象，后日新古今时代新风的开创者，或多或少地继承了一份来自青春时代的"平家记忆"。

平家一门作为相当程度上贵族化的武士，在公事和私人关系中均与当时的贵族社会保持了紧密的联系。从文化活动的角度上，可以说在平氏政权时期，一些重要的平家一门的成员与当时贵族文化的中心人物在相当大程度上共享同一个文化空间。为了说明这一点，笔者梳理了以当时歌坛核心人物藤原俊成为中心，小松一门的主要成员（平重盛及其长子维盛、次子资盛、三子清经）所拥有的人际网络，并说明这一人物网络所联结的《千载和歌集》与平氏政权灭亡之后的《新古今和歌集》的文化空间。

可以发现，以姻亲关系为主要方式，以小松一门为代表的平家成员与传统贵族社会的核心成员保持着相当紧密的关系，而这一关系客观上促进了平家成员与传统贵族在文化上的交流。如图1所示，平重盛及其长子维盛、三子清经均与出身藤原北家末茂流、时为后白河院近臣的藤原成亲缔结了姻亲关系，而成亲又与当世一流歌人藤原俊成以姻亲关系为基础，保持了密切的往来。可以想象，以院近臣成亲为中间桥梁，小松一门与藤原俊成得以在一定程度上共享同一文化空间。

在姻亲关系之外，另一重隐藏的人物之间的联结，是平家成员与贵族女性之间的恋情关系。在贵族社会中，恋人之间往往伴随着和歌赠答，且赠答对象可以扩大至恋人双方各自的交际人群，恋情关系常常在和歌活动中起着更为重要的作用。后文将要论及，图1右侧所示的平资盛同建礼门院右京大夫之间的恋情，同小松一门的和歌活动有极为密切的联系，并间接促成了后

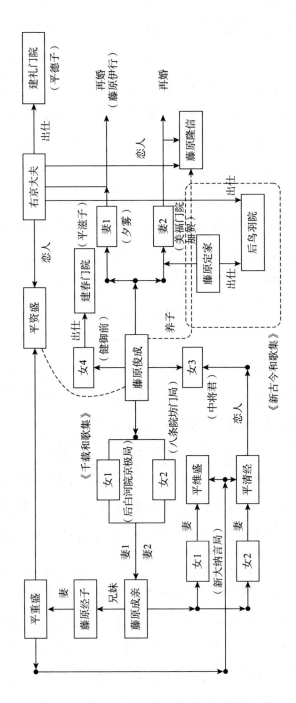

图 1 以藤原俊成为中心的小松一门人物关系

世一系列和歌集中"平家记忆"的形成。此处希望通过图示，直观地展示以藤原俊成为中心，小松一门与传统贵族共享的文化空间的存在。

二 小松一门的和歌活动 —— 歌合的举办与日常生活中的和歌往来

在这一节中，我们简要梳理小松一门的和歌活动。小松一门成员除资盛外现存和歌作品似不多见，且均未单独结集，其和歌活动大多以歌合的举办以及与其他歌人进行赠答的方式存在。明确由小松一门成员主办的和歌活动有以下几次：

> 治承三年（1179）七月以前，小松内大臣家歌合
>
> 寿永元年（1182），资盛朝臣家歌合
>
> 寿永二年（1183），资盛朝臣家歌合[①]

小松内大臣家歌合在《建礼门院右京大夫集》中有所记载，可以看到小松一门公开的和歌活动中贵族女性活跃的身影。而寿永二年（1183）的资盛朝臣家歌合的参与者中则有时年二十二岁的藤原定家。值得注意的是上述歌合举办的时间，其中小松内大臣家歌合举办时间不详，有学者推断为永安四年（1174）至安元二年（1176）间[②]，此时尚可视作平家的全盛时期，然而进入两次资盛家歌合举办的寿永年间，平氏政权已明显呈现出风雨飘摇之势，而平家一门的军队屡屡败退，仓皇离京逃往西国是在寿永二年（1183）的秋天，亦是在资盛举办第二次歌合的当年。在生命的极限紧迫状态下和歌活动的举办，或可看出小松一门对和歌这一传统贵族风雅文化的热衷与执着。

---

① 谷山茂『新古今集とその歌人』、角川書店、1983 年、第 42~45 頁。

② 久保田淳（校注・訳）『建礼門院右京大夫集』、小学館、1999 年、第 37 頁。

除正式的歌合活动以外，小松一门成员与当时贵族的和歌赠答散见于一些文献，下面试举例加以说明。据传由藤原隆房所作的《平家子弟草纸》一书中，关于资盛等人偶然窥探到心仪女子，希望与之取得联系的场景，有如下描写：

> 素来有好色之心的几人，心想"欲向她们传信，如何是好"。左少将资盛于簪子一端附歌一首道：雪落故园生寒意，遥想居人定寂寥。余人隐蔽起来，遣有盛朝臣前往传达。①

其中有盛为重盛第四子。该书中关于平家子弟游宴等风雅活动还有以下记载：

> 少将资盛弹筝，泰通、维盛吹笛。……众人各自吟唱朗咏、催马乐、今样，共惜夜色将明。②

以上场景均富于贵族生活的风雅趣味，小松一门对和歌的好尚及日常生活姿态由此可见一斑。

三 和歌集中平家的文化遗产 —— 以平资盛为中心

中世以后，随着武士的登场与活跃，传统贵族的政治权力经历了一个不断丧失的过程，其基于政治权威的自我身份认同受到前所未有的动摇和挑战。面临这种危机，贵族寻求自我认同的方式逐渐由政治转向文化，其中最突出

---

① 久松潜一、久保田淳（校注）『建礼門院右京大夫集：付 平家公達草紙』、岩波文庫、1978年、第185頁。
② 久松潜一、久保田淳（校注）『建礼門院右京大夫集：付 平家公達草紙』、岩波文庫、1978年、第180頁。

的着力点无疑是作为传统贵族文化典型的和歌。因此，在中世转换期这一特殊背景下诞生的一系列和歌集中，作者和编撰者敏感的时代意识以含蓄的方式得到呈现，且随着时局的瞬息万变经过了复杂的变迁。在这一过程中，平家的荣华与衰落作为特殊的历史记忆，自然地在和歌集中留下痕迹，并作为一种时代回响被隐晦地继承下来。下文将以平资盛为线索，追溯平家盛衰的记忆在和歌集中的体现，勾勒出这一文化遗产的清晰脉络。

1. 追忆似水年华 ——《建礼门院右京大夫集》

建礼门院右京大夫，藤原伊行之女，其母夕雾为弹筝名家，曾嫁与俊成为妻，后改嫁伊行。右京大夫自承安二年（1172）出仕于时为高仓天皇中宫的建礼门院，并与资盛有过一段恋爱关系。《建礼门院右京大夫集》为其私家集，收录和歌约360首，和歌前往往有较长的序言，故同时具有日记的性质。该集前半作于平氏政权全盛之时，对当时的后宫场景与平家一门成员的活动多有记载；后半作于寿永二年（1183）平家离京之后，以对恋人资盛的追忆为主要线索，基调凄婉动人。其中涉及小松一门人物的描写略举几例：

> 小松内大臣身为大将，直衣带箭，前往中宫御所。其风姿神采，令人难忘。
>
> （维盛）其时虽不过平常的样子，而风采迥异，其警固装束，美丽如插画物语中的人物。
>
> 那身着枯野狩衣，苏芳色衣，紫色指贯之人（资盛），忽然开门直入，其姿态不似我这般暗淡，而颇为清新秀美。
>
> 清经中将对这位中将君暗生情愫，却不多久，听说其又移情于宫中另一位侍女。[1]

---

[1] 久保田淳（校注·訳）『建礼門院右京大夫集』、小学館、1999年、第19、38、45、62~63頁。

在右京大夫笔下，小松一门众人多以这样雅致美好、富于贵族趣味的姿态出现，可看出传统贵族女性视角下小松一门的人物侧面。而该和歌集更有特色的地方在于平家离京之后，右京大夫对昔日恋人资盛的沉痛哀婉的追忆，此处引用较长一段如下：

> 彼时世间骚动，人人惶恐，那人（资盛）身居藏人头之职，少有闲暇，身边人亦以为见面不宜，予以告诫，故我们的相会较以往更加谨慎地避人眼光。即使是这般犹豫之下的会面，那人也总是重复这样的话语："世间纷乱至此，我亦将赴黄泉之路。既然如此，不知你也会为我感到些许悲悯吗？即便你感受不到，凭你我交往日久的深切情谊，也请为我祈祷后生冥福。假使我如今仍得以片刻存活于世，亦下定决心，今日之我已非昨日之我。而若仍对过去人事怀眷恋之情，则一旦想起，无限思绪总难断绝，如此心念柔弱，又当如何是好。故决心彻底舍弃前尘，无论流落到天涯海角，都绝不往故人处寄信传达心意。因此我不寄信给你，也勿要以为是我起了轻慢浮浪之心。人间万事今非昔，却偶然一念之间，仍作旧时心绪，诚可哀哉。"如此言语，虽觉道理如此，却悲痛之极不知如何回应，唯有泪水无尽。……
>
> 眼见往古未有之悲，而犹流连世上，此身亦可愁。[①]

作为承载着平家盛衰记忆的作品，《建礼门院右京大夫集》至少有以下三点关键意义。第一，对于一度处在政治中心的平家一门，该集从贵族传统女性的角度予以描写，展现了与公卿日记、军记物语等均有所不同的一个侧面。通过建礼门院的主从关系、与资盛的恋人关系，右京大夫得以深入平家尤其是小松一门日常活动的文化空间内部，将其私人化和贵族化的一面鲜明

---

① 久保田淳（校注·訳）『建礼門院右京大夫集』、小学館、1999 年、第 99~101 頁。

地呈现出来，对中世转换期平氏政权下的文化生态有生动展现。第二，《建礼门院右京大夫集》一定程度上标志着平安时代以来女流日记与和歌物语的文学传统在中世的复兴。该集一方面与《蜻蛉日记》以来的女流文学遥相呼应，另一方面与《建春门院中纳言日记》《不问自语》等共同构成了镰仓时代的后宫贵族女性文学系统，展现出平安时代贵族文化至中世依然未曾断绝的脉络。第三，平家灭亡之后，沉湎于回忆之中进行创作的右京大夫，与其置身的时代产生精神上主动的疏远与背离，执着于追寻逝去的时光。这种与时代的疏离，导致了在时代中心之外新的精神世界和抒情空间的开拓，而具有这种身份认同的和歌作者的出现，是中世崭新的文化现象之一。

2. 自相矛盾的开场与收场 ——《千载和歌集》

《千载和歌集》是第七部敕撰和歌集，编撰者藤原俊成。由后白河院于寿永二年（1183）下达编撰的院宣，在五年后的文治四年完成上奏。而将院宣传达给编撰者俊成的，正是时任头中将的资盛。后白河院自身作为今样集《梁尘秘抄》的编撰者，以热爱今样著称，对和歌的关心程度则远不及今样，传世歌作的数量和质量均不足称道。而资盛对和歌抱有浓厚兴趣，且身为院近臣，故有研究者认为，《千载和歌集》编撰的提议本身，很可能就来自资盛向后白河院的谏言。[1]

另外，值得注意的是《千载和歌集》编撰开始和完成的时间。元历二年（1185）的坛之浦战役中，平氏灭亡，而此时正处于《千载和歌集》的编撰过程中。在这一特殊历史背景下编撰而成的《千载和歌集》，注定包含十分复杂的政治意图。然而由于其编撰开始与完成时刻政治局面的巨大变动，其政治意图也出现了矛盾与分裂之处，并从结果上对平家带来的文化遗产进行了隐秘的保存。

谷山茂先生在其著作《千载和歌集及其周边》中指出[2]，《千载和歌集》

---

① 五味文彦『藤原定家の時代—中世文化の空間—』、岩波新書、1991 年、第 79~80 頁。

② 谷山茂『千載和歌集とその周辺』、角川書店、1982 年、第 21~36 頁。

编撰的院宣下达之初，至少包含以下政治用意。第一，对崇德院怨灵的和歌供养。崇德院于保元之乱后被流放赞岐，含怨而死，而治承、寿永年间席卷全国的骚动和灾异被认为是其怨灵作祟的结果。崇德院生前雅好和歌，曾下旨编撰《词花集》，故以和歌对其进行供养，从而平息动乱的政治意图自然地包含在《千载和歌集》之中。第二，对平家怀柔政策的一环。诸国源氏举兵逼近京城时，平氏一门曾展现出死守京城与之决一死战的决心。而在皇室和贵族的朝廷一方看来，这种将京城化作战场的局面是必须避免的巨大灾难。在这种局面下，当务之急是缓和消解平家一门的战意，使其耽溺于文艺活动便是这样的怀柔政策的一环。这一政策取得成功的同时，客观上促进了平家歌坛的形成。第三，面向贵族的文学传统尊崇姿态。如本文开头所述，在传统贵族的政治权力逐渐失落的中世转换期，文学传统开始代替世俗权力成为贵族自我身份认同的重要基础。在治承、寿永的乱世中，京都贵族失去左右政局的能力，此时这一借助传统文艺的自我确立的诉求变得前所未有的紧迫。不难想象，后白河院在动荡时局中下诏编撰《千载和歌集》，其中包含了一部分面对传统贵族诉求的回应。需要指出的是，此时已经高度贵族化的平氏一门自身即相当大程度上汇入这些传统贵族的集团之中。与平氏一门所处境遇变化的紧密关联，是上述三重意图内在的一致性。

伴随着坛之浦战役中平氏的覆亡，《千载和歌集》完成时的政治局面与编撰开始时截然不同，原本的编撰意图也失去了其存在的基础，呈现出编撰结果与目的的矛盾与分裂。其中最典型的，便是资盛等曾经积极参与《千载和歌集》编撰事业的核心成员，在编撰完成时已经成为新的政治局面下所定义的"朝敌"，因此在《千载和歌集》时期形成的平家歌坛，反而不能被光明正大地收录在敕撰歌集之中。然而，作为昔日的同僚和歌坛交流者，无论出自官方意志还是私人感情，《千载和歌集》的集团成员对消逝的平家一门都抱有一定的同情追悼之情，使得《千载和歌集》最终包含了抚慰平家灵魂的意味。《平家物语》中平忠度离京之前返回拜访和歌恩师藤原俊成，交付歌稿并希望来日将自己的歌作收入敕撰集中，最终俊成不负所托将之收入《千载和歌集》，却顾忌忠度朝敌之身，将其作品列入"无名氏"的著名故事[1]，就是《千载和歌集》中这一复杂意图的高度概括。《千载和歌集》中隐含的对平家的追悼意图，可看作敕撰和歌集中"平家记忆"生成的初步阶段。

3. 定家的"平家记忆"——从《新古今和歌集》到《新敕撰和歌集》

第八部敕撰和歌集《新古今和歌集》由后鸟羽院下诏编纂，编撰者藤原定家等五人，于元久元年（1205）完成上奏。《新古今和歌集》以其唯美、富于绘画和象征性的歌风在后代享有很高评价，标志着和歌这一传统贵族文艺在中世最后一个绚烂的高潮。其时京都朝廷浓厚绚丽的文化氛围成为诞生这一艺术珍品的土壤，作为新古今时代为后世所讴歌。这一时代与平氏政权全盛期相去未远，亲历者尚存，而在平安时代后期逐步走向颓废没落的贵族文化在中世转换期的勃然复兴，其中不可能没有刚刚逝去的平家时代文化遗产的继承。《新古今和歌集》编撰者之一、新古今时代的代表歌人定家的少年时代即在平家的全盛期度过，如前文关系图所示，其姊健御前曾出仕于建春门院平滋子，作有《建春门院中纳言日记》，对当时华美的宫廷氛围多所记载。而定家的日记《明月记》中曾有如下记述：

> 今夜新院御佛名，欲参之间，庭训制止及勘当，仍不参，不知其故。[2]

这段日记写于治承四年（1180）十二月，高仓院政下的平家全盛时代，其时定家十九岁。这段内容说的是，高仓院的宫廷中举办佛名仪式，定家也想参与其中，却被父亲俊成制止，不得前往，但不知晓原因。俊成是否已经

---

[1] 市古贞次（校注·訳）『平家物語』(2)、小学館、1973 年、第 74~77 頁。

[2] 『明月記』治承四年十二月廿四日条。藤原定家『明月記·第一』、国書刊行会、1911 年、第 8 頁。

敏锐察觉到高仓院与平家的治世即将瓦解，包含了怎样阻止儿子参与其中的苦心不得而知，但年轻的定家不能理解其缘由的困惑和无奈则显而易见。可以想象，定家年轻时对高仓院宫廷华美气氛的倾慕，将作为记忆延续到后鸟羽院的治世之中。其倾慕之深切，在《明月记》中对高仓院驾崩消息的记载也可略窥一二：

> 未明巷说云，新院已御崩，依庭训不快，日来不出仕，今闻此事，心肝如摧。文王已没，嗟乎悲矣。[1]

对年轻的定家而言，高仓院的驾崩无疑标志着一个时代的终结，而接下来世间陷入漫长的战乱，传统贵族社会一切既成的秩序走向崩坏和堕落的年代，定家流露出投身于文艺世界的决心：

> 世上乱逆追讨虽满耳不注之，红旗征戎非吾事。[2]

这句《明月记》中最为人所知的文字作于治承四年（1180）九月，其时维盛担任东国追讨军总大将，很快败走富士川。《明月记》的早期记述大多散佚，从上述所引诸条可隐约勾勒出平氏由盛转衰时期年轻定家的心路历程，即从对时代风雅的倾慕，到在风雅消逝的乱世中坚守文艺阵地的决心。此外，值得一提的是，这一最终成就了时代伟大歌人的决心贯穿了定家的人生始终。承久三年（1221）五月，华美的新古今时代宣告终焉的大动乱中，六十岁的定家于《后撰和歌集》的跋文中写下这样的文字：

---

[1] 『明月記』治承五年正月十四日条。藤原定家『明月記·第一』、国書刊行会、1911年、第9頁。
[2] 『明月記』治承四年九月条。藤原定家『明月記·第一』、国書刊行会、1911年、第6頁。

　　如微臣者，红旗征戎非吾事。独卧私庐，暂扶病身，悲矣。①

　　时隔四十年，"红旗征戎非吾事"的词句再一次出现，足见这一确立于源平争乱期的歌人孤高的自我意识和艺术态度的贯彻。

　　将平家记忆携带到新古今时代的还有上文提到的资盛昔日的恋人、建礼门院右京大夫。右京大夫在平家覆亡后重新出仕于后鸟羽院的宫廷，并与以定家为代表的歌人保持了一定的交流往来。

　　第九部敕撰和歌集《新敕撰和歌集》由后堀河天皇下诏，定家单独编撰而成。在《新敕撰和歌集》的编撰过程中，为了搜集和歌，定家曾给右京大夫写信，请求其歌作。二人间书信往来如下：

　　　　在我老去之后，民部卿定家为了编撰歌集而搜集和歌，写信给我，问道："可有留下什么作品吗？"我这样的人竟然能被想起，这简单的询问已自教人感激，信中又问道："是用何时的名字来署名呢？"其思虑关切之深，倍加令人感动。我只觉那遥远逝去的光阴使人难以忘怀，遂回信道："请还用我当年的名号。"
　　　　若只言片语，散落人世，则愿往昔眷恋之名长存。
　　　　定家返歌：
　　　　君既恋往昔，且将往昔之名，长留后世。②

　　这段内容说的是定家在编撰《新敕撰和歌集》时，因署名问题写信给右京大夫，询问其希望采用后来出仕后鸟羽院时的名号，还是昔日侍奉建礼门院时的名号。右京大夫深为感动，并答复愿意采用过去之名，而定家亦予以深切理解。

---

① 久保田淳『藤原定家とその時代』、岩波書店、1994 年、第 252 頁。
② 久保田淳（校注·訳）『建礼門院右京大夫集』、小学館、1999 年、第 162~163 頁。

后堀河天皇发出《新敕撰和歌集》编撰诏令的贞永元年（1232），距平家灭亡已四十七年之久。五十年前的平家全盛时代出仕建礼门院的岁月，以及与资盛短暂而充满波折的恋情，于晚年的右京大夫是不曾褪色的记忆。而为定家所共享的"平家记忆"，成为贯穿从《新古今和歌集》到《新敕撰和歌集》时代的隐藏文化遗产，对中世初期和歌这一传统贵族文艺的复兴有潜在的影响和推动作用。《新敕撰和歌集》所收右京大夫和资盛的和歌各举一例如下：

昔高仓院治世，有人言欲赏藤壶红叶，故结红叶以赠之。

枝上光风转，清平如此世，且看未落红叶色。杂歌一建礼门院右京大夫

连绵五月雨，纷纷珠玉落茅檐。夏歌 前右近中将资盛[①]

4. 误读与哀伤歌中的历史记忆 ——《玉叶和歌集》

《玉叶和歌集》是完成于正和元年（1312）的敕撰和歌集，编撰者京极为兼。成于镰仓后期的《玉叶和歌集》距平家全盛期已较为遥远，编撰集团中不再包含平家盛衰的亲历者本人。《玉叶和歌集》中值得注意的现象主要有以下两点。

一是将藤原隆信的作品系于资盛名下的误读。隆信为中世初期歌人和画家，曾为俊成养子。前文述及的建礼门院右京大夫，同资盛保持恋情的同时，与隆信曾有过短暂的交往，并留有赠答的和歌。《玉叶和歌集》恋三中作为资盛作品收录有如下和歌：

心间袖上遗香满，何事独留密约向枕边。[②]

---

① 『二十一代集·第5』、太洋社、1925 年、第 21, 139 頁。
② 『二十一代集·第7』、太洋社、1925 年、第 198 頁。

据《建礼门院右京大夫集》《隆信家集》等，这一作品实为隆信的作品①，而相同的情形尚有数例。这固然来自右京大夫与资盛的悲剧恋情故事影响下编撰者先入为主的谬误，更值得注意的是，这一误读充分表明，此时资盛的人物形象已经与传统贵族社会的价值观念与审美高度契合，以至于将描述隆信这样一个贵族社会"风流人"的典型形象的行为作品，可以直接与资盛进行重合。不难推知，小松一门乃至更大范围内的贵族化的平家成员，在中世贵族社会的历史形象并非富于革新和破坏性的崭新武士价值观的承载者，反而是平安时代以来成熟贵族审美的集中体现。

二是《玉叶和歌集》中一系列以"平家衰亡"为素材的哀伤歌。《玉叶和歌集》选取平家成员及其密切相关者的和歌九首，分为四组，分布于杂歌四的哀伤歌部分中。其中资盛的作品有一首入选，前有简短小序：

> 离京之后，昔日交恋情之女子处来信，言听闻前右近卫中将维盛今已不在人世，感慨万千，愈添愁绪，作歌答复：
> 非生非死穷途日，复闻哀报益可愁。②

一之谷战败之后，平家逃往屋岛驻扎，而维盛大约在此时独自离开平家一门，据传在那智瀑布附近投水自杀。留在屋岛的资盛感叹，自己的性命亦朝夕不保，此时接到兄长的死讯，何其可悲。

这一场景在《平家物语》卷十《三日平氏》中描写如下：

> （维盛的舍人）将其书信呈与其弟新三位中将，资盛道："何其可悲，我曾将兄长视作依靠，他却毫不替我考虑吗？人人以为他同池大纳言一

---

① 久保田淳（校注·訳）『建礼門院右京大夫集』、小学館、1999 年、第 76 頁。
② 『二十一代集·第 7』、太洋社、1925 年、第 302 頁。

样向赖朝投诚，逃回京城了，如今大臣殿和二位尼对我都抱了隔阂戒备之心，却原来是在那智瀑布投水了吗？既然如此，我却不能与兄长共沉于一处，天涯离散各赴黄泉，实在可哀。"……又说："如今亦不知我的性命能流连到几时。"说着将袖子覆在脸上哭泣，情状实在可怜。他与故三位中将长得甚为相似，故眼见此景的众人也不觉泪下。聚于此处的武士们，一时除却悲泣，再无他事。①

描写凄婉动人，而对比《玉叶和歌集》中收录的和歌及小序，读者能够自然地联想起和歌背后平家悲剧场景的存在。《玉叶和歌集》成书的年代，《平家物语》未必具备今日所见的完整形式，而《玉叶和歌集》哀伤歌与后世《平家物语》文本对同一场景的指向性，更可以反映平家悲剧曾以一个超越具体文本的"超文本"形式，存在于当时人的共同想象之中。发端于《建礼门院右京大夫集》和《千载和歌集》的平家盛衰留给和歌史的遗产，在《玉叶和歌集》中得到了完整的呈现。印证这一点的，还有二条派歌论《歌苑连署事书》中对《玉叶和歌集》哀伤歌展开的尖锐批评：

　　其哀伤歌的部分，恰是盲目法师所讲述的平家的物语。②

四　《平家物语》中小松一门人物形象的美化及其动机

中世军记物语的最高杰作《平家物语》塑造了平家一门的艺术形象，其人物印象在后世流传中基本固定下来，并与历史人物的本来面目出现混淆。作为包含一定创作者意图的文学作品，《平家物语》中存在相当比例的虚构，

---

① 市古貞次（校注・訳）『平家物語』(2)、小学館、1973 年、第 318~319 頁。
② 小林守「玉葉和歌集の哀傷歌——雑歌四の平家関連の歌を中心に」、『文芸研究』、第 75 巻、1996 年 2 月、第 129~148 頁。

而其中对小松一门人物形象的美化，已基本成为学界共识。基于真实史料的对比，梳理《平家物语》中对小松一门人物虚构之处的研究成果已经比较充分，而本文的最后拟对《平家物语》中对小松一门的虚构和美化方法进行简要归纳，并基于前文所得到的结论，对作者在这一美化中可能包含的创作动机进行简单的探究。

作为淋漓尽致地展现武士风貌的作品，对于战场上的武士形象，《平家物语》基本给予了生动描写和评价，而对于怯懦贪生的人物，则多加以负面评价。基于这一评价标准，小松一门的人物形象无疑在整部《平家物语》中属于特异的存在。在物语所覆盖的历史时段，小松一门并无值得特别赞颂的军事实绩，而富士川之战中维盛的表现、平家离京后清经自尽、维盛独自脱离阵地的行为，依据上述武士风貌的评价标准无疑是相当负面的一面，殿下乘合事件中资盛的行为更是引发了被称为"平家恶行的开端"的严重后果。就人物活动的积极性而言，与为世俗欲望所驱使不惜行悖逆之事的平清盛、木曾义仲等人，以及英勇奋战希望扬名后世的平知盛、斋藤实盛等人相比，《平家物语》中小松一门的形象又有消极甚至柔弱的一面。维盛和清经以自尽逃避战斗的行为自不待言，重盛预感家门覆亡而拒绝医治一心求死、资盛接到维盛死讯时失去战斗意志的绝望叹息，均是其例。

然而，与小松一门战绩的匮乏和性格上的消极不符的是，《平家物语》的作者在其人物形象塑造上展示了相当程度的宽容和美化。作者的美化手法主要体现在如下两个方面。其一，对历史上的人物行为加以一定的虚构来体现作者所推崇的道德观念。这一点在重盛的形象塑造上体现得最为明显。作者赋予其完美的儒家道德和一定的预知能力，而其行动几乎不受个人世俗欲望的支配，呈现出一种作者理想观念的人格化。其二，在基本遵照史实的前提下弱化对人物行为的道德和理性批判，而借用浓厚的抒情氛围，赋予人物悲剧性的美感。这一点在维盛的形象塑造上最为突出。维盛作为富士川和俱利伽罗峠战役的指挥者，其两次溃败成为平家灭亡命运的重要诱因。然而《平家物语》中对维盛形象塑造的着力点却不在其具体行动的客观评判,而是运用心理描写、借景抒情、今昔对比等手法,赋予维盛形象浓厚的抒情色彩。构成《平家物语》核心思想的"无常观"也在维盛"美好而无力,富于悲剧性和宿命感"的形象上得到寄寓。如卷十《熊野参诣》中的描写:

> 那是曾被人说像深山中绽放的樱梅一样的人啊。……如今憔悴至此,当初可曾想到啊。虽说时移事异乃是人世的常态,却到底惹人无限感伤。①

"时移事异乃是人世的常态"中正渗透着贯穿《平家物语》和整个中世文化史的无常观,而通过维盛境况的今昔对比生出的感叹,显得格外深切感人。

作者在小松一门的人物形象上寄托了道德理想和无常观,这正是《平家物语》中小松一门形象的美化动机所在。那么作者为什么选择了小松一门进行这样的美化呢?综合前文得到的结论,笔者认为,正是由于在平家成员之中,小松一门在政治和文化空间上均与贵族社会有很高的融合程度,其性情气质与传统贵族社会的价值观更为相符,附加在其人物形象上的观念较易为读者所接受。换言之,《平家物语》在表现不同于以往的中世崭新价值观时,并非采取"古代 - 中世""贵族 - 武士"等二元对立、新旧冲突的方式,而是力求与贵族传统观念相互融合,在传统贵族社会所推崇的风雅美好气质与作者试图宣扬的儒家道德、无常观之间,谋求一种平稳的过渡。而在贵族和武士社会两方均占据重要位置的小松一门,是这一过渡非常合适的载体。

关于京都贵族与小松一门相对亲近的关系,前文在介绍文化空间与和歌

---

① 市古贞次(校注・訳)『平家物語』(2)、小学館、1973 年、第 311 頁。

活动时已稍微涉及，此处再补充几则出自贵族之手的可信度较高的史料，用以说明贵族社会视角下小松一门的基本形象侧面。

此小松内府，性情端正，闻父入道有谋反之心，尝言"唯期速死"。（《愚管抄》）①

（重盛）戴着武官的帽子，身着夏季的直衣，轻薄清凉……使人觉得近卫府大将仪态就该如此。其姿容至为清秀端丽，神态从容自若，实则对周遭之人多所关怀。（《平家子弟草纸》）②

权亮维盛虽年少十四，作法优美，人人感叹。（《玉叶》）③

那时权亮少将维盛出场……姿容神采，映照四周，观者皆为惊叹。其风流卓绝，又给人亲近之感，竟与其插于鬓间的樱花无异。（《安元御贺记》）④

（后白河）院于柿叶书心经千卷供养，纳俵十二，入东海西海。是依资盛朝臣梦想也。（《百炼抄》）⑤

重盛和维盛礼仪端正、姿容美好等特质，受到传统贵族社会的高度褒扬。而最后一条后白河院依据资盛所做的梦主持抄经供养的记述，亦可管窥当时小松一门在院和贵族之间所受重视的程度。最后，论及《平家物语》作者时必然引用的是《徒然草》中的一段内容：

---

① 経済雑誌社（編）『国史大系・第十四巻 百錬抄 愚管抄 元亨釈書』、経済雑誌社、1897～1901 年、第 516 頁。

② 久松潜一・久保田淳（校注）『建礼門院右京大夫集：付 平家公達草紙』、岩波文庫、1978 年、第 185 頁。

③ 『玉葉』承安二年二月十二日条。藤原兼実『玉葉・第一』、国書刊行会、1906～1907 年、第 191 頁。

④ 四条隆房『安元御賀記』。『群書類従 第二十九輯 雑部 巻 529』、第 709 頁。

⑤ 『百錬抄』養和元年十月十一日条。経済雑誌社（編）『国史大系．第十四巻 百錬抄 愚管抄 元亨釈書』、経済雑誌社、1897～1901 年、第 516 頁。

　　此行长入道，作平家物语，教给名为生佛的盲目法师，使其传唱。……
关于武士和弓马之事，是生佛托东国之人，向武士询问后写下来的。①

　　《徒然草》这段记述的可靠性不得而知，而此处希望关注的是在《徒然草》
成书的 15 世纪，《平家物语》出自藤原行长这样的贵族之手的学说可以被
广泛接受这一事实。换言之，关于武士生活的具体细节需要通过生佛向东国
的取材补充，而物语整体的思想背景则与一般印象中的传统贵族的共通观念
并无龃龉之处。这间接地反映了《平家物语》在附加作者新的道德观念的同时，
与传统贵族社会思想之间充分融合与平缓过渡的创作理念。

结　语

　　本文以小松一门的和歌活动为线索，对作为真实历史人物的平家成员所
处的文化空间做了刻画。在基于姻亲关系、恋人关系、主从关系形成的人物
关系网络中，平家全盛期的小松一门与传统贵族社会高度融合，并在和歌为
中心的贵族文化活动中表现出一定的活跃程度。而贵族化的平氏政权下的宫
廷文化氛围，给予平安时代以来成熟而逐渐走向衰落的传统贵族文化新的刺
激，间接地影响了一批日后活跃于中世初期的杰出歌人，对新古今时代和歌
这一传统文艺的蓬勃复兴产生了一定影响。
　　历时约 15 年的短暂平氏政权覆灭之后，一部分平家盛衰的亲历者继续活
跃于新的文坛上，他们或多或少地携带了一份"平家记忆"，并有意识或无
意识地将之在自身的文艺活动中呈现出来，最终形成了一份贯穿于中世贵族
文化史的"平家盛衰的文化遗产"。本文以小松一门成员平资盛为线索，对
中世的若干部和歌集进行了梳理，分析了不同编撰年代和编撰立场的和歌集

---

① 神田秀夫、永積安明、安良岡康作（校注·訳）『方丈記 徒然草 正法眼蔵随聞記 歎異抄』、
　小学館、1995 年、第 257 頁。

中所体现的平家盛衰的文化遗产的不同侧面。从与资盛有过恋人关系的右京大夫的私家集《建礼门院右京大夫》开始，到成书于镰仓后期的《玉叶和歌集》为止，展示了这一文化遗产的变迁和形成过程。

最后，本文简要探讨了《平家物语》中对小松一门人物形象的美化，并对其美化方式和动机进行了探究。《平家物语》在寄托作者本人的道德观和物语的核心命题无常观的同时，注重与传统贵族价值观的折衷与调和。平家成员中处于贵族社会中心并热衷于文化活动的小松一门①，与贵族审美标准有相当大程度的吻合，是寄托作者观念的良好载体。而以小松一门为代表的平家成员与传统贵族价值观的高度融合，也是文化活动者的"平家记忆"得以容易地生成和传承，进而是中世平家的贵族文化遗产的重要原因。

---

① 本文主要关注小松家以和歌为中心的文化活动。关于朝廷政治礼仪方面，重盛与其他平氏成员相比占据格外核心的位置，参见前田英之「平重盛と朝廷儀礼」、『梅花女子大学文化表現学部紀要』、第 12 号、2016 年 3 月、第 40~57 頁。

中国百年的日本美术研究 *

程　茜 **

【内容提要】近代中国从清朝末年起开始了对日本美术的关注，但较为系统化的研究则起步于民国初年。日本美术作为世界美术中东方美术的一个分支、日本学研究的一个重要组成部分，这么早就受到关注和研究，在中国学术史形成历程中是比较特殊的现象。根据社会环境、发展程度和特点，可把近现代日本美术研究划分为四个阶段：第一个阶段是 1912 年至 1949 年，即对日本美术研究的初步形成期；第二个阶段是 1949 年至 1978 年，不仅是中国整个美术研究的低潮期，也是日本美术研究的低潮期；第三个阶段是 1978 年至 1999 年，整个学术界进入复兴发展阶段，日本美术研究也乘着这一东风进入复苏期；第四个阶段是 2000 年到现在，是日本美术研究多元化发展的高潮期。

【关键词】日本美术研究

---

　　*　　本文为国家社科基金后期资助项目（20FYSB034）的阶段性研究成果，项目主持人：程茜。
　　**　　程茜，北京师范大学外国语言文学学院副教授。

近代中国从清朝末年起开始了对日本美术的关注，但较为系统化的研究则起步于民国初年。日本美术作为世界美术中东方美术的一个分支，作为日本学研究的一个重要组成部分，这么早就受到关注和研究，在中国学术史形成历程中是比较特殊的现象。根据社会环境、发展程度和特点，可把近现代日本美术研究划分为四个阶段。

一 第一阶段（1912~1949）

1912年民国元年到1949年中华人民共和国成立这段时间为第一阶段。这一时期大师辈出，东西方文化兼容并蓄，在理论和技术层面为我国近现代美术研究和发展打下了基础，我国近代美术学科体系逐步形成。这一阶段同样也是日本美术研究的初步形成期。

中国近代对日本美术的关注与建设近代国家的脚步是一致的。一方面，日本在经历了明治维新后一跃成为新兴的资本主义强国，中国开始通过学习日本来了解学习西方的先进制度及技术，构建近代美术教育制度也是其中重要一环。许多日本学者的研究成果被译介到中国，这些成果给尚在学术起步阶段的中国学者很大帮助，为其建立学术体系和开展研究提供了现成的范式和可资参考的资料。尽管中国学者关心的对象更偏重西方，但在吸收日本学界美术研究成果书写世界及中国美术史的同时，不可避免地对日本美术有了初步关注。另一方面，在漫长的中日文化交流中，日本美术多受中国美术滋养，清末民初众多文化名人有日本留学的经历，也容易对日本美学产生共鸣，从中汲取养料；通过日本这扇窗口了解西方美术，从而加深对东西方美术的认识。无论出于对西方的向往，还是意图构建中国美术，日本美术是一个媒介、一面镜子。因此，对日本近代美术教育制度、展览制度、工艺的考察是学者们的时代任务。

康有为是民国初期最早提出"美术革命"的先驱人物，在戊戌变法失败后逃亡日本、游历欧美,认为中国画亦当变法,把日本画坛的变革作为楷模来看待。[①] 在康有为的影响下,近代美术理论家、教育家、画家徐悲鸿曾在 1917 年 5 月至 11 月赴日游学,在这半年内正好赶上了日本"第十一次文部省展览会"。他应上海《时报》邀请,在日期间完成了《日本文展》一文,回国后发表在 1918 年 1 月 4 日发行的《时报》上。该文约三千字,交代了此行的目的,介绍了文展制度、运营、展览内外各种见闻,介绍了文展中的各类作品,包括日本画 29 幅、西洋画 3 幅、雕塑 1 件,评价褒贬不一,反映了他早年对东西方、中日美术的思考,这段经历对他的艺术观的形成也有着重要意义。[②]

刘海粟,上海早期海派艺术开创者之一,书画家,艺术教育家。刘海粟在日本画家石井柏亭的鼓动下,决定"以日本做考察世界美术的出发点",了解日本的民众艺术运动,于 1919 年 9 月至 10 月赴日考察,出席了"日本帝国美术院第一回展览会"的开幕式,回国后他把自己考察日本美术的见闻和感想整理为《日本新美术的新印象》,于民国十年(1921)五月由商务印书馆第一次出版,以期借它"来唤起国人的注意"。该书内容包括"日本美术展览会的鸟瞰"和"日本的美术教育"两个部分,强调了两个"新",主要体现在明治维新以后的日本新制度下的美术展览和美术教育上。日本美术研究者刘晓路指出:"在刘海粟以前还没有人对日本美术尤其是当代日本美术做过如此全面而深入的研究和介绍。因此,《日本新美术的新印象》是中国有史以来系统研究日本美术的奠基作。"[③]

---

① 参考郑工《中国画学"正宗"论——传统的认定与批判之一》,《福建艺术》2006 年第 1 期。康有为曾于 1917 年手书的《万木草堂藏画目》序言中写下自己对历代中国画的观点,并指出中国近世画衰败的原因在于画论之谬,即对文人画的一味推崇和对匠笔的排斥,发出感慨:"其遗余二三名宿,摹写四王、二石之糟粕,枯笔数年,味同嚼蜡,岂复能传后,以与今欧美、日本竞胜哉?"

② 参考华天雪《日本"观光"之旅:以对徐悲鸿〈日本文展〉的解读为中心》,《中国美术》2018 年第 4 期。

③ 刘晓路:《研究日本,意在中国——重读刘海粟〈日本新美术的新印象〉》,《刘海粟研究》,上海画报出版社,2000,第 143 页。

　　傅芸子，1932 年起开始在日本京都帝国大学执教十年，其间得到特许多次参观正仓院，撰成《正仓院考古记》，刊于《国闻周报》，后成书出版。正仓院，位于奈良市东大寺内，是历代皇室珍藏器物的仓库。傅芸子对其内藏中国隋唐时代的珍宝做了详尽的记录和考证。自序中言："日本奈良朝以来，吸取中国文化别为日本特有风调之制品，并觉其优秀绝伦，为之叹赏不止。于是以知正仓院之特殊性，固不仅显示有唐文物之盛，而中日文化交流所形成之优越性又于以窥见焉。"[1] 周作人也在序中给予高度评价："记录考证，备极详明，辅以多数图像，有益于吾国学子者极大。"[2] 正仓院所珍藏的古物包括大量唐代东渡的文物珍品，大部分在中国已佚，此书是首部中国学人研究正仓院的专著，在考察唐代历史文化、工艺美术史以及中日文化交流史方面均有较高的参考价值。傅抱石于 1935 年撰《日本工艺美术之几点报告》（发表于《日本评论》第 6 卷第 4 期，1935 年 5 月），"对日本的工艺美术从历史、近现代设置与对欧交流等方面进行考察"[3]，旨在建议政府当局仿日本之例，促中国工艺美术之复兴。

　　众多文化名人留下了关于日本文艺的漫谈，近年来也多见关于留日人群的美术活动和美学思想的研究。到日本留学的鲁迅倡导发起的新兴木刻版画运动，是中国革命文艺的一个重要组成部分。鲁迅与日本版画界交往密切，他和周作人收集浮世绘，并留下对日本美术的真知灼见。丰子恺著《艺术漫谈》（人间书屋，1936）收录的《日本的裸体画问题》《谈日本漫画》《漫画艺术的欣赏》等文，探讨了日本的裸体画、漫画观念、漫画艺术发展史及欣赏要点、日本画与中国画的异同。郑振铎在 1940 年 1 月号《良友》上发表《谭中国的版画》，他既指出了西方人推崇浮世绘

艺术价值的事实，也指出了浮世绘版画与中国版画之间的传承关系，并意图通过辑录中国版画"一雪世人忽视我国版画之耻"。尽管这些早期零散的关于日本美术的见解并不构成严密的学术研究，但奠定了近代学者们对日本美术看法的基调。

二　第二阶段（1949~1978）

1949 年到 1978 年，中国的日本美术研究经历了一个低潮期。中日美术交流活动并没有间断，主要集中在版画、工艺交流方面；学术杂志上刊载的为数不多与日本美术界相关的文章，以简讯为主，带有较强烈的革命进步、反帝斗争色彩。

近代版画在革命运动中发挥的积极作用毋庸赘言，版画家李平凡在中日版画交流中做出了突出贡献。李平凡于 1943 年至 1950 年在日期间，克服种种困难把鲁迅时代发展起来的中日版画界的友好交流关系重建起来，向日本介绍中国版画。1950 年 5 月回国后，他致力于向中国介绍日本的版画，在全国各地传授日本水印技法，促进了我国现代水印木刻技术的提高。在 1950 年至 1965 年间，其先后举办日本人民艺术家木刻展、日本木刻展、日本浮世绘木刻展以及日本绘画史观摩会、日本浮世绘版画观摩会、日本创作版画观摩会、日本人民版画观摩会等，共 32 次。经他协助和直接编辑日本版画集近十种。[①] 他持续在专业美术杂志上发表《日本进步版画界的活动》（《美术研究》1954 年 10 月）、《日本举办"中国剪纸展览会"》（《美术》1955 年第 8 期）、《喜见日本版画新作 —— "中国·日本版画交流展览会"观后》（《美术》1964 年第 4 期）等文，展示日本版画发展现状、介绍日本版画作品、报道中日美术界的友好交流活动，保持了中国学术界对

---

① 齐凤阁：《李平凡在中日现代版画交流史上的地位》，《社会科学战线》1988 年第 3 期。

日本美术关注的视点。

张十方发表《一九五三年日本进步美术界》(《美术》1954 年第 3 期)、《日本进步美术界的活动》(《美术》1954 年第 12 期)、《今年"日本独立美展"的成就》(《美术》1955 年第 4 期)、《今年日本的"独立美展"》(《美术》1959 年第 5 期)、《今年的"日本独立美展"是反对日美军事同盟的示威》(《美术》1960 年第 1 期)、《反映反美爱国正义斗争的 1961 年日本独立美展》(《美术》1961 年第 4 期)等文。这些报道成系列地总结了日本画坛当年的状况、动向、展览、代表性艺术家等重要信息,并予以评价,在中外美术有限的交流中独具价值。

值得一提的是,1956 年正逢雪舟逝世 450 周年,世界和平理事会号召世界各国开展纪念活动。雪舟等杨(1420~1506)是日本室町时代最著名的画家,被誉为"画圣"。雪舟 48 岁时跟随遣明使船来到中国,游历中国山川,接触中国画人,加深了对中国画的理解,从而博采众长,登临画坛之巅。雪舟这段赴明求艺的经历,使他在中日美术交流史上占据了重要地位。丰子恺编《雪舟的生涯与艺术:纪念日本画家雪舟逝世 450 周年》(上海人民美术出版社,1956),概述了雪舟生平和艺术特色、中日两国绘画关系、我国绘画对日本绘画的影响。傅抱石编写《雪舟》画册(人民美术出版社,1956),郭沫若题写书名,并撰文《日雪舟画册》,傅抱石撰《雪舟及其艺术》一文代序,对雪舟的艺术特色进行点评。中国 1956 年纪念世界文化名人委员会在此版本的基础上编制了《纪念雪舟逝世 450 周年特印画集》。人民美术出版社同年 9 月又推出了 60 开本普及本《雪舟画选》。中国人民对外文化协会编印《文化交流资料》"1956 年纪念的世界名人雪舟等杨"专刊。[①] 这次活动堪称中华人民共和国成立后中日美术界交流的一大盛事。

---

① 参考吴浩然编,丰子恺《雪舟的生涯与艺术》"后记",海豚出版社,2015。

三 第三阶段（1978~1999）

1978 年开始中国开启了改革开放的新局面。由于中日关系平稳发展，中国学者有更多机会接触国内外的收藏资源、学术资源，对日本美术的认识也更加全面客观。王端廷指出："我国的外国美术研究一开始就将主要力量集中在西方美术领域，非西方国家和地区的美术史研究更加薄弱，改革开放前，只有零星的翻译成果。改革开放后，这一局面有所改观，我国出现了专门从事非西方国家美术史研究的专家，譬如印度美术史专家王镛和日本美术史专家刘晓路。"①

刘晓路在改革开放后的中日美术研究中发挥了重要作用。他曾任中国艺术研究院美术研究所研究员，被公认为当代研究日本美术的权威，且在文物鉴定方面享有盛誉，有中国"日本文物鉴定第一人"之称。他曾鉴定过 2000 余幅国内公私收藏的日本绘画，经眼的作品照片也有约 1000 幅。陆续发表的与日本美术相关的论文主要分为以下三个部分：一是日本美术史。相关论文有：《激流下的河床——评日本近代美术史上的全盘西化》（《美术》1986 年第 2 期）、《新日本画运动——论日本明治时期传统绘画的变革》（《美术研究》1989 年第 3 期）、《论战后日本画》（《美术史论》1990 年第 1 期）、《荡摇浮世生万象——浮世绘研究》（《世界美术》1993 年第 2 期）等，主要涉及日本近代美术变革和传统美术的介绍。二是中日美术交往，如《大村西崖和陈师曾——近代为文人画复兴的两个苦斗者》[《艺苑》（美术版）1996 年第 4 期]、《大村西崖和中国——以他晚年的五次访华为中心》[《艺苑》（美术版）1997 年第 1 期]、《李叔同在东京美术学校》（《杭州师范学院学报》1998 年第 1 期），考证了近代中日美术界名人交流史。三

---

① 王端廷：《中国美术学 70 年回望·外国美术篇》，《美术观察》2019 年第 10 期。

是中日文物鉴赏。相关论文有：《国内现存日本画的市场分析》（《收藏家》1995 年第 1 期），分析了国内日本画市场不太理想的现状及其成因，并提出了解决未来出路的办法；《从落款印谈中国现存日本画的鉴定》（分为上、下、续一、续二共四篇，分别刊登在《收藏家》1996 年第 1、2、4、5 期），图文并茂地介绍了日本落款印的发展和特点，以及近世各画派画家的印鉴款识；《日本藏中国艺术珍品过眼录》（《美术观察》1997 年第 6 期），重点介绍了作者在日本考察的三百多个美术馆中所藏的一万多件中国艺术品中的部分珍贵展品。刘晓路还出版了专著《日本绘画百图》（人民美术出版社，1987），《20 世纪日本的美术》（文化艺术出版社，1997），《日本美术史话》（人民美术出版社，1998），《日本美术史纲》（上海古籍出版社，2003），《世界美术中的中国与日本美术》（广西美术出版社，2001），比较完整地勾勒出日本美术史的概貌。

这一时期日本美术的研究者大体分为两类：一类是美术专业出身且关注东方美术的，另一类是日本学研究中涉及美术研究的。这两类研究者在各自的学科领域中均属于小众，未能形成固定的研究团体，这就造成了日本美术研究在本阶段论文选题过于宏大，不够深入具体；感性认识多，运用学术语言阐释美术现象能力不足等欠缺。

四 第四阶段（2000 年至今）[①]

21 世纪至今，随着中日学术交流频繁，学术团体的壮大，在日本学研究其他领域蓬勃发展的带动下，日本美术研究也呈现出百花齐放的态势，进入多元化发展的高潮期。从研究内容上来看整体呈现以下特点：其一，逐步从宏观走向微观。研究对象从宏观的美术史具体到某种类别、形式、画派特点，

---

① 笔者在《日本美术研究》［王志松主编《中国当代日本研究（2000~2016）》，社会科学文献出版社，2019］中论述了 21 世纪的日本美术研究，本文第四阶段内容在该文的基础上概括、补充而成。限于篇幅，列举成果以著作类为主。

中日间美术交流的历史细节，美术现象与社会、文化、经济背景的关系等。其二，在注重日本美术与中国美术联系的基础上，展开中日共有的美术现象的在日本土化研究，以揭示日本美术形成与发展的构造和成因，探讨日本独特的美意识，把中日美术的比较研究上升到文化、哲学的层面。其三，将东西方艺术文化交流的国际视野纳入日本美术研究。把以中、日、韩三国为代表的东亚美术看作一个整体，探讨与西方美术的交流和相互影响，比较东西方美术的异同点。这些变化的出现标志着中国的日本美术研究在质上迈上了一个新的台阶。具体表现为以下几方面。

1. 中国学者书写的日本美术史通史、断代史书籍大量出版

研究日本文化、文学、中日文化交流的学者所著关于日本美术或艺术的概论、通史陆续面世，这是国内学者在吸收日本研究成果的基础上，以中国人视角重新梳理日本美术史所获成果的集中展现。通史类著作，如戚印平著《图式与趣味：日本绘画史》（中国美术学院出版社，2002）、叶渭渠著《日本美术概论》（上海三联书店，2006）、滕军等著《叙至十九世纪的日本艺术》（高等教育出版社，2007）、张夫也著《日本美术》（中国人民大学出版社，2010）等。日本近现代美术史的研究成果，如彭少银著《日本近现代绘画史》（世界知识出版社，2010）、潘力著《和风艺志：从明治维新到21世纪的日本美术》（人民美术出版社，2011）、张少军《明治时期日本美术的"西化"》（中国美术学院出版社，2008）。对日本画家的传记的书写，如潘力著《艺术巨匠：藤田嗣治》（河北教育出版社，2012）、刘柠著《竹久梦二的世界》（山东画报出版社，2013）、郭勇健《日本之美：东山魁夷绘画艺术研究》（学林出版社，2014）。

2. 专题式研究从"宏大叙事"转向"微观研究"

研究集中在以下几个大的专题。

（1）浮世绘。早期以浮世绘与中国不同时代、地区的木刻版画或年画的比较研究为主。高云龙著《浮世绘艺术与明清版画的渊源研究》（人民出版社，

2011）论证了明清版画对浮世绘的诞生所产生的影响。潘力著《浮世绘》
（河北教育出版社，2012）详细叙述了浮世绘的发展阶段和艺术特征，按
照题材分类介绍代表性绘师及其作品，概貌与细节兼具。王才勇著《印象
派与东亚美术》（江苏人民出版社，2008）跳出中日局限，把视野放到浮
世绘与西方美术关系上，用实例说明东方浮世绘如何影响西方印象派画家。
近两年还出现了一些浮世绘与文学、文化、思想领域的交叉研究，如用"见
立"手法解读用中国题材（画题）创作出的浮世绘，以中日共有题材在浮
世绘中发生何种改变为线索来解读日本独特的表现手法，探究中日表现手
法差异的原因。此外，探究浮世绘在现代服装设计、现代平面设计、商业
广告领域、现代动漫当中的运用；从文化保护和传承的角度看浮世绘的传
承对中国年画发展的启示；讨论浮世绘与西方文学作品、音乐作品的关系，
也都是常见选题。

（2）水墨画。水墨画在日本的发展时间比较长，在各个时期又有不同
的特点和叫法。研究主要分为两个大的方向：一部分是关于传入日本的宋元
水墨画的研究。从美术交流史的角度看，宋元时期水墨画东传日本的途径、
日本收藏的中国宋元绘画、中日禅僧往来对日本古代水墨画的影响是国内学
者关注的重点。王莲著《宋元时期中日绘画的传播与交流》（文物出版社，
2015）分析了宋元时期中国绘画对日本水墨画产生的影响，总结了中日绘画
交流的主要成果。从题材上看，比较关注对中日共有的传统题材本地化现象
的探讨。台湾学者石守谦所著《移动的桃花源——东亚世界中的山水画》（三
联书店、2015）、《东亚文化意象之形塑》（石守谦、廖肇亨主编，允晨文
化，2011）等作品，考察中日韩共同的潇湘八景、桃花源等众多"文化意象"
如何出现在东亚各地的过程，除了厘清共同意象的渊源关系之外，还注意其
"在地化"时的不同表现。从画家论、作品论上看，学者们多关注中日评价
差异较大的画家及其作品。比如在国内没有受到高度评价、却在异国他乡日
本受到追捧的牧溪，反映出日本在吸收外来文化时的主体性和中日审美差异。

另一部分是关于日本水墨画的研究。在中国宋元水墨画基础上发展起来的日本水墨画，既包括室町时代以禅林为中心的画僧和绘师画的水墨画，也包括之后的狩野派的作品。中国研究者对日本水墨画的研究相对贫乏，选题也多与中国相关，并没有完全展开日本水墨画的个性研究。雪舟格外受到中国研究者的青睐。对狩野派的研究主要集中在宋元时期山水画、大型花鸟画对狩野派的影响，强调中国对其艺术风格的影响。文人画在室町时代传入日本，盛于江户时代中期以后，又称为"南宗画""南画"。对中日文人画的比较研究是中国学者关注的焦点，此外还有对代表文人画画家池大雅、与谢芜村等人的艺术风格研究。[①]

（3）中日美术交流。与中国美术在日本的传播受容相比，日本美术在中国的传播情况长期没有得到关注，王勇主持编著的《中日文化交流大系·艺术卷》（浙江人民出版社，1996）中设专门章节罗列出古代"日本绘画在中国的传播"，改善了这一状况。此外，近年来中国学者重视民国时期美术史学史的研究、中日美术教育制度的构建等问题，与日本美术接触频繁的文化名人及其美术活动也成为研究热点。陈振濂著《近代中日绘画交流史研究》（上海书画出版社，2019）点明了近代中国文化中"日本模式"存在这一重要事实；考证"美术"词源并追溯其背后的"观念"问题，以大量资料双向考察了近代到中国的日本画家、赴日的中国画家的艺术成果；从绘画史学、绘画理论两个主要领域和中日近代美术教育方面的比较研究中探讨近代中日绘画史如何互相影响。李云经编《鲁迅藏外国版画全集·日本版画卷》（湖南美术出版社，2014），董炳月等撰文、鲁迅博物馆编《鲁迅藏浮世绘》（生活·读书·新知三联书店，2016）完整披露了鲁迅生前珍藏的大量版画、浮世绘，对全面了解鲁迅先生的艺术观和艺术活动有重要价值。

[①] 水墨画按照技法分类，文人画按照艺术风格分类，通常放在不同门类，但文人画也多用水墨技法创作。考虑到日本文人画的研究较少，难以独立成文，故放在水墨画的类别中一起叙述。

3.除绘画之外的其他美术形式的研究

总体上还处在向国内译介的阶段，但是在传统的工艺美术、书法领域，还是有一些令人耳目一新的研究成果。

（1）工艺方面。中国的工艺水平在很长一段历史时期遥遥领先于周边国家，但是历史累积的"重道轻器"思想造成中国工艺理论水平相对落后。叶渭渠著《日本工艺美术》（上海三联书店，2006），郭富纯、孙传波著《日本古代陶瓷研究》（文物出版社，2011），吴光荣著《陶人心语：当代日本名窑十二讲》（中国美术学院出版社，2008）等，介绍了日本古代和现代的工艺状况，意图直接拿日本的"他山之石"来帮助和促进中国的工艺文化理论建设。中国的螺钿、漆器、陶瓷、染织工艺在不同时期传入日本，许多精美的工艺品在日本得以保存。除了对正仓院所藏唐代文物的关注外，王纲怀著《清华大学藏日本和镜》（清华大学出版社，2011）另辟蹊径，从中国收藏的日本文物入手研究其工艺水平和与中国的传承关系。

（2）书法方面。日本书法（17世纪后亦称书道）的形成和发展受中国书法影响至深，因此中国书法某一时期流派、人物对日本书法的影响多有论及。韩天雍著《中日禅宗墨迹研究及其相关文化之考察》（中国美术学院出版社，2008）站在中日文化交流的大背景下来观照书法，展现了中日禅宗墨迹交流和嬗变的轨迹。近年来，越来越多的实用性研究出现，如日本近现代中小学书法教育的启示、日本书法在现代设计中的应用、日本书法艺术的保护经验、当代中国书法对日本书法的逆向输入等。贾佳著《日本书法教育史考》（南开大学出版社，2016）考察了日本近世以前、近世、近代的书法教育体制和功能，并在历史传统的基础上实现书法与当代教育、社会需求相结合的"多层次发展"，在新的历史时期获得新的发展和生机，为中国书法教育的推广和创新提供了可资借鉴的历史经验。陈振濂著《日本书法史》（上海书画出版社，2018）详细阐述日本书法的发展过程，不仅详述了古代日本书法，更涉及近现代日本书法发展的多方面，是了解日本书法发展的重要资料。

4. 经典译著大量出版

国外学者的选题和学术水平给现阶段的研究带来一定的刺激和启发，高质量的译介成果构成了国内了解日本美术的重要一环。民众对以动漫为代表的大众文化的热情，推动了大批日本美术译介成果的诞生。这些译著既包括日本及西方学术大家的著作，也包括知识性书籍。学术性译著的选题在一定程度上反映出中国学者关注的日本美术方向：（1）注重经典美术史论作品的译介。引入经过时间沉淀的日本学者的研究成果，更有利于读者取其精华，快速掌握学术体系和核心知识。（2）对日本美学理论的译介。日本独特美学概念的译介无疑对更专业地解读日本美术特点有着重要的助力作用。（3）东西方美术交流研究成果的译介。这类译著不局限于日本学者的研究成果，更可贵的是把西方学者的研究成果吸纳进来，反映出中国学者对艺术无国界、艺术流动性认识的大格局。

结 语

回望百余年的日本美术研究史，经历了低谷和高峰，特别是在进入 21 世纪后取得了令人瞩目的成绩。可以看出学者的选题始终紧扣时代脉搏，关注解决当下问题。当然也不得不承认，从研究能力上来看，国内的日本美术研究尚存在专业性不足、学科界限未打破、图像文字资料解读能力欠缺等问题；从研究内容上来看，对佛教美术、大众文化、西方对中日美术互动的影响等方面的探讨还有很多余地。更为重要的是，在当前跨时代研究、跨境研究、跨学科研究日益成熟的背景下，如何构建中国独有的学术语言，讲述中国人视角下的日本美术"故事"，是我们应该思考和解决的问题。

南亚与伊朗地区文化交流史中的语言佐证[*]
——乌尔都语中的波斯语词源探析

李沅鑫　张嘉妹[**]

【内容提要】本文通过对乌尔都语中波斯语词源的统计与分类，在历史分析中初步探讨乌尔都语吸收波斯语词汇的原因，为乌尔都语形成发展过程中的波斯文化影响寻找依据，为南亚次大陆与伊朗地区文化交流的历史流变提供佐证。
【关键词】乌尔都语　波斯语　文化交流

一　南亚与伊朗

本文提及的文化交流包括意识形态、宗教习俗、文学艺术等非物质文化

---

* 本文为国家社科基金冷门绝学研究专项学者个人项目"13 至 18 世纪乌尔都语发展与南亚文化共变性研究"（批准号 21VJXG029）的成果之一。

** 李沅鑫，2021 年毕业于北京大学外国语学院南亚学系，华泰证券股份有限公司分析师。张嘉妹，北京大学外国语学院南亚学系副教授。

交流和军事往来、商贸往来等物质文化交流。南亚与伊朗两地间往来的历史源远流长，最早可追溯到公元前 6 世纪，大规模的文化交流集中在莫卧儿帝国时期，主要可分为以下三个阶段：前莫卧儿帝国时期、莫卧儿帝国建立初期、莫卧儿帝国巩固时期。

1. 从商贸到政权

公元前 6 世纪，居鲁士二世在波斯建立了阿契美尼德王朝后，出兵印度，占领印度河以西地区；公元前 516 年，大流士一世即位后继续入侵印度，将占领地区作为波斯第 20 个行省。此类军事活动强硬地打开了印度次大陆与西亚商业、文化交流的渠道，波斯文化直接或间接输入印度次大陆。公元前 4 世纪孔雀王朝时期，建筑和宫廷礼仪上已有波斯影响痕迹，统治者在开展与南印度贸易的同时，还将海外贸易扩展到西亚。4 世纪笈多王朝时期，开辟内河航道，南北印度往来进一步密切，与西亚、北非的贸易也有所发展，热衷于从波斯、阿拉伯国家进口良种马。后由于政权分散，王国割据，外贸衰退，与波斯的贸易一路下滑，至 6 世纪中期已转为自给自足为主的模式。

711 年，倭马亚王朝省督突袭河外地和信德，从 9 世纪中叶起，波斯总督获得半独立的权力，阿拉伯 - 波斯文化联合东进。11 世纪初，伽兹尼的马茂德频繁南下印度抢掠。12 世纪，古尔王朝的穆罕默德·古尔南下印度攻城略地，波斯文化通过其在中亚文化中的影响间接输入印度。13 世纪初，古尔王朝崩溃，德里总督宣布独立，首次在印度次大陆正式建立了穆斯林王朝，政权先后在五个家族中易手，领地主要集中在以德里为中心的北印度，故统称德里苏丹国。其间，引入波斯语为官方语言，加强了各地的政治联系和文化交流。14 世纪中期至 16 世纪，德里苏丹国穆斯林贵族南下建立巴曼尼王朝，总体信仰伊斯兰教。菲鲁兹沙·巴曼尼扩建了乔尔和阿布霍尔港口，扩大了与波斯、阿拉伯地区的商贸往来，同时加大引进波斯人、阿拉伯人等外来人才的力度。

2. 从庇护到比肩

莫卧儿帝国建立初期可分为三个阶段：1526—1530 年，巴布尔征服拉那·桑加统治下的阿富汗人和拉杰普特人；1530—1540 年，胡马雍试图征服马尔瓦、古吉拉特和孟加拉未果，反被舍尔沙逐出印度；1540—1555 年，胡马雍流亡波斯，伺机夺回政权。1554 年，舍尔沙侄子篡权，出现内乱，胡马雍以遵守什叶派信条、割让坎大哈为条件，求得波斯统治者塔赫马斯普帮助，获得一万四千人的军队，先后攻取白沙瓦、拉合尔等地。1555 年 7 月，胡马雍重新征服了德里，1556 年 1 月暴卒。

这一时期波斯文化对印度次大陆的影响主要特征为传入途径的复杂性，以及传入原因的多样性。波斯文化的传入途径在此主要提及两个方面：一方面，莫卧儿人在历史上受波斯文化影响，与波斯文化关系密切，他们的进入代表了伊斯兰化的中亚突厥－波斯文化的传入；另一方面，胡马雍在波斯流亡 15 年，接触吸收了波斯文化，在波斯的帮助下重夺王位，也将波斯本地的文人雅士一同带回莫卧儿帝国的宫廷。

波斯文化传入印度次大陆的原因也是多样的，扼要概括为两方面：一是胡马雍为了获得军事支持，承诺将遵守什叶派信条等，并为了获得波斯的持续支持以巩固王权，在回朝初期要保持与波斯的亲密关系，在宫廷中也尊崇波斯文化；二是穆斯林政权在北印度虽然已有历史，但是在宗教信仰、文化习俗上不同于本土民众，波斯礼仪、诗歌、绘画、音乐等生活艺术在民间的推广，可以潜移默化地融入本地文化，消解宗教信仰的差异甚至对立。

3. 选择性吸收

阿克巴继位后，意识到当地人民支持的重要性，主动与拉杰普特等本地强大势力联姻，鼓励庆祝各个宗教节日，注重本土化的融入政策，也是为了彰显自身的权威，去波斯化成为巩固莫卧儿帝国统治中默认的一个方面。在行政制度上，在借鉴古代印度和德里苏丹国经验的同时，沿用了舍尔沙的土地、财政、税收等制度，"不仅是莫卧儿人和伊朗人，阿富汗人和印度穆斯林家族也参与了国家管理。在宗教文化方面实行宗教平等政策，力图伊斯兰教和印度教的接触与融合。"① 阿克巴改革的各项政策基本被贾汉吉尔和沙贾汗继承。

虽然在去波斯化的调整中，波斯文化的影响在行政制度、宗教文化等方面逐渐减弱，但是波斯语的官方地位未曾动摇，直至 1858 年帝国覆灭。于是，波斯语的语音、词汇、语法等语言要素已经融入当地人民的交流语言中，并被发展中的乌尔都语吸收化用，构成了现代乌尔都语中的大量波斯语词源词汇。

二　乌尔都语形成发展简述

乌尔都语的最早期形式源自印度－雅利安语、修罗塞纳语（Śaurasenī）及阿波布朗舍语（Apabhraṃśa）。印度斯坦语的大部分语法和基本词汇源自修罗塞纳语。

7 世纪起，穆斯林商人在阿拉伯半岛、西亚和印度次大陆的商贸往来中架起了文化交流的桥梁。711 年穆斯林征服信德省开始，印度教文化与伊斯兰教文化交流逐步深入，印度斯坦语与波斯语和阿拉伯语发生接触，不断发展变化，吸收了大量波斯语、阿拉伯语借词。从 13 世纪到 18 世纪末，即德里苏丹国（1206—1526）和莫卧儿帝国（1526—1858）时期，印度斯坦语获得了更大的发展，混合语（Rekhta）是印度斯坦语受波斯语词汇和语法影响下的一种，它被认为是乌尔都语和印地语的早期形式。当德里苏丹国向南扩张至德干高原时，混合语文学语言受到南方所用语言的影响，包括泰米尔语、卡纳尔语、泰卢固语和马拉雅拉姆语。18 世纪初期，即奥朗则布统治结束时，"德里地区的通用语开始被称为乌尔都语 Zaban-e-Urdu（زبانِ اردو），源于突厥语单词 ordu（军营、营帐）"，故乌尔都语又被称为"军营语言"。

在文学方面，13 世纪至 14 世纪，阿米尔·胡斯鲁最早使用混合语进行神秘主义诗歌创作的尝试。至 16 世纪末，主要形式为神秘主义诗歌和宗教

---

① 参见林承节：《印度古代史纲》，光明日报出版社，2000，第 320~345 页。

小册子。17 世纪后期到 18 世纪后期，混合语仍是广泛使用的写作形式，后被乌尔都语取代。18 世纪至 19 世纪是乌尔都语诗歌的黄金时代，德里诗派和勒克瑙诗派将乌尔都语诗歌推向鼎盛。19 世纪开始，非宗教创作大量出现。现代乌尔都语是巴基斯坦的官方语言和国语，是印度宪法承认的 24 种规定语言之一，在南亚次大陆使用广泛。

三 乌尔都语波斯语词源词汇分类

本文选取代表性词汇的策略是按照社会、政治两大主线，对所有涉及的波斯语词源细化分类，在每大类词汇中按照"词汇量足够支撑研究；词汇量能最大范围涵盖研究该类别的方方面面"的原则选取最有代表性的小类词汇为代表展开研究。

以社会类词汇为例，对所有涉及的波斯语词源按精神生活、物质生活两大类分类，再细分成小类。如物质生活类按衣食住行分为纺织类、饮食类、建筑居家类、交通运输类四小类。在初步整理统计的基础上，发现波斯语词源饮食类词汇占比最高，覆盖水果、酒、甜食等，所以选择饮食类词汇作为物质生活大类的典型小类展开研究。在统计的同时，对波斯语词源词汇相关的谚语、口语也做了标记，力求全方位理解每个波斯语词源词语的本义、拓展及延伸的词义，体验在特定语境下的语义，同时为本文提供有力的实例。

1. 乌尔都语波斯语词源词汇统计

（1）按词源的不同组合细化分类统计

按词源的不同组合细化分类是按字典的首字母排序，将单词按照其包含的组合词源进行基础性统计，例如 گزارش 只有波斯语词源，将其归为"波"类；حوالى حوصله 既有阿拉伯语词源也有波斯语词源，将其归为"阿波"类；同时有阿拉伯语词源、乌尔都语词源、波斯语词源，将其归为"阿乌波"类。统计结果按 35 个首字母排序，发现占比高的词源，结合乌尔都语字母的来源试图探究不同首字母下词源类别和数量的变化。

《乌尔都语汉语词典》中共收录 21287 条词语。按组合词源分类统计，词源分为乌尔都语、阿拉伯语、波斯语、突厥语、土耳其语、印地语、英语、梵语、希伯来语、葡萄牙语、拉丁语、马来语、德语、俄语、希腊语、法语、意大利语、西班牙语、旁遮普语、汉语、藏语等以及它们的组合阿波、乌波、阿乌波、乌英、乌阿、土波、英阿等共 68 类。

其中占比最大的是阿拉伯语词源，共 5564 条，占比 26.14%；第二是印地语词源，共 5352 条，占比 25.14%；第三是波斯语词源，共 2406 条，占比 11.3%。此外，乌阿波词源占比 2.24%、乌波词源占比 3.3%、阿波词源占比 2.9% 等。由此可见，波斯语词源在乌尔都语词汇中占有重要的地位。

（2）按特定词源分类统计

按特定词源分类统计是根据上述统计结果，按字典的首字母排序，将单词按包含某一词源统计。例如将乌尔都语中所有包含波斯语词源的词汇都计入波斯语词源，将所有包含阿拉伯语词源的词汇都计入阿拉伯语词源。

《乌尔都语汉语词典》中共收录 21287 条词语。按特定词源分类统计，词源分为乌尔都语、阿拉伯语、波斯语、突厥语、土耳其语、印地语、英语、梵语、希伯来语、葡萄牙语、拉丁语、马来语、德语、俄语、希腊语、法语、意大利语、西班牙语、旁遮普语、汉语、藏语 21 类。

其中占比最大的是阿拉伯语词源，共 7384 条；第二是印地语词源，共 7288 条；第三是波斯语词源，共 4323 条。此外，也有大量希伯来语、梵语、土耳其语、突厥语等典型西亚中亚语言的词源，以及少量英语、葡萄牙语、法语、德语、俄语等典型欧洲语言的词源。波斯语词源共 4323 条，占 20.31%，由此可见，波斯语词源在乌尔都语词汇中占有重要的地位。

2. 乌尔都语波斯语词源词汇与社会

语言是反映社会的镜子。巴基斯坦和伊朗人民普遍信奉伊斯兰教，宗教领袖、组织机构、宗教生活等词汇处处渗透在生活中。本次研究策略是选取涵盖各领域的典型类别词汇为代表展开研究。乌尔都语波斯语词源的宗教类词汇反映了伊斯兰教由西向东的传播。农耕与游牧都离不开农业、动物等，其中波斯语词源的动物类词汇反映了南亚与西亚的物种交流与生态环境。平民城市生活中，波斯语词源的纺织类、饮食类、建筑家居类、交通运输类词汇等从衣食住行四个方面反映出波斯特色的社会生活的融入，其中以饮食类词汇占比最大，反映了波斯特色的饮食文化与偏好等。因篇幅限制，本文对纺织类、建筑家居类、交通运输类等衣、住、行类波斯语词源词汇的统计不在此赘述。

社会生活包括精神生活与物质生活两个层面。结合巴基斯坦、伊朗国家宗教信仰的特点，我们选取宗教类词汇作为精神生活词汇的代表；结合巴基斯坦、伊朗国家农耕与游牧的特点，以及平民城市生活的风俗习惯，我们选取动物类词汇作为农耕与游牧的代表性词汇，饮食类词汇作为衣食住行的代表性词汇，按类整理、归纳，见表1。

表 1　社会生活相关词类汇总

类别	词数	在波斯语词源词条（一级）中占比	在总词条（一级）中占比	二级分类	代表词（字典页码＋词义）[①]
宗教	237	5.48%	1.11%	宗教组织	10 拜火教徒，16 阿訇，18 拜火教徒，56 认为违反教规的事是合法的人，56 追随依巴希耶叶教派的人，56 依巴希耶叶教派的修行方式，56 依巴希耶叶教派，189（宗教的）导师，208 教友，209 同一宗教的全体居民，245（伊朗白哈教教派）教徒，283 拜火教教徒，284 拜火教经典《阿维斯塔》，344《古兰经》的首章，348 宗教导师，349 门徒、信徒，351 教长、阿訇，352 领袖，352（传递真主旨意的）使者，380 拜火教，1358 做礼拜的（人），1359 行乞僧，1346 由苏非尼扎姆·丁·奥利亚创立的尼扎姆教团的信徒，1350 宗教长老、使者，1351 纳合西班底派等

① 孔菊兰：《乌尔都语汉语词典》，高等教育出版社，2014。

类别	词数	在波斯语词源词条（一级）中占比	在总词条（一级）中占比	二级分类	代表词（字典页码＋词义）
宗教	237	5.48%	1.11%	宗教领袖	28 造物者、始主（真主），29 创始（指真主），29 上帝、真主，29 真主，29 统治者（指真主），35 饶恕人的人（指真主），49 真主的启示，57 真主的恩赐、真主赐予的云朵，95 受真主的旨意的，161 真主，172 真主的美德之一，234 真主，263 真主，269 真主，285（对真主）真爱的，311 真主，312 惧怕（真主），465 真主，506 真主，507 真主创造的世界万物，1332 以真主的名义、向真主保证，1341 真主的启示、使者获得安拉的启示，1375 唯一的（真主的九十九个尊名之一），1376 继承的（真主的九十九个尊名之一），一切皆来自真主，1419 苏非神秘主义术语"他是真主"，1431 真善美的创造者（指真主）、拜火教崇拜的上主等
				宗教生活	56 伊斯兰教教法对做某事的合法与否没有的规定，98《阿维斯塔》（拜火教经典），115 开斋，154《阿维斯塔》（拜火教经典），191 拜火教教堂，321（伊斯兰教信仰中的）人死后必经的桥，324 诵读《古兰经》的五节经文（伊斯兰教）五大圣人、一周五天短暂的生活、《古兰经》的五章一起诵读、一天做五次的祈祷、伊斯兰教什叶派崇尚的五指手型模型，398（伊斯兰教游方僧的）歇脚地和住处，418 午夜后的祈祷者，477 部落地区长老会，522《古兰经》的第三十章中以单词 الم 开头的四节、伊斯兰教逊尼派的四大学派、四友，533 尔撒古兰经人物，535 第四重天，539 苏菲契什提教派，545 四十天的闭关（打坐、修行、祈祷等），562 四十位长者、苦行僧的一个分支，1329 做很多礼拜的（人），1329 会朗读《古兰经》的人，1358 礼拜、祷告、为求雨做的礼拜、集体做礼拜、五次礼拜、晨礼、月食时做的礼拜、昏礼……，1363 哀悼、悲痛（尤指讲述伊玛目侯赛因事迹），1411 伊斯兰教的 72 个派别，1417 像印度教教徒似的，1431 拜火教的修行者等
				宗教典故	3 生命之水（赫尔兹水）麦加的渗渗泉，239 吻玄石、圣地，385 用赖曼大理石做的念珠、黑石念珠，539 生命之泉、黑兹尔泉，539 天堂泉，

类别	词数	在波斯语词源词条（一级）中占比	在总词条（一级）中占比	二级分类	代表词（字典页码＋词义）
宗教	237	5.48%	1.11%	宗教典故	574 黑石或玄石，106（伊斯兰教先知穆萨时代的沙迷赖人精制的）金牛犊，1151 长发之人（穆罕默德的称号），1200 迦南之月（先知优素福），1367（从某个苏非或长老那里得到的）礼物，1375 圣谷，235 天堂树鸟，1309 圣物（指穆罕默德的胡须），1311 先知记（穆罕默德两肩之间的胎记）等
动物	130	3.01%	0.61%	飞行动物	182 苍鹰，184 食雀鹰，310 鱼鹰，240 猫头鹰，303 鸟，360 鸽子，377 鹧鸪，594 羽毛是两种颜色的鸽子，536 大鹰、猎鹰，540 猫头鹰，924 长尾小鹦鹉，1124 一种尾巴下长着红斑点的夜莺，1417 天鹅等
				陆生动物	28 变色龙，51 鹿，96 蟒蛇、龙，105 骆驼，172 雄狮，190 雄狮，178 矫健敏捷的(马)，198 双峰驼，202 烈马、低等动物，213 小山羊、小绵羊，217 山羊、羊羔，360 一种全身有光泽的浅黄色马，360 两只眼睛颜色不一样的马，616 猪，1106 母牛、公牛，1113 猫，1116 狼等
				水生动物	191 水鸟，221 家鸭，221 小鸭子，485 美人鱼，601 螃蟹，602 海螺，1106 水牛，1236 野鸭子、水鸟，1366 鳄鱼等
饮食	130	3.01%	0.61%	甜味食物	1 甜汁，25 甜汤，28 靠太阳晒干的玫瑰花糖酱，149 蜂蜜，187 奶皮，212 奶油冰棍，327 去掉水的奶（奶酪），365 竹糖，523 糖浆、浓果汁，538 凝结的牛奶、奶酪，540 甜菜，551 婚礼上吃的含有干果的甜米饭、有七种蔬菜和七种主食的套餐、甜米饭，567 糖、甜食，586 柔软和新鲜的甜食、甜水果，601 甜瓜，602 枣子、干椰枣、一种椰枣形的甜点，606 一种甜食，821 一种甜瓜，879 白糖、食糖、方糖，890 甜奶粥、酥油煎的牛奶发面饼，890 放在水烟里的红糖、糖浆、蜜糖、糖稀，890 甜食、甜果，975 用牛奶、冰块和糖拌着吃的炒面，983 一种用牛奶、糖和米粉等做的甜粥，1001（用鹰嘴豆、大米和鲜奶做的）甜饭、甜点、奶粥，1078（瓦罐里凝结的）糖块

续表

类别	词数	在波斯语词源词条（一级）中占比	在总词条（一级）中占比	二级分类	代表词（字典页码＋词义）
饮食	130	3.01%	0.61%	甜味食物	1116 一种甜瓜，1122 一种用芝麻、白糖或红糖做的甜点 1125 玫瑰糖酱，1180 杏仁奶糖，1334 黄油和白糖做的甜食，1364 一种味道极好的糖果酱等
				酒类	1 纯酒、红酒、葡萄汁、葡萄酒，10 烈性饮料、酒，24 印度的一种土酒，179 酒，426 烈性的（酒），603 一种酒，609 一坛坛的酒，609 酒，622 酒，631 葡萄酒，812 酒，871 红葡萄酒、烈酒、无酒精的啤酒，890 葡萄酒，1313 红酒、葡萄酒等
				水果类	136 番石榴，139 石榴，140 芒果，142 无花果，150 葡萄，230 樱桃李，258 木梨，265 无核葡萄，377 新鲜的瓜果蔬菜，382 葡萄柚、大柠檬，464 番石榴，595 青涩的水果，601 甜瓜，627 一个芒果、一粒葡萄，641 小香瓜，717 葡萄，748 葡萄，813 香瓜、蜜瓜，820 番石榴，821 一种芒果、一种甜瓜，852 苹果，865 桑葚，872 甜柠檬、一种优质芒果，877 油桃、大桃、蟠桃，1116 甜瓜，1199 一种西瓜、柚子，1367 甘蔗，1417 西瓜，1430 红石榴等

3. 乌尔都语波斯语词源词汇与政治

政治的三个重要内涵是权力、统治、利益。语言作为体系不具有政治倾向，但其使用受政治因素影响，表现为一个国家对使用语言的选择以国家政治上强势的一方为主导。各阶级不同的思想习惯、社会价值观念、教育背景、生活方式等都会在语言中留下一定的痕迹，在语言的使用上表现出一定的阶级色彩。

乌尔都语波斯语词源词汇中宫廷用语反映了上层社会阶层使用波斯语对乌尔都语的影响和渗透；诗歌相关词的形成反映了上层社会阶层对书面语的使用及对文学艺术领域的要求和探索中对乌尔都语的补充；军事类词反映了在政权的获得与维护中，伊朗地区的军事活动发展及和南亚与西亚的军事往来。

表 2　政治相关词类汇总

类别	词数	占波斯语词源词比例	占乌尔都语词比例	二级分类	代表词（字典页码＋词义）
宫廷	107	2.48%	0.50%	宫廷人物	2 专门为贵族提供水和伺候他们喝水的伺者，178 国王、君主、皇帝、王子、公主，178 国王的、适合国王的，178 国王、君主、皇帝、王子、公主，189 公主、皇后，234 国王的仆人，282 国王、皇帝、王子、太子、长寿的国王，283 帕斯（古代伊朗国王名），312 对伊朗国王胡斯鲁二世的称号，373 皇帝，382 宫廷的突厥人女侍卫，460 继承王位的人，526 执杖者、皇家骑兵队前喊令者，599 当今的皇帝，600 皇帝、国王，551 手持镶嵌金银珠宝手杖为国王开路的人、传令官，584 国王、执政者，681 守护玉玺的卫士，1311 掌玺的大臣，1316 皇家厨房总管、皇家狩猎官，940 宫廷转呈奏折的官员等
				宫廷专用物	2 圣水，莫卧儿王朝国王的饮用水、国王贵族的专用水、专门为贵族提供水和伺候他们喝水的伺者，167 宫殿，351 大臣上朝的地方、朝廷，506 皇家大帐篷，522 皇帝的宝座，603 皇家金库，637 萨珊王朝的旗帜，637 朝廷议事厅殿堂，681 宫廷、宫廷平民接待室，1311 宝印等
				礼节活动	16 宫廷礼节、问好，179（帝王上朝时）允许百姓在场、御前会议，357 封王立君、封王大典，681 平民可以参加的宫廷会议等
诗歌	39	0.90%	0.18%	诗歌类型	232 一节诗，280 格律诗，524 诗、抒情诗，811 描写人体各个器官的诗，1254 一行妙诗绝句、诗歌中决定诗的韵律和韵脚的一行诗，876 两行诗体，887 专门描写城市毁灭的诗歌，1228 颂诗等
				诗歌结构	382 一种诗体（每节诗的末尾一行是不同的）；661 韵脚和韵律相同的一联诗；798（诗）两个字母数目和韵律相同但韵脚后面的字母不同的词，（诗）字母数目和韵律相同且韵脚后面的字母也相同的两个词，（诗）最后字母相同但字母数目和韵脚均不同的两个词；1373 一种六行诗体等

类别	词数	占波斯语词源词比例	占乌尔都语词比例	二级分类	代表词（字典页码＋词义）
诗歌	39	0.90%	0.18%	诗人	227 设拉子的夜莺（对波斯诗人萨迪的称呼），465（伊朗古代著名诗人）贾米等
				作品	189《驼铃声》（诗人伊巴科尔的诗集），631（诗）葡萄的女儿，799 阿赫里·设拉子的著名叙事诗的诗名，1125《蔷薇园》（萨迪诗集全名）等
				诗歌相关人／事	183（专唱哀悼诗的诗人的）伴唱人，217 诗会，844 吟诵挽诗的一种方式（为悼念卡尔巴拉殉难者时）、以一种特有的方式吟诵挽诗的诗人、挽诗吟诵者，998 写押韵诗的诗人，1228 颂词作者，1232 吟诵哀悼诗或唱挽歌的人，1305 业余的（诗人）、诗歌的（爱好者），1316(赛)诗会主持人，1347 朗读颂诗的(人)、唱赞美先知穆罕默德的（诗篇），1348 唱诗的人等
军事	188	4.35%	0.88%	职务岗位	35 指挥官，307 间谍，607 特务、情报员，812 间谍，343 步兵，423 箭术高手，1136 炮手，212 射击士兵，230 轰炸人，284 哨兵，504 飞行员，351 勤务兵，588 传令兵、勤务兵，520 飞马骑士，623 卫兵，1122 巡逻哨兵、站岗兵，781 陆军元帅或上将、总司令、最高指挥官，1315 海军上将、海军司令、舰长，992 指挥军队的指挥官、司令员，907 陆军低级委任军官，588 中士，644（军）班长、警务班长，825 军火库主任、军械师等
				军械	1369 长矛、标枪、梭镖、长缨枪，521 四叶盔、马盔甲，544 盔甲，791 盾牌，513 小刀，211 小矛枪，367 弯刀，426 砍刀，882 军刀、马刀、宝剑、短弯刀、出鞘的剑、使用枪炮等进行攻击，11 火炮，412 炮台，622 火药，730 火药、炸药、雷管，1136 炮弹，825 武器库、弹药库、军械库等

续表

类别	词数	占波斯语词源词比例	占乌尔都语词比例	二级分类	代表词（字典页码＋词义）
军事	188	4.35%	0.88%	军训	53 军规，351 先头部队，640 军队右翼，527 左边和右边的、所有方向的（军事训练用语），1369 矛枪操演，882 决心拼死一战、准备好战斗等
				军事设施	656（军）胸墙、沙袋垒的工事、战壕、防御工事，678 瞭望孔，681 掩体，721 瞭望台，917 鸣金收兵鼓、（用来号令部队进攻的）战鼓等

四 浅析南亚次大陆与伊朗地区文化交流

语言研究只有置身于社会背景之中才能更好地揭示语言的属性。人的社会态度会物化在语言规则的制定中和对语言使用的价值判断中。语言使用会在一定程度上受到诸如言语社区、地域、阶级、年龄、性别、职业、文化、社会关系、社会生活等社会因素的影响。通过对社会的研究，人们可以理解语言变化的社会原因。通过对语言使用的研究，可以更好地了解社会。

不同语言可能具有一定的互懂性，互懂性存在着"度"的差异，两种语言之间的互懂性越高，它们之间的交互性越强。巴基斯坦西部（俾路支省）和伊朗接壤，乌尔都语与波斯语同属印欧语系印度、伊朗语族，分属印度语支与伊朗语支。两国边界的居民所使用的语言形式差别不大，俾路支语、普什图语都属于伊朗语支。同时，两国在宗教信仰、生活习俗、文明等方面具有很高的认同性，两种语言互有借鉴，具备较高的互懂性。

巴基斯坦语言学家拉赫曼在其著作《从印地语到乌尔都语：社会与政治历史》中提到，乌尔都语从波斯语和阿拉伯语中吸收了大量的词汇，乌尔都语字母的发音也继承了波斯语、阿拉伯语等众多语言的发音特色。基于较高的互懂性，乌尔都语对波斯语的吸收面临的障碍很小。

1. 乌尔都语波斯语词源词汇与社会生活

社会生活是语言赖以生存的基础环境。没有社会生活的语言是苍白的、没有活力的。社会发展推动语言的使用逐步发展变化，同时语言的使用也影响社会模式和社会的运作，从而推动社会的发展，影响语言使用人群的社会生活。

社会生活中的交流往来是波斯语与乌尔都语协同发展的一大原因。我们以农耕与游牧、平民城市生活的衣食住行这两个主要的社会生活大类为例展开研究。农耕与游牧离不开动物。不同动物的命名采用的词源不同，从波斯语词源词"苍鹰""鸽子"等飞行动物、"雄狮""双峰驼"等陆生动物、"螃蟹""鳄鱼"等水生动物三类动物词汇可以窥见伊朗地区动物的生态环境，由此传来的或者在交流中习得的波斯语词源词汇可以体现文化差别和传输，满足了乌尔都语吸收外来语和扩充词义的需求。

社会生活之本是衣食住行，通过对"食"这一方面的波斯语词源词归纳，如"用牛奶、冰块和糖拌着吃的炒面""印度的一种土酒""甜柠檬""甜汤""甜菜""甜果"等，可以看出波斯人的饮食习俗强调吉祥之意，喜欢吃象征甜甜蜜蜜的甜味食物等。这些极具波斯文化特色的食物也随之传到了南亚次大陆，相关词语融入了乌尔都语词库中，影响着南亚次大陆居民的生活。

2. 乌尔都语波斯语词源词汇与文化

文化是孕育语言的土壤。通常不同地域会有不同的文化背景。语言是一种特殊的文化现象，是文化最重要的载体。具有不同文化的民族之间可实现跨文化交流。一般来说，文化差异较大的民族在语言交流上会有较多的障碍。我们在中英文互译中常会遇到"词不达意"现象，这是因为东西方文化差异带来的语言交流障碍。而文化差异较小的民族在语言交流上障碍较小。波斯语对乌尔都语的影响是历史长期发展的结果。

地域文化沉淀了大量的民族文化成分，反映了一个地域的文化历史、民情风俗、社会生活等，是民族文化多样性的外在表现。例如纺织类词汇中，地毯的花纹、装饰等波斯语词源词汇可以从侧面反映巴基斯坦的装饰品艺术风格中融入了古波斯文化的绘画艺术风格。巴基斯坦和伊朗两国地理位置相邻，宗教交流、社会权势的话语权构建等多方面因素使两种文化关系密切，语言交流障碍较小，波斯的古老传说如"笑墙""申冤链、公道链"等，以及波斯历史上的著名人物事件如"牛头棒（古代波斯国王法利东的狼牙棒的名字）""对伊朗国王胡思鲁二世的称号"等也被吸收进了乌尔都语词库。

3. 乌尔都语波斯语词源词汇与政治

语言的使用与政治密切相关。一个国家必须形成国民认同的一种或几种规范语言。语言是国家独立、民族团结的象征。语言要考虑政治因素和民族情感因素。政治态度隐藏于语言使用中。"政治上的正确性"在语言操作层面会表现出它的强制性。

首先，看乌尔都语波斯语词源词汇与阶层。语言的使用表现出一定的阶层色彩。上层变体是一个社会中上层社会阶层倾向使用的一种语言变体；下层变体指的是那些偏离标准语言规范的、通常在下层社会中使用的语言变体。在乌尔都语发展过程中，口语上宫廷用语与市井用语产生分离，书面语上诗歌等文学作品与一般俗语言交流产生分离。《乌尔都语汉语词典》中共有155条波斯语词源的口语市井用语，包括119条谚语和36条口语化词语，如"要钱没有，要命一条""如果是这样的学校和这样的毛拉（老师），那孩子们就算完了（大人物都这样，别说小人物了）"。宫廷用语与诗歌相关词汇中的波斯语词源词是德里苏丹国和莫卧儿帝国期间上层社会阶层使用波斯语对乌尔都语产生的影响，如"古代国王外出时队伍前打着的仪仗""廷前会议""莫卧儿妇女、莫卧儿贵妇、莫卧儿宫廷里的宫女"等。

其次，看乌尔都语波斯语词源词汇与社会权势。语言使用受社会权势的影响。话语权与权势自上而下的影响，可以联系到波斯语词源词中宫廷用语词汇的渗透与传播。通过统治阶层与话语权势构建的关系，可以清晰地梳理出自13世纪起德里苏丹国和莫卧儿帝国统治阶层使用波斯语，构建话语权势，从而对发展中的乌尔都语的词汇构成产生影响的逻辑链条。在帝国时期话语权势的构建、政权的获得与维护中，军事是不可或缺的因素。从大量的波斯语词源词中可以了解南亚次大陆与伊朗地区的军事相关表述。军事活动从最初单兵作战，双方士兵"摔跤、格斗"，到双方组成队伍使用古老而实用的冷兵器如"射箭""长矛"进行械斗，使用"火炮""炮弹"等进行攻击，发展到在战争中逐渐积累战斗经验，制定"军规"，由"指挥官"领导，对军队士兵进行专业分工，出现了"间谍""特务""飞行员"等专业分工，军队攻击或回撤时有层次地排兵布阵如"先头部队""军队的右翼"等，产生多个部队职级，如"陆军低级军官""陆军总司令"等，最终发展到整个队伍有组织、有计划、有布阵、有策略地参与战斗，如战争结束后，获胜方收获"战利品"或"战争赔款"等。

最后，看乌尔都语波斯语词源词汇与政治规划。一个国家对使用语言的选择以国家政治上强势的一方为主导。国家官方语的选择可能建立在外来语言的基础上。可结合南亚次大陆的历史分析波斯语对乌尔都语的影响，如莫卧儿帝国时期以波斯语为官方语言，1858 年帝国覆灭后英国人用英语替代了波斯语的官方地位，英语在全社会推广是渐进的，在这一过程中乌尔都语获得了发展的契机；在阶层上宫廷多使用波斯语，平民则多使用乌尔都语。历史和阶层的语言差异构成了现代乌尔都语的波斯语词源词中宫廷用语与诗歌词汇占比大的特殊结构。

结　语

本文以乌尔都语发展史为研究背景，在孔菊兰教授编著的《乌尔都语汉语词典》基础上，对乌尔都语波斯语词源词汇进行统计归纳。继而，通过语言与社会、语言与政治两条主线对现代乌尔都语波斯语词源词汇展开初步研究。

乌尔都语中波斯语词源的界定是复杂且困难的。一方面，历史上阿拉伯语与波斯语有大量的互借现象，很难判断波斯语词源是真正来自波斯语还是通过波斯语借用的阿拉伯语；另一方面，乌尔都语在形成过程中吸收波斯语的方式也是复杂的，如可能通过察合台文进入南亚次大陆，需要通过语音、词法和句法综合判断其引入方式。本文在界定词源方面以《乌尔都语汉语词典》中标注的词源为基准，希望借此佐证南亚次大陆与伊朗地区的文化交流，由于认知水平有限，可能会存在一些错误。希望在后续的研究中，通过深化认知，弥补这些不足。

通过研究，我们发现在现代乌尔都语的形成与发展过程中，南亚次大陆与伊朗地区人群的人文往来非常频繁。两地区在宗教信仰、生活习俗、社会文明、政治制度等方面具备相当高的互相认同性。在文化交流的历程中，在商旅往来、政治互通等各个层面，语言作为必要的载体构筑了南亚次大陆与伊朗地区人文交流的桥梁。这些实际交流的需要促使两种语言互相借鉴、共同发展。如今，现代乌尔都语作为巴基斯坦的国语，是巴基斯坦各省各地区使用不同方言人群的通用语言，进一步承继了不同发展时期的功用，承担着文化连接与交流的重任。

本文以文本与语料库为对象展开初步研究，在一定程度上展现了语言的记录性，以及历史发展过程中语言与社会的互向性。在社会生活和政治领域方面，乌尔都语引入波斯语词源，反映出南亚次大陆与伊朗地区不仅在社会模式、社会组织、城市生活的衣食住行等方面交互影响，而且在宗教信仰、军事政权等多领域、多层面互相渗透、互相借鉴，展现出两个地区文化间具有较高的互懂性。由此可知，乌尔都语在形成、发展中，基于社会、政治、文化等多方面对波斯文化的吸收借鉴，不断充实完善。由此，本文以乌尔都语对波斯语的词源吸收与应用为研究视角，为初步探索南亚次大陆与伊朗地区的历史文化交流提供了佐证。

19世纪英殖民统治在南亚次大陆进入全面官方统治阶段，波斯语作为莫

卧儿帝国的宫廷语言，其官方语言的地位最终被英殖民统治者取缔。1947 年
巴基斯坦建国，乌尔都语开始承担国语的角色。在几代人的更迭中，当代巴
基斯坦人已经逐渐淡化了对波斯语言和文化的深入理解，但他们仍在不自知的
情况下，熟练运用着乌尔都语中吸收来的大量波斯语成分。当今的巴基斯坦人
在应用乌尔都语时，会夹杂大量的英语词汇与表达，这恰恰也是当今社会文
化影响的反映。由于大量的科技、创新、研究性词语表达在乌尔都语中没有
对应的词语，因此他们会将英文词汇直接引入乌尔都语，或用乌尔都语字母
拼写英语词汇，或用拉丁字母拼写乌尔都语。语言词汇的引进与普遍使用，
记录着文化交流及影响。乌尔都语中占比较大的波斯语词源词汇，记录并传
达着历史中波斯文化与南亚次大陆文化的深入交流，反映了双方在认知思想
领域，以及在文学艺术等诸多领域的交流与互鉴。

目前，乌尔都语在东西方跨文明交流中的角色，以及乌尔都语吸收阿拉
伯语、梵语、英语等多种语源等方面的基础研究，还存在着很大的研究空间，
值得我们后续逐一探究。

古代两河流域辞书文献中的"妻子"称谓

于佩宏[*]

【内容提要】古代两河流域的已婚女性有不同的"妻子"称谓，包括阿卡德语和苏美尔语两种形式，而阿卡德语形式使用更为广泛。据苏美尔语 - 阿卡德语辞书文献，笔者认为存在五种阿卡德语"妻子"称谓，分别是阿卡德语 *kallatu* 和苏美尔语 É.GI₄.A，意为新娘；阿卡德语 *ḫīrtu* 和苏美尔语 MUNUS.NITA. DAM 或 DAM.GAL，意为正妻；阿卡德语 *sinništu* 和苏美尔语 MUNUS，常见于文学文献，表示身份低贱的配偶；阿卡德语 *aššatu* 和苏美尔语 DAM，指代普遍意义的妻子；阿卡德语 *marḫītu* 则鲜见于文献。

【关键词】两河流域文明　辞书文献　"妻子"称谓　苏美尔语　阿卡德语

亲属称谓是人类社会中一种重要文化现象，古代两河流域的社会也不例外，"妻子"一词特别值得关注。古代两河流域的书吏使用苏美尔语和阿卡德语书写文献，他们在文献中使用 *kallatu*、*ḫīrtu*、*sinništu*、*aššatu* 以及

---

* 于佩宏，北京大学外国语学院西亚系博士研究生。

marḫītu，这五个阿卡德语词表示"妻子"，与阿卡德语称谓相应的苏美尔语形式见于辞书文献。古代两河流域的辞书文献是世界上最古老的词汇材料，有重要的学术价值，蕴含着研究"妻子"称谓的丰富材料，包括古代书吏对词汇的释义、阿卡德语词汇对应的苏美尔语形式、阿卡德语的同义词或相关主题词。

一　*kallatu* 与 É.GI₄.A

现代学者普遍将 *kallatu* 释作新娘[①]，博泰罗（Bottéro）认为 *kallatu* 指"年轻的妻子"[②]，斯托尔（Stol）进一步指出 *kallatu* 用于已婚或订婚状态，但尚未生育的女性[③]。

古代书吏编纂的 ḪAR-ra=ḫubullu 辞书系列（以下简称"Ḫḫ 系列"）的第 1 块泥版的第 78 行记载 é.gi₄.a=*kal-la-a-tum*[④]；LÚ=*ša* 辞书系列（以下简称"Lú 系列"）的第 3 块泥版的第 3 栏第 76 行记载 é.gi₄.a=*kal-la-tum*[⑤]。

据 Ḫḫ 系列和 Lú 系列，阿卡德语 *kallatu* 的苏美尔语形式是 É.GI₄.A[⑥]。其中 É（房子）是名词；GI₄ 是动词，有"储藏""存储""回到家""拿

[①] A. L. Oppenheim, et al., *Chicago Assyrian Dictionary 8 K*, Cushing-Malloy, 2008, p79. 又见 W. von Soden, *Akkadisches Handwörterbuch 1*, Harrassowitz Verlag, 1965, p426.

[②] J. Bottéro, "La femme dans l'Asie occidentale ancienne: Mésopotamie et Israël", in *Histoire mondiale de la femme I*, eds. P. Grimal, Nouvelle librairie de France,1965, p187. 转引自 M. Stol, "Payment of the Old Babylonian Brideprice", in *Looking at the Ancient Near East and the Bible through the Same Eyes. Minha LeAhron: A Tribute to Aaron Skaist*, eds. K. Abraham & J. Fleishman, CDL Press, 2012, p133.

[③] M. Stol, "Payment of the Old Babylonian Brideprice", in *Looking at the Ancient Near East and the Bible through the Same Eyes. Minha LeAhron: A Tribute to Aaron Skaist*, eds. K. Abraham & J. Fleishman, CDL Press, 2012, p133.

[④] B. Landsberger, *The Series ḪAR-ra=ḫubullu Tablets I-IV. Materialien zum sumerischen Lexikon 5*, Pontificium Institutum Biblicum, 1957, p15.

[⑤] M. Civil, *The Series lú=ša and Related Texts. Materialien zum sumerischen Lexikon 12*, Pontificium Institutum Biblicum, 1969, p126.

[⑥] 学界常将苏美尔语拉丁化转写为大写正体，将阿卡德语拉丁化转写为小写斜体，但一些辞书文献将苏美尔语转写为小写正体。除引用外，本文一律将苏美尔语转为大写正体形式。

回家"①的含义；A 是名词化格标记。É.GI₄.A 字面意为"限制在房中"②或"回
到家中"，茨维（Civil）称 É.GI₄.A 意为"关在新郎的住所，并居住于此的
新娘"③。

双语文献亦可证明苏美尔语 É.GI₄.A 和阿卡德语 *kallatu* 是同一含义，
如，一篇巴朗格（Balag）类型④的双语文学作品《被掠劫的城市》（Uru
Amirabi）⑤第 183 行提到 É.GI₄.A 的阿卡德语形式是 *kallatu*。

苏美尔语：Unug^{ki} e-gi₄-a-bi <na>-mèn mu-tin-mèn sag-dul₆-a ta Unug[^{ki}...]

阿卡德语：*ša ul kallatšu anāku ardatu anāku ana minim pu[ssumaku]*

难道我不是乌鲁克的新娘吗？我，那位少女，为什么要戴上面纱？

Malku = *šarru* 辞书系列⑥（以下简称"mš 系列"）主要收录的是阿卡德
语的同义词，也收录与词条相关的引申词。有关 *kallatu* 的词条出现在 mš 系
列第 1 块泥版的第 172 行至第 174 行、第 6 块泥版的第 230 行、第 7 块泥版
的第 78 行，以及详尽版 Malku = *šarru* 辞书系列⑦（以下简称"详尽版 mš 系列"）
的第 1 块泥版的第 217 行至第 223 行。

---

① M. Civil, "The law collection of Ur-Namma", in *Cuneiform royal inscriptions and related texts in the Schøyen collection. Cornell University Studies in Assyriology and Sumerology 17*, eds. A. R. George, CDL Press, 2011, p255.

② D. A. Foxvog, *Elementary Sumerian Glossary*, Cuneiform Digital Library Preprints, 2016, p17.

③ M. Civil, "The law collection of Ur-Namma", in *Cuneiform royal inscriptions and related texts in the Schøyen collection. Cornell University Studies in Assyriology and Sumerology 17*, eds. A. R. George, CDL Press, 2011, p255.

④ 巴朗格是鼓或竖琴。

⑤ M. E. Cohen, *The Canonical Lamentations of Ancient Mesopotamia 2*, Capital Decisions Limited, 1988, p564. 又见 A. L. Oppenheim, et al. , *Chicago Assyrian Dictionary 8 K*, Cushing-Malloy, 2008, p79。

⑥ Malku = *šarru* 辞书系列约 2000 个条目，词条按照主题进行编纂，如统治和战争、家庭成员和亲属关系、居住地和城市、城门和门、民居和神庙等。mš 系列不仅提供与阿卡德语词汇相应的同义词等内容，还为我们获知古代两河流域先民的分类方法和思想观念提供了丰富的研究材料。

⑦ 详尽版 mš 系列和 mš 系列的不同之处是详尽版 mš 系列提供的同义词词语更多。

Hrůša（胡尔沙）对 mš 系列以及详尽版 mš 系列做了详尽的研究。胡尔沙认为若 mš 系列第 1 块泥版第 172 行 A 抄本、B 抄本和 C 抄本每个词条的释义"婚礼"均正确，那么第 173 行 A 抄本和第 173 行 B 抄本左栏词条的 *ḫadaššû* 和 *ḫadaššūtu* 所对应的右栏词条不应是 *kallatu*；第 173 行 C 抄本左栏的 *ḫadaššul*（婚礼）是婚庆庆礼的术语，不应是人物的称谓。[①]

mš 系列第 1 块泥版[②]

第 172 行 A 抄本：*ḫadaššû=ḫaššāšu*

第 172 行 B 抄本：*ḫadaššūtu=ḫašā[du]*

第 172 行 C 抄本：*ḫadaššul =ḫašād[u]*

第 173 行 A 抄本：*ḫadaššû（ḫadaššatu）=kallatu*

第 173 行 B 抄本：*ḫadaššūtu=kallatu*

第 173 行 C 抄本：*ḫadaššul =kullul[u]*

第 174 行：*pussumtu=MIN*

详尽版 mš 系列第 1 块泥版第 217 行的左栏 *kallutu* 对应的右栏是 *kallatu*，第 218 行至第 223 行的右栏同第 217 行的右栏，基尔默（Kilmer）将第 217 行右栏的 *kallatu* 解释为苏美尔语形式的 SAL.É.GI$_4$.A。[③]

详尽版 mš 系列第 1 块泥版[④]

① I. Hrůša, *Die akkadische Synonymenliste, malku=šarru: eine Textedition mit Übersetzung und Kommentar*, Ugarit-Verlag, 2010, p206.

② I. Hrůša, *Die akkadische Synonymenliste, malku=šarru: eine Textedition mit Übersetzung und Kommentar*, Ugarit-Verlag, 2010, p42.

③ A. Kilmer, "The First Tablet of malku = šarru together with Its Explicit Version", *Journal of the American Oriental Society*, Vol.83, No.4, 1963, p437. 当今，学界将 SAL.É.GI$_4$.A 转写为 ^{munus}É.GI$_4$.A，见 I. Hrůša, *Die akkadische Synonymenliste, malku=šarru: eine Textedition mit Übersetzung und Kommentar*, Ugarit-Verlag, 2010, p286。

④ I. Hrůša, *Die akkadische Synonymenliste, malku=šarru: eine Textedition mit Übersetzung und Kommentar*, Ugarit-Verlag, 2010, p164.

第 217 行：*kallu*[*tu*]=[*kallatu*]

第 218 行：*ḫibabītu*=MIN

第 219 行：*kullultu*=MIN

第 220 行：*ḫadaššatu*=MIN

第 221 行：*pussumtu*=MIN

第 222 行：*kallatu*=MIN

第 223 行：*kallātu*= MIN

详尽版 mš 系列第 1 块泥版第 221 行左栏是 *pussumtu*，mš 系列第 6 块泥版第 230 行和第 7 块泥版第 78 行[①]的左栏也是 *pussumtu*。若据基尔默的研究，mš 系列第 6 块泥版第 230 行右栏 S[AL?.XXX] 残缺的部分则可修补为 S[AL.É.GI₄.A]，《芝加哥亚述语辞典 K 卷》同样将 *kallatu* 条目中 *pussumtu* 对应的右栏内容修补为 SAL.[É.GI₄.A]。[②]

值得注意的是，mš 系列第 6 块泥版第 227 行至第 229 行，以及第 7 块泥版第 75 行至第 77 行左栏和右栏的词条术语均与啤酒有关，如第 227 行和第 228 行的 *alappānu* 意为"甜啤酒"，第 229 行的 *ulušinnu* 也意为"甜啤酒"。据第 230 行左栏 *pussumtu* 所处的酒类词汇主题环境，mš 系列第 6 块泥版的 *pussumtu* 应指某种啤酒，而不是"妻子"的称谓。《芝加哥亚述语辞典 K 卷》将 mš 系列第 6 块泥版第 230 行右栏的 S[AL?.XXX] 修补为 S[AL.É.GI₄.A] 存在疑问。

mš 系列第 6 块泥版、第 7 块泥版[③]

---

① I. Hrůša, *Die akkadische Synonymenliste, malku=šarru: eine Textedition mit Übersetzung und Kommentar*, Ugarit-Verlag, 2010, p136.

② A. L. Oppenheim, et al. , *Chicago Assyrian Dictionary 8 K*, Cushing-Malloy, 2008, p79.

③ I. Hrůša, *Die akkadische Synonymenliste, malku=šarru: eine Textedition mit Übersetzung und Kommentar*, Ugarit-Verlag, 2010, p136.

第 6 块泥版第 227 行、第 7 块泥版第 75 行：*alappānu=matqu*

第 6 块泥版第 228 行、第 7 块泥版第 76 行：*alappānu=šikar bēlūti*

第 6 块泥版第 229 行、第 7 块泥版第 77 行：*ulušinnu=šikar ḫarê*

第 6 块泥版第 230 行、第 7 块泥版第 78 行：*pussumtu*=S[AL?.XXX]

胡尔沙注意到了上述问题。胡尔沙根据上下文的主题，提出 mš 系列第 6 块泥版第 230 行左栏的 *pussumtu* 应是一种啤酒的名称，第 230 行右栏不应是"新娘"。[1] 但胡尔沙又提出 mš 系列第 1 块泥版第 174 行左栏 *pussumtu* 相对应的右栏 *kullulu* 是讹误，正确的形式应是 *kallatu*。[2]

概括而言，mš 系列 *kallatu* 的同义词有 *ḫibabītu*[3] 和西闪米特语 *ḫadaššatu*[4]，两个词均为名词，含义是"新娘"；而 *kullultu*[5] 和 *pussumtu*[6] 是形容词，意思是"面纱的"。《中亚述法典》第 40 条规定男人的妻子、任何亚述妇女以及少女都需佩戴面纱。对此问题，特斯瓦特（Tsevat）称新娘戴面纱在古代两河流域是很普遍的风俗，戴面纱的目的是确认妇女的婚姻状况。[7] 巴尔别罗（Barbiero）则认为面纱是新娘贞洁的象征，是新娘属于某个男子的标志。[8] 笔者以为 mš 系列在编纂阿卡德语同义词外，亦包括相关主题概念的引申词汇，据此，*kullultu* 和 *pussumtu* 是与新娘主题有关的引申词，不是 *kallatu* 的同义词。

---

[1] I. Hrůša, *Die akkadische Synonymenliste, malku=šarru: eine Textedition mit Übersetzung und Kommentar*, Ugarit-Verlag, 2010, p271.

[2] I. Hrůša, *Die akkadische Synonymenliste, malku=šarru: eine Textedition mit Übersetzung und Kommentar*, Ugarit-Verlag, 2010, p206.

[3] A. L. Oppenheim, et al., *Chicago Assyrian Dictionary 8 K*, Cushing-Malloy, 2008, p179.

[4] A. L. Oppenheim, et al., *Chicago Assyrian Dictionary 6 H*, J.J.Augustin, 1995, p22.

[5] A. L. Oppenheim, et al., *Chicago Assyrian Dictionary 8 K*, Cushing-Malloy, 2008, p518.

[6] M. T. Roth, et al, *Chicago Assyrian Dictionary 12 P*, Eisenbrauns, 2005, p537.

[7] M. Tsevat, "The Husband Veils a Wife (Hittite Laws, Sections 197-98)", *Journal of Cuneiform Studies*, Vol.27, No.4, 1975, p237.

[8] G. Barbiero, *Song of Songs*, Brill, 2011, p177.

二 ḫīrtu 与 MUNUS.NITA.DAM、DAM.GAL

现代学者编纂的词典解释 ḫīrtu 为"和丈夫同等地位的妻子"[①] 或"门第相当的妻子"[②]。名词 ḫīrtu 源于阿卡德语动词 ḫâru，ḫâru 意为"挑选和结伴"[③] 或"求婚"[④]。

ḫīrtu 的苏美尔语形式见于古代书吏编纂的辞书文献，其中最重要的来源是 igi-duḫ-a = tāmartu 辞书系列（以下简称"Igituh 系列"）、Lú 系列，以及 DIRI =（w）atru 辞书系列（以下简称"Diri 系列"）。

据上述三部辞书文献，ḫīrtu 的苏美尔语形式有 MUNUS.NITA.DAM 和 DAM.GAL。其中 Lú 系列提到 DAM.GAL，名词 DAM 通常意为"妻子"，形容词 GAL 意为"头等的""首要的"，DAM.GAL 则意为"头等的妻子"。

Lú 系列第 3 块泥版第 3 栏第 58 行[⑤]: DAM.GAL=ḫīrtum

Igituh 系列[⑥]

第 287 行: LÚ.NITA.DAM=ḫā'iru（丈夫）

第 288 行: LÚ.MUNUS.NITA.DAM=ḫīrtu（妻子）

早期的研究文献多将 MUNUS.NITA.DAM 转写为 SAL.UŠ.DAM。MUNUS 意为"女人""女性"；NITA 意为"男人""男性"；DAM 意为"妻子"或"丈夫"，MUNUS、NITA 和 DAM 均为名词。马伊（May）认

---

① A. L. Oppenheim, et al. , *Chicago Assyrian Dictionary 6 H*, J. J. Augustin, 1995, p200.

② W. von Soden, *Akkadisches Handwörterbuch 1*, Harrassowitz Verlag, 1965, p348.

③ A. L. Oppenheim, et al. , *Chicago Assyrian Dictionary 6 H*, J. J. Augustin, 1995, p119.

④ J. A. Black, et al. , *A concise dictionary of Akkadian*, Harrassowitz Verlag, 2000, p115.

⑤ M. Civil, *The Series lú=ša and Related Texts, Materialien zum sumerischen Lexikon 12*, Pontificium Institutum Biblicum, 1969, p125.

⑥ B. Landsberger & O. Gurney, "Igi-duḫ-a=tāmartu, short version", *Archiv für Orientforschung*, Vol.18, 1957, p84.

为 MUNUS.NITA.DAM，字面意为"雌雄同体的配偶"，表达女性和丈夫处于平等地位。[1]

格林格斯（Greengus）称鲍尔（Bauer）认为 MUNUS.NITA.DAM=gidlam，nidlam=*ḫā'iru*，*ḫīrtu*。在鲍尔的观点基础上，格林格斯据 Diri 系列第 4 块泥版第 162 行的 nidlam=MUNUS.NITA=*ḫīrtu*，认为 DAM 起到的是音补作用。此外，格林格斯称 MUNUS.NITA 形式存续于古代两河流域西部的阿拉拉赫（Alalakh）和阿玛尔纳（Amarna）地区的楔形文字文献中。[2]

　　　Diri 系列第 4 块泥版[3]

　　　　第 160 行：gidlam=NITA.DAM=*ḫā'iru*（丈夫）

　　　　第 161 行：gidlam=NITA.MUNUS.DAM=MIN

　　　　第 162 行：nidlam=MUNUS.NITA=*ḫīrtu*（妻子）

详尽版 mš 系列第 1 块泥版第 172 行至第 173 行[4] 提到 *ḫīrtu* 的同义词有 *ḫīratu* 和 *marḫītu*。*ḫīratu* 源于动词 *ḫâru*，主要见于标准巴比伦语文学文献[5]，例如《埃拉赞美诗》第 20 行 *itti Mami ḫīratus ippuš ulṣamma*（埃拉爱他的妻子玛米）[6]，书吏称埃拉的配偶玛米是 *ḫīratu*。又如，标准巴比伦本《吉尔伽美什史诗》第 1 块泥版第 77 行 *marat quradi ḫīrat eṭli*（勇士的女儿，小伙子

① N. N. May, "Neo-Assyrian Women, Their Visibility, and Their Representation in Written and Pictorial Sources", in *Studying Gender in the Ancient Near East*, eds. S. Svärd & A. Garcia-Ventura, Eisenbrauns, 2018, p275.

② S. Greengus, "Bridewealth in Sumerian Sources", *Hebrew Union College Annual*, Vol.61, 1990, p29.

③ M. Civil, *The Series DIRI=(w)atru. Materialien zum sumerischen Lexikon 15*, Pontificium Institutum Biblicum, 2004, p156. 当今，SAL 转写作 MUNUS，UŠ 转写作 NITA。

④ I. Hrůša, *Die akkadische Synonymenliste, malku=šarru: eine Textedition mit Übersetzung und Kommentar*, Ugarit-Verlag, 2010, p160.

⑤ A. L. Oppenheim et al. , *Chicago Assyrian Dictionary 6 H*, J. J. Augustin, 1995, p197.

⑥ C. Wilcke, "Die Anfänge der akkadischen Epen", *Zeitschrift für Assyriologie und Vorderasiatische Archäologie*, Vol.67, No.2, 1977, p192.《埃拉赞美诗》第 20 行未直接提及埃拉，本句翻译基于《埃拉赞美诗》全文。

的妻子）①，提到年轻人的配偶时使用的是 *ḫīratu*。

三　*sinništu* 与 MUNUS

sinništu 一词的基本含义有"女性""女人"②以及"妻子"③，其中"女性"或"女人"的含义较普遍，有学者进一步指出 *sinništu* 是成年的女性④。而意为"妻子"时常见于文学文献，拱玉书指出标准巴比伦本《吉尔伽美什史诗》用 *sinništu* 称呼蝎人的妻子，*sinništu* 意为"贱内""浑家"意味明显⑤。

据 Ea A = *nâqu* 辞书系列第 5 块泥版第 229 行 [mu-nu]-us=SAL=*sin-niš-tu* ⑥、Sb 词汇表第 1 块泥版第 330 行 [mu-nu-ús]=*sin-niš-tum* ⑦，以及原始 Ea 词汇表（Proto-Ea）第 426 行 mu-nu-ús=SAL⑧。*sinništu* 的苏美尔语形式是 MUNUS，意为女性或女人，有学者认为也可转写作 MÍ ⑨。MUNUS 从楔文造字角度属于部位象形字，即以某一部位或部分代表生物的整体⑩，MUNUS 就是以女性的生殖器官来表示女人。

一篇亚述时期的苏美尔语—阿卡德语双语谚语文献第 20 行至第 21 行⑪

① A. R. George, *The Babylonian Gilgamesh epic: introduction, critical edition and cuneiform texts*, Oxford University Press, 2003, p542.

② E. M. Wright, *Studies in Semitic Historical Semantics: Words for 'Man' and 'Woman'*, Diss, Harvard University, 1997, p38.

③ S. Lafont, *Femmes, Droit et Justice dans l'Antiquité orientale: Contribution à l'étude du droit pénal au Proche-Orient ancient*, Vandenhoeck & Ruprecht, 1999, p46.

④ R. Harris, *Gender and Aging in Mesopotamia: The Gilgamesh Epic and Other Ancient Literature*, University of Oklahoma Press, 2003, p27.

⑤ 拱玉书译注《吉尔伽美什史诗》，商务印书馆，2021 年，第 195~196 页。

⑥ M. Civil, *Ea A=nâqu, Aa A=nâqu, with their Forerunners and Related Texts. Materialien zum sumerischen Lexikon 14*, Pontificium Institutum Biblicum, 1979, p402.

⑦ B. Landsberger, *Materialien zum sumerischen Lexikon 3*, Pontificium Institutum Biblicum, 1955, p125.

⑧ M. Civil, *Ea A=nâqu, Aa A=nâqu, with their Forerunners and Related Texts. Materialien zum sumerischen Lexikon 14*, Pontificium Institutum Biblicum, 1979, p48.

⑨ W. Hallo & J. J. A.van Dijk, *The Exaltation of Inanna*, Yale University Press,1968, p85.

⑩ 拱玉书《楔形文字与六书》，载北京大学东方学系东方文化研究所编《东方研究 1998 年纪念百年校庆论文集》，蓝天出版社，1998 年，第 29 页。

⑪ W. G. Lambert, *Babylonian Wisdom Literature*, Eisenbrauns, 1996, p229.

分别使用苏美尔语 MUNUS 和阿卡德语 *sinništu*。

苏美尔语：é en-bi nu-nam munus nitá nu-tuku

阿卡德语：*bītu ša la bēli sinništu ša la muti*

没主人的房子就像没丈夫的女人！

sinništu 的同义词见于详尽版 mš 系列第 1 块泥版第 70 行至第 72 行，分别是 *iššu*、*zinništu* 以及 *ašbutu* [①]，胡尔沙将 *sinništu*、*iššu* 及 *zinništu* 解释为"女人"。[②]

详尽版 mš 系列第 1 块泥版

第 70 行：*iššu=sinništu*

第 71 行：*zinništu=MIN*

第 72 行：*ašbutu=MIN*

zinništu 由 *sinništu* 发生音变而来；*ašbutu* 是新巴比伦时期的词语，意为女人或妻子 [③]。*iššu* 不同于新亚述时期的 *issu*，是较罕见的阿卡德语词语，多见于古巴比伦时期的诗歌 [④]。胡尔沙认为 *iššu* 是西闪米特语 [⑤]。据详尽版 mš 系列第 1 块泥版第 174 行 *iššu=aššatu*，以及第 174 行 A 抄本 *marḫītu=MIN* [⑥]，

① I. Hrůša, *Die akkadische Synonymenliste, malku=šarru: eine Textedition mit Übersetzung und Kommentar*, Ugarit-Verlag, 2010, p152.
② I. Hrůša, *Die akkadische Synonymenliste, malku=šarru: eine Textedition mit Übersetzung und Kommentar*, Ugarit-Verlag, 2010, p153.
③ J. A. Black et al. , *A concise dictionary of Akkadian*, Harrassowitz Verlag, 2000, p30.
④ S. Parpola, "The Neo-Assyrian word for 'queen'", *State Archives of Assyria Bulletin 2*, 1988, p74. 又见 W. von Soden, "Der hymnisch-epische Dialekt des Akkadischen", *Zeitschrift für Assyriologie und Vorderasiatische Archäologie*, Vol.41, 1933, p164。
⑤ I. Hrůša, *Die akkadische Synonymenliste, malku=šarru: eine Textedition mit Übersetzung und Kommentar*, Ugarit-Verlag, 2010, p545.
⑥ I. Hrůša, *Die akkadische Synonymenliste, malku=šarru: eine Textedition mit Übersetzung und Kommentar*, Ugarit-Verlag, 2010, p160. 苏美尔语 MIN 意为"同上"，此处的 MIN 指详尽版 mš 系列第 1 块泥版第 174 行右栏的 *aššatu*。

iššu 也是 *marḫītu* 和 *aššatu* 的同义词。

一篇古巴比伦时期的伊什妲赞美诗[1]使用了 *iššu*，这篇赞美诗的第 4 行逐字重复第 2 行的内容，并用相似的发音 "*iššī*"（"女人"）代替 "*nišī*"[2]（"人们"），第 20 行的 *i-ni-ši* 根据语境可能是 *ina iššī*（*iniššī*）"女人中"或 *ina nišī*（*innišī*）"人们中"[3]。第 32 行出现 *iššu* 的复数形式 *iššū*。

（1）*iltam zumrā rašubti ilātim* （2）*litta' id bēlit nišī rabīt Igigî*

（3）*Ištar zumrā rašubti ilātim* （4）*litta' id bēlit iššī rabīt Igigî*

女神的歌声，让人敬畏的女神，让众人的主，伟大的依吉吉被称赞！伊什妲的歌声，让人敬畏的女神，让女人的主，伟大的依吉吉被称赞！

（17）*tartāmi tešmê ritūmī ṭūbī* （18）*u mitguram tebêl šīma*

（19）*ardat tattabû/tattaddû umma tarašši* （20）*izakkarši iniššī/innišī inabbi šumša*

她热情也易知足，她掌管（人间的）和睦，少女，她呼唤的母亲，妇女 / 人民中有人呼唤她的名字。

（29）*šarrassun uštanaddanū siqrīša* （30）*kullassun šâš kamsūši*

（31）*nannārīša illakūšim* （32）*iššū u awīlum palḫūšīma*

她是万民的女皇，他们相互传颂她的话语，所有人屈膝匍匐在她脚下，崇拜着她的光芒，男女老少皆敬畏她。

---

[1] F. Thureau-Dangin, "Un Hymne à Ištar de la Haute Époque Babylonienne", *Revue D'Assyriologie et D'archéologie Orientale*, Vol. 22, No. 4, 1925, p169–177. 最新的转写见 A. Lenzi, *Reading Akkadian prayers and hymns: an introduction*, Society of Biblical Literature, 2011, p113–123。

[2] A. Lenzi, *Reading Akkadian prayers and hymns: an introduction*, Society of Biblical Literature, 2011, p113.

[3] A. Lenzi, *Reading Akkadian prayers and hymns: an introduction*, Society of Biblical Literature, 2011, p116.

四　aššatu 与 DAM

aššatu 是阿卡德语文献中出现频率最多的"妻子"称谓，现代学者编纂的词典通常解释作"妻子"[①]。米歇尔（Michel）据卡聂什（Kaniš）出土的古亚述时期（约前 2000 — 前 1814 年）书信文献，认为使用 aššatu 称谓的配偶是丈夫的主要妻子。[②]

据 Hḫ 系列第 1 块泥版第 88 行 dam=aššatum[③]，Lú 系列第 3 块泥版第 53 行 [dam]=aššatu[④]，以及 Sb 词汇表第 342 行 dam=aššatum[⑤]，aššatu 的苏美尔语形式是 DAM。

古阿卡德和古巴比伦时期的书吏有时用 MUNUS 替代 DAM，使用 MUNUS 的实证见于一块谷物分配泥版[⑥]，盖尔布（Gelb）认为谷物分配泥版第 4 行出现的 MUNUS 不应视为讹误，他认为古阿卡德时期常用 MUNUS 代替 DAM。[⑦]

马里（Mari）和阿拉拉赫出土的文献多见 MUNUS.DAM，而 DAM 形式少见。[⑧] 阿拉拉赫出土的编号为 ATT/39/32 的古巴比伦时期泥版，正面第 5

---

① 有关 aššatu 的释义见 W. von Soden, *Akkadisches Handwörterbuch 1*, Harrassowitz Verlag, 1965, p83. 又见 A. L. Oppenheim et al. , *Chicago Assyrian Dictionary 1 A Ⅱ*, J. J. Augustin, 2004, p462. 另见 M. Stol, *Women in the Ancient Near East*, De Gruyter, 2016, p10。

② C. Michel, "Akkadian Texts—Women in letters: Old Assyrian Kaniš", in *Women in the Ancient Near East: A Sourcebook*, eds. M. W. Chavalas, London: Routledge, 2014, p211.

③ B. Landsberger, *The Series ḪAR-ra=ḫubullu Tablets Ⅰ–Ⅳ. Materialien zum sumerischen Lexikon 5*, Pontificium Institutum Biblicum, 1957, p15.

④ M. Civil, *The Series lú-ša and Related Texts, Materialien zum sumerischen Lexikon 12*, Pontificium Institutum Biblicum, 1969, p125.

⑤ B. Landsberger, *Materialien zum sumerischen Lexikon 3*, Pontificium Institutum Biblicum, 1955, p126.

⑥ I. J. Gelb, *Glossary of Old Akkadian. Materials for the Assyrian Dictionary 3*, The University of Chicago Press, 1957, p54.

⑦ I. J. Gelb, *Old Akkadian inscriptions*, Chicago Natural History Museum, 1955, p242.

⑧ A. L. Oppenheim et al. , *Chicago Assyrian Dictionary 1 A Ⅱ*, J. J. Augustin, 2004, p462.

行见 MUNUS.DAM.A.[NI]（他的妻子）[①]；另一块编号为 ATT/39/141 的古巴比伦时期泥版，反面第 18 行是 MUNUS.MEŠ.DAM.NI-*šu*<*nu*>（他们的妻子们）[②]。

据 Hḫ 系列第 1 块泥版第 87 行的 dam=*mutum*，第 88 行的 dam=*aššatum* [③]，苏美尔语 DAM 不仅意为妻子（*aššatu*），亦可指代丈夫（*mutu*），罗斯（Roth）认为苏美尔语的 DAM 不能区分男、女；而相应的阿卡德语 *aššatu* 和 *mutu* 明确了妻子和丈夫的区别，可以体现相应的法律地位、社会责任以及权利[④]。

值得注意的是，Hḫ 系列第 1 块泥版第 89 行 dam-dam=*alti muti*、第 90 行 dam-guruš=MIN *eṭli*、第 91 行 dam-lú=MIN *ameli* [⑤]，以及 Lú 系列第 3 块泥版第 54 行 dam-guruš=[*alti eṭli*]、第 55 行 [dam-dam]=[*al*]*ti muti* [⑥]，以 DAM 为主题的词条指向不同人群的妻子，分别是 dam-dam=*alti muti*、dam-guruš=*alti eṭli*、dam-lú=*alti ameli* 三类。

第一类是 dam-dam=*alti muti*。*alti* 是属格结构态形式，原型 *altu* 是 *aššatu* 的变体，常出现在新巴比伦时期的文献，较少见于标准巴比伦语文献，*alti muti* 字面意思是"丈夫的妻子"。

第二类是 dam-guruš=*alti eṭli*。guruš 和 *eṭli* 指年轻人，字面意思是"年轻男子的妻子"，茨维称之为"未婚男子的妻子"[⑦]，亦有学者称之为"早婚"[⑧]。

① O. Loretz & D. Manfried, "Alalah-Texte der Schicht VII (11). Schuldtexte, Vermerke und Sonstiges", *Ugarit-Forschungen*, Vol. 37, 2005, p266–267.

② O. Loretz & D. Manfried, "Alalah-Texte der Schicht VII (11). Schuldtexte, Vermerke und Sonstiges", *Ugarit-Forschungen*, Vol. 37, 2005, p276–277.

③ B. Landsberger, *The Series ḪAR-ra=ḫubullu Tablets I – IV. Materialien zum sumerischen Lexikon 5*, Pontificium Institutum Biblicum, 1957, p15.

④ M. T. Roth, "Women and law", in *Women in the Ancient Near East: A Sourcebook*, eds. M. W. Chavalas, London: Routledge, 2014, p146.

⑤ B. Landsberger, *The Series ḪAR-ra=ḫubullu Tablets I – IV. Materialien zum sumerischen Lexikon 5*, Pontificium Institutum Biblicum, 1957, p15.

⑥ M. Civil, *The Series lú-ša and Related Texts. Materialien zum sumerischen Lexikon 12*, Pontificium Institutum Biblicum, 1969, p125.

⑦ M. Civil, "The law collection of Ur-Namma", in *Cuneiform royal inscriptions and related texts in the Schøyen collection. Cornell University Studies in Assyriology and Sumerology 17*, eds. A. R. George, CDL Press, 2011, p256.

⑧ B. Wells & F. R. Magdalene, *Law from the Tigris to the Tiber: The Writings of Raymond Westbrook 2*, Eisenbrauns, 2009, p275–277.

第三类是 dam-lú=*alti ameli*。苏美尔语 lú 和对应的阿卡德语 *ameli* 意为"成年的男子"，*alti ameli* 字面意思是"成年男子的妻子"。

据阿卡德语同义词辞书 mš 系列第 1 块泥版第 164 行 *ašūbatu*, *ašubbatu=aššatu*[1] 和详尽版 mš 系列第 1 块泥版第 174 行 *iššu=aššatu*，以及第 174 行 A 抄本 *marḫītu*=MIN [2]，*aššatu* 的同义词有 *iššu*、*marḫītu*、*ašūbatu* 和 *ašubbatu*。

iššu 是古巴比伦时期的形式，*marḫītu* 是另一种"妻子"称谓。*ašūbatu* 的词义也是"妻子"，见于 mš 系列第 1 块泥版第 163 行 *ašūbatu*, *ašubbatu*=MIN 和第 164 行 *ašūbatu*, *ašubbatu=aššatu* [3]，以及详尽版 mš 系列第 1 块泥版第 87 行 C 抄本 *aš*[ubbatu]=[*aššatu*] [4]。第 163 行和第 164 行的 *ašūbatu* 和 *ašubbatu* 是新巴比伦时期的词语[5]，胡尔沙认为 *ašūbatu* 和 *ašubbatu* 与动词 *wašabum*（居住）有关，意为"在家中的女人"[6]。

　　　mš 系列第 1 块泥版

　　　　第 162 行 *mērtu=ardatu*

　　　　第 163 行 *ašūbatu*, *ašubbatu*=MIN

　　　　第 164 行 *ašūbatu*, *ašubbatu=aššatu*

除 mš 系列外，目前 *ašūbatu* 或 *ašubbatu* 只出现在编号为 BM 123364 的

---

① I. Hrůša, *Die akkadische Synonymenliste, malku=šarru: eine Textedition mit Übersetzung und Kommentar*, Ugarit-Verlag, 2010, p40.

② I. Hrůša, *Die akkadische Synonymenliste, malku=šarru: eine Textedition mit Übersetzung und Kommentar*, Ugarit-Verlag, 2010, p160.

③ I. Hrůša, *Die akkadische Synonymenliste, malku=šarru: eine Textedition mit Übersetzung und Kommentar*, Ugarit-Verlag, 2010, p40.

④ I. Hrůša, *Die akkadische Synonymenliste, malku=šarru: eine Textedition mit Übersetzung und Kommentar*, Ugarit-Verlag, 2010, p154.

⑤ J. A. Black et al. , *A concise dictionary of Akkadian*, Harrassowitz Verlag, 2000, p30.

⑥ I. Hrůša, *Die akkadische Synonymenliste, malku=šarru: eine Textedition mit Übersetzung und Kommentar*, Ugarit-Verlag, 2010, p41.

词汇表残片，残片上写有 *a-gi-ra-tum*，*a-šub-ba-tum*，*a-šu-ba-tum* =*áš-šá-tum* ①。

据 mš 系列第 1 块泥版第 162 行和第 163 行，辞书文献提到的 *ašūbatu* 和 *ašubbatu* 是 *ardatu* 和 *mērtu* 的同义词。mš 系列第 162 行的 *mērtu* 是 *martu* 的变体，属西闪米特语，意为“少女”或“女儿”②。中亚述时期的一篇爱情文学作品《我的爱是照亮日食的光》③，正面第 2 栏第 22 行 *mērtu libbaša nigûta*（这个少女，她的心，一首快乐的歌）和反面第 7 栏第 39 行 *mērtu ūbla libbaša šuāra*（这个少女，她的内心渴望跳舞）出现了 *mērtu*，文中意为“少女”。

《芝加哥亚述语辞典 A 卷第二册》将 *ardatu* 解释为“年轻的女子”，年轻的女子包括女孩和成人④，*ardatu* 是 *wardatu* 的变体。*ardatu* 主要见于古巴比伦时期的文献、标准巴比伦语文献及新亚述时期的文献⑤，如尼尼微出土的一篇新亚述时期《分娩咒语和仪式文献》⑥中的 *ardatu* 意为“少女”。

第 8 行至第 12 行：*mīnu terrišinni* NIN *mīnu liddinūnikki liddinūnikki* GUD-MEŠ ŠE-MEŠ UDU-MEŠ *marûte ul* KÚ GUD-MEŠ ŠE-MEŠ UDU-MEŠ *marûte liddinūni ayāši zīmu ša ardāti*（KI.SIKIL-MEŠ ⑦）*banûtu ša eṭlūti*（GURUŠ-MEŠ）LÚ.A.ZU-*utu ša la iggammaru ina* ŠU.2-*ia šukun*

姐姐，你想从我这里得到什么？他们应该给你什么？让他们给你肥

---

① I. Hrůša, *Die akkadische Synonymenliste, malku=šarru: eine Textedition mit Übersetzung und Kommentar*, Ugarit-Verlag, 2010, p205. 又见 M. Krebernik, "Reviewed Work(s): Die akkadische Synonymenliste malku= šarru: Eine Textedition mit Übersetzung und Kommentar, by Ivan Hörša". *Orientalia, nova series*, Vol.82, No.1, 2013, p18。

② A. L. Oppenheim et al. , *Chicago Assyrian Dictionary 10 M II*, J. J. Augustin, 2004, p27.

③ N. Wasserman, *Akkadian Love Literature of the Third and Second Millennium BCE, Leipziger Altorientalische Studien 4*, Harrassowitz Verlag, 2016, p208–212.

④ A. L. Oppenheim et al. , *Chicago Assyrian Dictionary 1 A II*, J. J. Augustin, 2004, p242.

⑤ A. L. Oppenheim et al. , *Chicago Assyrian Dictionary 1 A II*, J. J. Augustin, 2004, p242.

⑥ A. Livingstone, *Court Poetry and Literary Miscellanea, State Archives of Assyria 3*, Helsinki University, 1989, p118.

⑦ 阿卡德语 *ardātu* 的苏美尔语形式为 KI.SIKIL-MEŠ。

牛、肥羊吧！我不吃肥牛、肥羊！让他们给我带来少女的魅力！年轻人的英俊！将无穷无尽的医学技艺放在我手中！

五 *marḫītu* 与 MUNUS.NITA

现代学者编纂的词典将 *marḫītu* 释作妻子，在词源方面，*marḫītu* 源于阿卡德语动词 *reḫû*，取自 "使……怀孕" 之意。阿卡德语 *marḫītu* 是较罕见的称谓，主要见于古巴比伦时期的文献、标准巴比伦语文献、乌加里特地区出土的文献。[①]

古巴比伦时期的文献，如古巴比伦本《吉尔伽美什史诗》西帕尔泥版第 3 栏第 13 行 *marḫitum liḫtaddâm ina sūnika*（让夫人高兴地拥抱你）[②]；标准巴比伦语文献，如标准巴比伦本《吉尔伽美什史诗》第 11 块泥版第 212 行 ᵐ*Utnapišti ana šâšima izakkar ana marḫitišu*（乌塔纳皮什提对他的夫人说）[③]；乌加里特地区文献见于一篇阿卡德语 – 胡里特语双语训诫文献的第 4 行 *dūriš marḫitasu māra ul išû*（他的夫人永远不会有儿子）。[④]

现存的古代辞书文献未提及 *marḫītu* 的苏美尔语形式，古迪逊（Knudtzon）认为 *marḫītu* 的苏美尔语形式是 MUNUS.NITA（过去转写为 SAL.UŠ）[⑤]，《芝加哥亚述语辞典 M 卷》指出在阿马尔纳书信和乌加里特出土的文献中，MUNUS.NITA 的阿卡德语形式为 *marḫītu* 或 *ḫīrtu*。[⑥]

但是，博阿兹克伊和阿拉拉赫出土文献中的 MUNUS.NITA，在文本语境

---

① A. L. Oppenheim et al., *Chicago Assyrian Dictionary 10 M I*, J. J. Augustin, 2004, p281.

② A. R. George, *The Babylonian Gilgamesh epic: introduction, critical edition and cuneiform texts*, Oxford University Press, 2003, p278.

③ A. R. George, *The Babylonian Gilgamesh epic: introduction, critical edition and cuneiform texts*, Oxford University Press, 2003, p716.

④ W. G. Lambert, *Babylonian Wisdom Literature*, Eisenbrauns, 1996, p116.

⑤ J. A. Knudtzon, *Die El-Amarna-Tafeln. 2 Teil: Anmerkungen und Register*, J. C. Hinrichs'sche Buchhandlung, 1915, p1464.

⑥ A. L. Oppenheim et al., *Chicago Assyrian Dictionary 10 M I*, J. J. Augustin, 2004, p281.

中则更多地意为"女人"[①]。如，阿拉拉赫出土编号为 ATT/8/178[②] 的泥版提到 3 MUNUS.NITA^MEŠ 2 LÚ^MEŠ *ištu* ^URU*Zalakkia*（来自扎拉卡亚城的 3 个女人和 2 个男人）。

据详尽版 mš 系列第 1 块泥版第 172 行 *ḫīratu=ḫīrtu*、第 173 行 *marḫītu=* MIN、第 174 行 *iššu=aššatu*、第 174 行 A 抄本 *marḫītu*=MIN[③]，*marḫītu* 的同义词有 *ḫīrtu* 和 *aššatu*。*ḫīrtu* 以及 *aššatu* 都是"妻子"的称谓，不再赘述。

结　语

古代两河流域的楔形文字文献中，"妻子"这个概念有阿卡德语和苏美尔语两种表达形式，尤以阿卡德语形式更为普遍与突出。笔者认为书吏使用五种阿卡德语表达方式，分别为 *kallatu*（新娘）、*ḫīrtu*（正妻）、*sinništu*（贱内）、*aššatu*（妻子、爱人）以及 *marḫītu*（妻子），每一种都有特定含义，用于特定场合。如，标准巴比伦本《吉尔伽美什史诗》中身份卑微的"妻子"称为 *sinništu*，*kallatu* 则用于新婚的"妻子"。

但对现代学者而言，这五种阿卡德语"妻子"称谓的具体内涵、指代的具体人物的身份和社会地位并不十分清楚。目前，国内外鲜有人专门对此问题进行研究，笔者据苏美尔语–阿卡德语辞书文献，探讨了"妻子"称谓的阿卡德语形式，相应的苏美尔语表达方式。根据苏美尔语的构词特点，探析了不同"妻子"称谓的意义。如，*ḫīrtu* 的苏美尔语形式有 DAM.GAL，本文分析了 DAM 和 GAL 的词义，结合古代两河流域的楔形文字法典，提出 *ḫīrtu* 的地位在五种"妻子"称谓中最高。此外，以阿卡德语同义词辞书为线索，探讨了各种"妻子"称谓的同义词和相关引申词。

① E. Reiner et al. , *Chicago Assyrian Dictionary 15 S*, J. J. Augustin, 2000, p216–217.
② D. J. Wiseman, *The Alalakh Tablets*, British Institute of Archaeology at Ankara, 1953, p80.
③ I. Hrůša, *Die akkadische Synonymenliste, malku=šarru: eine Textedition mit Übersetzung und Kommentar*, Ugarit-Verlag, 2010, p160.

古代两河流域不同社会地位的已婚女性，以及同一男性的不同配偶，使用的"妻子"称谓不尽相同，"妻子"的称谓明显受社会地位、家庭关系、情绪等影响。因此，"妻子"称谓的深入探究，对古代两河流域的文化史、社会史及女性史等方面的研究有重要的参考价值。

现代日语汉语动词词干与词尾的可分离性研究[*]

刘 健^{**}

【内容提要】现代日语汉语动词的研究，经过对其词干的结构进行分析这一阶段后，从 20 世纪 80 年代前后，逐步转向对其语法功能的研究层面。可以说，词干结构研究客观上为后来的语法性质研究奠定了基础。本文从汉语动词词干结构着眼，借鉴前人关于词汇学与语法学相结合的研究视角，通过调查语料库对「ＶＮする」结构与「ＶＮをする」的实现条件、结构特点、语义特征等方面进行了分析。

【关键词】汉语动词 「ＶＮをする」 语法功能 可分离性 「を」格插入

前 言

关于现代日语汉语动词语法功能的研究，近年来是中日两国语言学研究

* 本文系 2020 年度教育部人文社科研究青年基金项目 "现代日语汉语动词的语法功能研究"（项目号 20YJC740030，主持人：刘健）的阶段性成果。
** 刘健，首都师范大学外国语学院日语系副教授。

界共同关注的领域。以往的研究成果主要集中在对汉语动词内部构造的研究上，但以影山太郎为代表的研究者们也已经开始从着眼于词汇学与语法学相结合的研究视角出发展开分析。[①] 本文通过调查语料库，对「ＶＮする」「ＮＶする」「ＶＶする」等类型的二字汉语动词词干与词尾的紧密度情况进行分析，论证其词干特征与整体动词的语法功能之间的关联。

汉语动词是指日语中サ变动词中词干部分为汉语词（即音读词）的动词（如「学生」「刊行」等）。学界一般将秦汉时期及以后由中国传入日本的音读词统称为汉语词或汉字词，其中部分汉语词进入日语并经添加动词后缀する后成为汉语动词（如「研究する」「代行する」等）。[②] 这些汉语动词有的与现代汉语同形同义或同形近义，对中国的日语学习者来说是一大有利因素，但同时其语法功能与现代汉语的不同之处也成为中国日语学习者的阻碍因素，近年来为广大日语研究者所关注。

一　本领域研究成果及其问题点

如前所述，动词的研究一直是日语学界极受关注的领域，同时需要注意的是，以往对动词的研究主要集中在和语动词上，汉语动词词干构成要素的词源复杂，并且这些词干构成要素之间意义关系复杂，需要根据自身的性质，借助句法理论的研究方法，才能真正了解其语法功能。据笔者调查，现代日语サ变动词中，词干为汉语词的超过 10000 个，其中绝大多数都是二字汉语词，因此以往的先行研究也多是将考察对象定位在现代日语二字汉语动词上，近年来，也有学者对“一字汉语词＋する”型汉语动词展开调查。在日本学界，相较于和语动词的研究，对汉语动词的研究起步较晚，代表性研究是原日本

---

① 影山太郎『文法と語構成』、ひつじ書房、1993 年。

② 当然，关于这些汉语词的词源研究，近年来也受到关注。本文不做考证，仅按照中日两国学术界认定，将“音读汉字词”统称为“汉语词”，将这些“汉语词”添加后缀「する」后形成的词称为“汉语动词”。

早稻田大学教授野村雅昭在 1977 年开始发表的系列考察，其考察详细分析了现代日语二字汉语动词词干的内部构造。近年来基于这一点的考察也引起了其他研究学者的关注，例如东京大学教授小林英树[①]、张善实[②]、张志刚[③]、刘健[④] 也对该领域展开了探讨。而目前关于汉语动词语法功能的研究中，分析其自他性的研究 —— 包括汉语动词本身的自他性研究和「ＶＮする」型汉语动词前接宾语的研究 —— 占了绝大多数。不过，对于汉语动词词干与词尾的可分离性研究，也已经有研究者开始关注。

影山太郎在『文法と語形成』一书中率先提出关于将词汇性与句法性理论相结合研究动词的观点，该书的关注对象并没有限定在汉语动词上，所以对汉语动词虽有涉及，但着墨不多，在给其后研究者指出崭新的研究方向的同时，也留下了巨大的研究推进空间。邱根成受影山太郎一书启发，首先从汉语动词的词汇性和语法性相结合的角度出发，将二字汉语动词词干分为"意志词干"（如「研究する」「飲酒する」）和"非意志词干"（如「変化する」「落下する」），通过考察词干在意志性、动作性、状态性等方面的特点，对二字汉语动词词干和词尾「する」之间是否能够插入助词进行了考察。[⑤]考察结果如下。

1. 当词干为意志动词时，若词干义等同于名词义，则可插入格助词「を」，且不受动词的自他性影响（「研究をする」「飲酒をする」）；若词干义异于名词义，则不可插入格助词「を」，原因是「ＶＮする」与「ＶＮをする」意义完全不同（例如「日本語を教授する」「国文科の教授をしている」）。

2. 当词干为非意志动词时，若词干义等同于名词义，除极个别词（「病

---

① 小林英樹『現代日本語の漢語動名詞の研究』、ひつじ書房、2004 年。
② 张善实「V-N 型の漢語動詞の語構成と自他」、『言葉と文化』11、2010 年。
③ 張志剛『現代日本語の二字漢語動詞の自他』、くろしお出版、2014 年。
④ 刘健：《小议现代日语「VN する」型汉语动词的自他性》，《语言学研究》第 19 辑，2015 年。
⑤ 邱根成：《论汉语动词的词汇性与句法性——以一字与二字为中心》，《日语学习与研究》2012 年第 6 期。

気をする」「けがをする」）之外，均缺乏「を」的插入性用法，不过，这类词词干与词尾之间副助词插入现象十分普遍（「変化はしない」「発芽させした」）；若词干义异于名词义，不仅缺乏「を」的插入性用法，也缺乏副助词插入用法。

笔者试着将邱根成（2012）的结论简单归纳为表1。

表 1　二字汉语动词词干与词尾间的「を」插入性用法

动词分类	词干与名词关系	「を」插入性用法	副助词插入性用法
意志动词	词干义＝名词义	○	○
	词干义≠名词义	×	○
非意志动词	词干义＝名词义	×（个别词除外）	○
	词干义≠名词义	×	×

注：○代表可插入，×代表不可插入。

简单来说，表1甚至可以归纳为"只有词干义等同于名词义的、包含意志性的汉语动词拥有「を」插入性用法"。但同时，邱根成（2012）本身也指出，「病気する」「けがする」这类极个别的词也是可以有「病気をする」「けがをする」这一「を」插入性用法的。影山太郎和邱根成的研究视点给了笔者很大的启发，笔者在15年前开始着手撰写博士毕业论文时，也是从对汉语动词的语法功能之一——"体"（アスペクト）的特点开始考察的，出于研究需要，笔者以现代日语二字汉语动词为主要研究对象，对其词干词素间的意义关系进行了分类。现以「（N＋V）する」型汉语动词为例进行说明。

野村雅昭认为，「（N＋V）する」型汉语动词词干词素之间的关系可以分为补足（□）、修饰（＞）、并列（·）、对立（－）、反复（＝）五种。[①]

这是因为，如果不关注汉语动词词干的内部构造，那么对于其语法功能

---

① 野村雅昭「サ変動詞の構造」、森田良行教授古稀記念論文集刊行会（編）『日本語研究と日本語教育』1－23、明治書院、1999年。

的观察将是笼统的，研究结果看似大而全，其实很容易出现偏颇。这也是汉语动词与和语动词之间在语法功能方面表现出差异的根本原因，即汉语动词词干的内部（词素之间）关系丰富多样，直接导致其句法功能彼此之间存在差异，除非复合和语动词，一般和语动词结构比较单纯，不会出现上述问题。下面以具体例子进行说明。

（1）私が 57 歳で退職したとき、仕事がしたくないとの口実だ、と彼女は私の美学を一笑した。(『朝日新聞朝刊』2003 年 10 月 12 日）

（2）仁美は意味ありげにニコッと笑ったが、智久は恥ずかしさで消えてしまいたいほどだった。（内藤みか『ママと少年』2003）

（3）その目は笑っているように見えるが、表情は笑っていない。（山形石雄『戦う司書と恋する爆弾』2005）

从"体"的角度观察，和语动词「笑う」具有持续体、完整体等丰富的"体"的表达形式，与之形成对比的是，笔者使用汉语动词「一笑する」在 BCCWJ① 检索时未检索到持续体用法，仅有完整体表达形式。

从上面的调查分析结果我们可以看出，汉语动词词干的构词情况对于其"体"这一语法功能表达具有十分重要的影响。因此，在分析汉语动词其他语法功能时，不能局限于词的整体语义，从构词角度进行分析，即分析词干构造也是非常重要的一个步骤。邱根成对汉语动词词干与词尾之间助词可插入性研究主要从汉语动词词干与汉语动词的异同出发，考察了格助词「を」的可插入度。本文将会在影山太郎词汇学与句法学相结合的理论框架下，对如下两个问题进行探讨。

1. 可插入格助词「を」的汉语动词在词义上的特点；

2. 可插入格助词「を」的汉语动词在构词上和句法上的特点。

---

① 现代日语书面语均衡语料库的简称。

二 关于汉语动词词干与词尾之间格助词插入情况的初步调查

笔者使用 BCCWJ "中纳言"，对 2000 年以来日本《朝日新闻》中汉语动词词干与词尾之间格助词「を」的插入情况进行检索，共得到 18 条有效例句。[①]

（4）代表の高橋恵美子さんは「子どもを一貫して保育できる地域の拠点作りを目指している。きめ細かで多様な保育をしようとしても今の行政の助成の網からは漏れてしまう」と話す。（2001 年 1 月 26 日）

（5）石井氏は告示直前の二十八日、「無投票はいけない。選挙をして互いに政見を明らかにすべきだ」として急きょ立候補を表明。（2001 年 5 月 30 日）

（6）デパートマンらしくていねいなお辞儀をして、椿山は審査室を出た。（2001 年 8 月 21 日）

（7）「…何も知らないくせに、いいかげんなことは言わないで」蓮の名が呼ばれた。はい、と明るい返事をしてドアのノブを握る。（2001 年 8 月 21 日）

（8）あまり夫になつくので、中学卒業と同時にきっぱり潔く、夫に引き渡す（決意をした）んです。（『産経新聞』2003）

（9）すぐに子どもができたことが、不妊治療を始めたきっかけだ。あと半年で三十歳という年齢も意識した。検査をすると、二人とも不妊の原因は見当たらない。（2002 年 4 月 14 日）

---

① 本次检索旨在初步调查汉语动词词干与词尾间插入格助词「を」在句法层面的特征，并为下一步考察其他助词的插入情况做准备。无效例句指在二字汉语动词词干前有黏着度超过定语修饰成分的词出现。为保持采样纯度，本文暂不将此类例句列入研究范围。例如：九十三年には年間所得が三十万円に落ち込み、孝夫さんが外で働いて生計を立てるようになった。今は造船所で船内清掃をしている。それでも、なぜ店を続けるのか。（2004 年 10 月 17 日）

（10）個人差はやはり大きい。慣れを見るためには、大人十九人に、回転する台の上で目を閉じたまま立ってもらう<u>実験をした</u>。7秒で1回転する回転数で開始。（2002年7月16日）

（11）ぐらつく首を支えながらお湯をかけて体を洗った。8キロの重りをつけて歩き回ったときは、「これで<u>家事をする</u>のは大変だ」「階段を下りるのが怖い」などの声も。（2002年8月15日）

（12）すべての連絡手段が断たれている。現地からの連絡もない。医薬品を送る<u>準備をしている</u>が、バグダッドまでの陸路の安全が保証されれば、すぐにでも向かう予定だ」と話した。（2003年4月10日）

（13）中曽根政権について私なりの<u>総括をして</u>みたい。戦後の首相の中で中曽根さんは出色だった。（2003年11月4日）

（14）自己資本に算入されていた「繰り延べ税金資産」について、りそなの<u>監査をした</u>新日本監査法人が算入を制限する判断をしたことをめぐり、担当課長が「監査法人の説明は論理的ではないと思う」と述べたとしている。（2003年6月10日）

（15）自己資本に算入されていた「繰り延べ税金資産」について、りそなの監査をした新日本監査法人が算入を制限する<u>判断をした</u>ことをめぐり、担当課長が「監査法人の説明は論理的ではないと思う」と述べたとしている。（2003年6月10日）

（16）学校を対象にした調査の場合、あるものすらなるべく隠したいという意識が働くため、実態は倍くらいあるのではと推測する。チャイルドラインに<u>電話をして</u>くるのは、悩みを友達や先生、親に知られたくなく、スクールカウンセラーに相談に行けないという子どもが多いと思う。（2003年8月23日）

（17）音楽業界はヒット曲がなく低迷しているが、「顧客側に立った発想ができるか。ヒット曲不在と嘆く前に、店の<u>掃除をしろ</u>ということです」。（2004

年 2 月 13 日）

（18）和子さんと夫の孝夫さん（五十八）は「納得がいかない。問題提起をしたい」と裁判に応じたが、結局は差し押さえがいやなら、金額の交渉をするしかないことを思い知らされる。過去十年分を約二百八十万円に、月額使用料を1万三千四百四十円に減額することで、今年3月和解した。（2004 年 10 月 17 日）

（19）前節で述べたように、経営者は企業の今後を左右する重要な（決断をしなければならない）が…（『中小企業白書』）

（20）まずは小泉首相が自ら説明を尽くし、もつれた糸を解きほぐす努力をするしかあるまい。（2005 年 12 月 25 日）

（21）同研究会は昨年9月から、企業が防衛策を導入する場合、合法と判断される防衛策の運用の検討をしてきた。（2005 年 3 月 8 日）

通过观察例（4）至例（21）不难发现，大部分的汉语动词词干前出现了定语修饰成分，笔者从这一点出发，将汉语动词词干与词尾之间插入格助词「を」时在句法层面的表现总结为表 2。

表 2　汉语动词词干与词尾之间插入格助词「を」时的句法特点

是否接受定语修饰		句意[①]	词干自主性	词干与动词意义一致性
是	（1）多様な保育をする	☆	○	○
	（2）ていねいなお辞儀をする	☆	○	○
	（3）明るい返事をする	☆	○	○
	（4）夫に引き渡す決意をする	☆	○	○
	（5）立ってもらう実験をする	☆	○	○
	（6）医薬品を送る準備をする	☆	○	○
	（7）私なりの総括をする	☆	○	○
	（8）りそなの監査をする	☆	○	○

---

① ☆表示句意为肯定，★表示句意为否定。

续表

是否接受定语修饰		句意	词干 自主性	词干与动词 意义一致性
是	（9）新日本監査法人が算入を制限する判断をする	☆	○	○
	（10）店の掃除をする	☆	○	○
	（11）金額の交渉をする	☆	○	○
	（12）重要な（決断）をする	★	○	○
	（13）もつれた糸を解きほぐす努力をする	☆	○	○
	（14）防衛策の運用の検討をする	☆	○	○
否	（1）選挙をする	☆	○	○
	（2）検査をする	☆	○	○
	（3）家事をする	☆	○	○
	（4）電話をする	☆	○	○

在本次收集到的 18 个有效例句中，汉语动词无一例外都为自主动词，且其词干与动词意义整体相同。这两点中，后者与邱根成观点一致，而前者与邱根成调查结果有出入，原因应该是本次调查只以 2000 年以来《朝日新闻》为调查对象，在普遍性上有所欠缺，同时邱根成指出的非自主动词例子仅给出了「病気をする」「怪我をする」两个词例。接下来，本文将在本次初步调查的基础上，继续扩大调查范围，看看是否能够有新的发现。

另有一点值得特别注意的是，有 14 例汉语动词词干前有定语成分修饰，约占 77.78%，在这些定语修饰成分中，有的是简单的名词性定语成分，如例（17）的「店の掃除をする」和例（18）的「金額の交渉をする」，有的则为动词性成分，如例（8）的「夫に引き渡す決意をする」，或形容词性定语修饰成分等，如例（6）「ていねいなお辞儀をする」等。再次观察表 2 中接受定语修饰的汉语动词词干，并观察原例句后我们不难发现，这些汉语动词词干在句义中多呈现不饱和性。

1. 日语中的「非飽和名詞」概念

日语中的不饱和名词（「非飽和名詞」）是由西山佑司（1990）首先提出的概念，西山佑司（2003）对这一概念进行了详细定义。

非飽和名詞：「X の」というハ・ラメータの値か "定まらないかき"り、それ単独て "は外延（extension）を決めることか 'て' きす"、意味的に充足していない名詞。（西山佑司）

不饱和名词：只要不加入「X の」这一变量（即添加定语修饰成分），就无法明确其意义外延，在意义上不具备完整性的名词。（笔者译）

西山佑司（2013）又援引山泉实（2013）使用「作者」「作家」为例进行说明，指出「作者」为不饱和名词，「作家」则为饱和名词。具体测试方法在此不做赘述。汉语中的 "作者" 和 "作家" 其实也有类似性质。例如：

（22）她是一名作者。

（23）她是一名作家。

表 2 中接受定语修饰的汉语动词词干，并非必须有定语修饰，所以不是严格意义上的不饱和名词，但在句义上，如果不接受定语修饰，则在意义上不完整，因此本文将这种情况定义为 "不饱和性"。

（8）あまり夫になつくので、中学卒業と同時にきっぱり潔く、夫に引き渡す（決意をした）んです。（『産経新聞』2003）

（8'）あまり夫になつくので、中学卒業と同時にきっぱり潔く、（決意をした）んです。（『産経新聞』2003）

（12）すべての連絡手段が断たれている。現地からの連絡もない。医薬品を送る準備をしているが、バグダッドまでの陸路の安全が保証されれば、すぐにでも向かう予定だ」と話した。（2003 年 4 月 10 日）

（12'）すべての連絡手段が断たれている。現地からの連絡もない。準備をしているが、バグダッドまでの陸路の安全が保証されれば、すぐにでも向かう予定だ」と話した。

观察前述例（8）、例（12）中"定语修饰成分＋汉语动词词干＋をする"（「連体修飾成分＋VNをする」）部分以及去掉定语修饰成分的例（8'）、例（12'）不难发现，在没有定语修饰成分修饰、限定的情况下，整个句子的意义缺乏完整性，即在「VNをする」结构中，汉语动词词干（「VN」）在句中呈现出不饱和名词所具有的"不饱和性"。

2. 汉语中的"名词配价"理论

众所周知，"配价"概念源自化学领域。法国语言学家特斯尼耶尔（Tesniere）在其 1953 年出版的《结构句法概要》一书中首次使用了"配价"概念。在我国语法研究界，朱德熙 1978 年率先引入"配价"概念，随后配价理论研究逐渐成为语法界研究热点。目前，学界根据"某个名词一定要求与另外的某个名词在语义上构成依存关系"①的原则将名词划分为零价名词、一价名词和二价名词，零价名词一般指"大海、空气"等在语义上无须接受其他名词修饰的名词，依此类推，一价名词或二价名词则指该名词在语义上分别需要接受一个或者两个名词的修饰，前者如"尾巴、校长"等，后者如"看法、作用"等。

由此可见，日语中的"不饱和名词"（「非飽和名詞」）概念与汉语"名词配价"理论十分接近，本文将在下一小节的扩大调查中就「VNをする」结构中「VN」拥有"不饱和性"的原因展开分析。

三　关于汉语动词词干与词尾之间格助词「を」插入情况的扩大调查

「VNする」型汉语动词的词干与词尾，本质上是名词与动词的结合问题。如前所述，大部分的动作性名词「VN」来自中文②，而传统汉语研究里并

---

① 笔者认为，汉语中或者至少是日语中不仅是名词，动词句、形容词句也同样可以作为名词的修饰成分出现。
② 较为严谨的说法应为"汉语"，为了跟「VNする」型汉语动词中的"汉语"相区别，本文采用"中文"这一说法。

无名词、动词等词类之分,因此进入日语后需要后接「する」才能作为动词使用,这一规则也适用于"原产"自日语的汉语动词。影山太郎认为,日语中的汉语动词同时具有词汇性和句法性特质,其中一字汉语动词属于词汇性结构,如「愛する」[①],二字汉语动词则具有句法性。例如,同样是接「‐方」的用法,前者为「愛し方」,后者为「料理の仕方」。由于「する」没有具体意义,仅有语法功能,因此词干的「VN」就在实际使用中发挥着词汇性和语法性双重作用。

通过以上初步调查我们发现,二字汉语动词「VNする」通过「VNをする」这一结构,完成由词法向句法层面的转变,具体表现在:「VN」部分由汉语动词词干转变为完全的(动作性)名词,需要接受定语、副词性成分等的修饰。我们也可以反向推测,具有潜在句法性的汉语动词,形成「VNをする」结构的可能性就远远大于只具有词汇性、不具备潜在句法性的汉语动词。前者(具有潜在句法性的汉语动词)如第三小节调查中得到的「掃除(を)する」「決意をする」等,后者(只具有词汇性,不具备潜在句法性的汉语动词)如「卓越(×を)する」「率先(×を)する」等。

1.关于「卓越する」一词的调查

为了与「VNする」型汉语动词进行对比分析,笔者首先围绕「卓越する」在句中的使用情况在 BCCWJ 进行检索,结果如下。

表3 「卓越する」的使用情况调查结果

	例句总数	「卓越したN」	「卓越するN」	「卓越しているN」	「卓越している。」	「卓越する。」	「卓越せる」	「卓越」
数量	246	215	11	4	9^1	2	4	1
比例	100%	87.5%	4.5%	1.6%	3.6%	0.8%	1.6%	0.4%

---

① 影山太郎『文法と語構成』、ひつじ書房、1993 年。
② 其中包括 3 条「……卓越しており……」「……卓越していて……」的例子。

（24）リッジの名前を冠して「ボルドリッジ賞」と呼ばれるこの賞は、さまざまな分野における卓越した組織マネジメントの実践例に対して贈られる名誉あるものだ。（『学校評価』）

（25）この展覧会は、世界に卓越する伝統漆芸の継承・錬磨とともに現代生活への即応を謳って毎年開催されています。（『広報紙／中部地方／石川県』2008 年 2 月号）

（26）名和長年が五千余石の米を船上山に運ばしめたという記事、などを数カ所あげ、いずれも卓越せる見識と評価しておられる。（『平泉澄博士全著作紹介』）

（27）スラブ風のメランコリーの表現で、デプリーストの力は卓越。土臭さを底に響かせつつ、哀切感を盛り上げる。（『神戸新聞』夕刊 2005 年10 月 12 日）

通过观察表 3 及例（24）至例（27）我们发现，「卓越する」中的「卓越」虽然缺乏动作性概念，但是并不影响其语法性，在句子中更多发挥的是以"连体修饰形式＋名词"的形容词性的用法，占到了例句总数的 93% 以上，而做句子的谓语时，也多是以「卓越している」的形式出现，维持其形容词性语法功能。并且无论是上述哪一种情况，「卓越する」前面几乎不会与其他名词形成词组共现。

邱根成也指出："如果考察对象限于部分动词，那么就不能反映整个语言事实，应该尽可能扩大观察对象范围。同时考虑到语义对语用的影响，也应将语义变化置于考察视野中。"① 本文将调查对象扩大为 BCCWJ 语料库中2000 年以后的所有数据，共得到 369 条有效例句。接下来我们分析可插入格助词「を」的汉语动词在构词、句法等层面的特点。

---

① 邱根成：《论汉语动词的词汇性与句法性——以一字与二字为中心》，《日语学习与研究》2012 年第 6 期。

2. 可插入格助词「を」的汉语动词的构词特点

本次调查的 369 条例句中，共得到 182 个汉语动词，按照出现的频次，将构词情况归纳见表 4。①

表 4　可插入格助词「を」的汉语动词的构词情况一览

序号	汉语动词词干	出现频率	词干自主性[1]	词干与动词意义一致性[2]
1	怪我[3]（をする）	15	×	○
2	世話（をする）	10	○	○
3	食事（をする）	10	○	○
4	質問（をする）	5	○	○
5	化粧（をする）	8	○	○
6	生活（をする）	8	○	○
7	電話（をする）	8	○	○
8	説明（をする）	8	○	○
9	契約（をする）	7	○	○
10	準備（をする）	7	○	○
11	活動（をする）	7	○	○
12	作業（をする）	7	○	○
13	真似[4]（をする）	6	○	○
14	勉強（をする）	6	○	○
15	発言（をする）	5	○	○
16	検査（をする）	5	○	○
17	約束（をする）	5	○	○
18	手術（をする）	5	○	○
19	運動（をする）	5	○	○
20	体験（をする）	5	○	○
21	決心（をする）	4	○	○
22	実験（をする）	4	○	○
23	経営（をする）	4	○	○
24	家事（をする）	4	○	○

---

① 篇幅所限，此处仅列举前 30 个汉语动词。

续表

序号	汉语动词词干	出现频率	词干自主性	词干与动词意义一致性
25	判断（をする）	4	○	○
26	予約（をする）	3	○	○
27	決断（をする）	3	○	○
28	掃除（をする）	3	○	○
29	連絡（をする）	3	○	○
30	結婚（をする）	3	○	○

注：1. ○表示词干具备自主性，×表示词干不具备自主性。

2. ○表示词干与动词意义一致，×表示词干与动词意义不一致。

3. 例句中，「怪我」会写作「けが」「ケガ」，本文将其认定为相同词干。

4. 例句中，「真似」会写作「まね」「マネ」，本文将其认定为相同词干。

通过调查结果我们可以看出，在本次调查得到的 369 条、182 个汉语动词构成的「VN をする」结构中，非自主性汉语动词「怪我する」构成的「怪我をする」结构共出现 15 次，位居榜首。这些非自主动词除邱根成在其文中所提到的能够构成「怪我をする」「病気をする」的「怪我する」「病気する」外，还有「感動する」「発展する」「粗相する」「下痢する」4 个词。邱根成（2012）指出："这类（非自主）[1] 词表达状态变化，均为动作意志以外内容，属于非作格动词范畴。……缺乏「を」的插入用法。当然有个别例外用法，例如「病気をする」「怪我をする」等。"本次调查共得到 6 个非自主动词，约占 182 个汉语动词的 3.3%，数量上的确属于个别情况，但是这 6 个非自主动词词干与词尾之间「を」的插入用法为我们提供了重要的启示。

结　语

本文受影山太郎、邱根成等的研究视点启发，通过使用 BCCWJ 语料库

---

① 笔者加。

进行检索，对现代日语汉语动词（主要是二字汉语动词）词干与词尾之间格助词「を」的插入情况进行了调查。调查结果可以概括如下。

（1）「ＶＮする」结构中词干与词尾之间可以插入「を」成为「ＶＮをする」结构，「ＶＮ」通常呈现不饱和性特征。

（2）在本次调查结果中，「を」格插入情况最多的是「怪我する」等非自主汉语动词。

（3）因为「ＶＮをする」结构中「ＶＮ」的不饱和性特征，「ＶＮ」前面通常需要连体修饰成分修饰。

另外，对于「けがする」「けがをする」这类不需接受连体修饰成分修饰、「を」格插入前与插入后在语义与语法结构上的异同、「ＶＮをする」结构中「ＶＮ」的不饱和性特征形成原因，笔者将作为今后课题，继续展开分析。

作为"棱镜"的翻译

——樋口一叶作品在中国的译介史研究

黄博典[*]

【内容提要】日本女性作家樋口一叶作品在中国的译介自 1918 年至今已逾百年，其形象经由翻译这面"棱镜"折射至中国并不断发生变易。本文基于勒菲弗尔"折射"理论与比较文学形象学的共同诉求，将二者有机结合，以樋口一叶形象变迁为可视线索，将其在中国的译介划分为四个时期，回归历史语境，通过微观史实反观宏大叙事，建构出一部细致而立体的樋口一叶译介史。

【关键词】樋口一叶　译介史　"折射"理论　形象学

从 1910 年代"砚友派的人，人生派的艺术"[①]，到 1930 年代"明治时代最著名的作家"[②]；从 1940 年代"异军突起"的"一叶女士"[③]，到 1950 年

---

* 黄博典，首都师范大学外国语学院日语系讲师。

① 周作人：《日本近三十年小说之发达》，《新青年》1918 年第 5 卷第 1 号，第 27~42 页。
② 谢六逸：《日本文学》，商务印书馆，1931，第 135 页。
③ 张我军：《歧途》，《艺文杂志》1944 年第 2 卷第 1 期。

代"真实地反映了那些生活在日本社会底层的无辜人民的悲惨命运"的"现实主义作家"①；从 1960 年代"资产阶级残害人民的罪恶的见证人"②，到 21 世纪"为女性求得个性解放和自身价值发出了可贵的一声"的"女性作家"③；樋口一叶在中国的形象多次变易。

樋口一叶是日本明治时期著名的女作家。她在 24 年的短暂生涯里创作了 22 部小说，大量日记、随笔、杂记、书信及和歌。其作品在中国的译介自 1918 年至今已逾百年。在中日历史风云变幻的这一百年间，樋口一叶的形象发生了多次变迁，而这些变迁，既来源于译介活动主体的操纵，又与译介活动所处的社会历史文化语境息息相关，众多史实构成一张纵横交错的译史网络。

一 翻译——折射形象的"棱镜"

有关樋口一叶及其作品在中国的译介研究，除纯粹的译本对比研究外，另有两篇译介史性质的期刊文献。《樋口一叶文学在中国的接受、译介及译本研究》（2010）一文对樋口一叶在中国的译介做了简要梳理，但对译介情况的介绍带有较明显的价值判断性作者在写作此文时预先设立了一个樋口一叶的"真实形象"，并据此判断周作人译介"失真"④；《综论樋口一叶作品在中国的译介与研究》一文将樋口一叶在中国的译介和传播总结为"一个由彰显到遮蔽再到理性宣扬的过程"，较为客观地描述了 1918 年至今樋口一叶在中国的译介和研究情况，但并未详细说明这一变化产生的原因。⑤ 由此可见，樋口一叶译介史的研究仍然局限于真伪的判断和史实的铺陈，尚未

---

① 萧萧：《「青梅竹马」和「大年夜」》，《译文》1955 年 1 月号，第 252~253 页。
② 樋口一叶：《樋口一叶选集》，萧萧译，人民文学出版社，1962，前言。
③ 樋口一叶：《吉原哀歌》，陈贵冠译，江苏凤凰文艺出版社，2019。
④ 刘燕：《樋口一叶文学在中国的接受、译介及译本研究》，《湖北第二师范学院学报》2010 年第 5 期。
⑤ 何芳：《综论樋口一叶作品在中国的译介与研究》，《齐齐哈尔大学学报》2017 年第 8 期。

透过表征触及本质。事实上，这种现象并非个例，要打破译介史书写的这一局限性，勒菲弗尔的"折射"理论与比较文学形象学的结合可以提供一条思路。

20世纪70年代以来，西方译学界的翻译研究开始出现文化转向。"文化学派"致力于从目标语的文化语境中审查、考察翻译现象。该学派的翻译理论家安德烈·勒菲弗尔在《翻译文学：走向一种综合理论》（1981）一文中，提出了对"'好'的翻译"（"good" translation）这一标准的质疑，并在此基础上首次提出"折射"概念，随后在《大胆妈妈的黄瓜：文学理论中的文本、系统和折射》（1982）一文中进一步阐述了"折射"的内涵，指出"'折射'，也即文学作品针对不同读者进行的改编，其意图是对读者阅读这部作品的方式产生影响，它在文学中是始终存在的。翻译是明显的折射形式"[1]。然而，由于折射是对原文的不忠实，人们对折射的态度往往是忽视或者指责。但事实上，作家及其作品正是在一个特定的背景之下，通过"误解和误释"，也就是"折射"，来获得曝光并产生影响的。

在勒菲弗尔的理论中，翻译好比一面棱镜，通过"折射"，"创造了一个作家、一部作品、一个时代、一种文类，有时甚至是整个文学的形象"。"形象"（image）一词被勒菲弗尔引入"折射"理论之中，并成为其后续论述的一个重要支点。然而遗憾的是，勒菲弗尔虽然将"形象"引入了翻译理论之中，但他对形象研究采取了一种"浅尝辄止"的态度，并未将其作为关键研究点。[2]"一个作家、一部作品、一个时代、一种文类"以及"整个文学的形象"应该如何定义？兴起于20世纪80年代后期的比较文学形象学颇具借鉴意义。

文学形象学主要研究文学作品中所表现的异国。[3]它具有两个重要特性：

---

[1] 安德烈·勒菲弗尔：《大胆妈妈的黄瓜》，载《当代国外翻译理论导读》，南开大学出版社，2018，第219页。

[2] 王运鸿：《形象学与翻译研究》，《外国语》2018年第41卷第1期。

[3] 让·马克·莫哈：《试论文学形象学的研究史和方法论》，孟华译，孟华主编《比较文学形象学》，北京大学出版社，2001，第17页。

一是文学化及社会化。异国形象绝不是一个异国现实的复制品，它必然经历了某种"折射"，而具有鲜明的建构性和被建构性。因而形象学所重点关注的，不是形象的真伪，而是形象如何建构或被建构。二是文学形象既是抽象概括的，又是以具体形式存在的。文学形象脱离了对异国土地上的人民、事物、环境、事件、风尚等的感知与具体描述，仅有对异国的几点"看法"，是构不成"形象"的。[①]

由此可见，回归历史语境已成为翻译研究与比较文学形象学共同的诉求。在真空中评判翻译的忠实度以及形象的真实度并不能解释形象变迁的缘由，只有重新追溯他者形象的形成过程，回顾"折射"发生的特定意识形态和诗学形态背景，才能真正解释形象如何通过翻译这面"棱镜"被折射。因此，本文将在有机结合勒菲弗尔"折射"理论和比较文学形象学的基础之上，以樋口一叶在中国的形象变迁为可视线索，建构出一部细致而立体的樋口一叶译介史。

二 1910 年代到 1930 年代：文学史译介中的樋口一叶

19 世纪末，日本经历明治维新基本建立起现代国家制度，伴随"言文一致"运动的展开，迎来了国民时代学术文化的大发展，而中国也在随后的 19 世纪末 20 世纪初经历戊戌变法和辛亥革命建立起现代民族国家的雏形。现代民族国家的建制要求重新书写科学的国民文学史，建立全新的文学观，而本国文学史的建构和文学观的革新又与外国文学史观和文学观的输入有着密不可分的联系。樋口一叶就是在这一背景之下首次被译介到中国的。

1918 年 4 月 19 日，周作人在北京大学国文门研究所小说科第七次集会上发表演讲《日本近三十年小说之发达》[②]。此文将樋口一叶划归

---

① 尹德翔：《关于形象学实践的几个问题》，《文艺评论》2005 年第 6 期。
② 周作人：《日本近三十年小说之发达》，《新青年》1918 年第 5 卷第 1 号。

为“砚友社派的女小说家”，同时认为“他虽是砚友社派的人，他的小说却是人生派的艺术”。自此，樋口一叶以“砚友社派女小说家”的形象进入中国。那么，作为译介主体的周作人在这一形象的塑造过程中发挥了怎样的作用呢？

据日本学者小林二男考证，周作人的这篇演讲是以明治时期文学理论家相马御风的《明治文学讲话》和《现代日本文学讲话》为参考写作而成的。《明治文学讲话》是一部以自然主义文学史观为核心的文学史，它将自然主义文学的兴起作为日本近代文学确立的标志，认为砚友社派的“为艺术的艺术派（芸術のための芸術派）”成为旧文艺的主流，而二叶亭四迷的“为人生的艺术派（人生のための芸術派）”则成为新文艺的正统，樋口一叶就属于这“正统”的一派。同时，由于自然主义文学史观的统摄，相马御风一面认识到一叶文学自成一派的独特之处，一面又将其划归为砚友社派由“为艺术的艺术派”向“为人生的艺术派”过渡时期产生的“心理小说”这一名目之下，以便将其纳入文学进化的历史之中。

对比可以发现，《日本近三十年小说之发达》基本将《明治文学讲话》中这种极具“进化论”色彩的文学史观译介了过来。该文将1885年《小说神髓》诞生以后的日本文学分为“人生的艺术派”和“艺术的艺术派”两大类，其中砚友社属于“艺术的艺术派”。周作人认为“文学与人生两件事，关联的愈加密切，这也是新文学发达的一步”，因此，当“砚友社的艺术派终于渐渐同人生接近，是极可注意的事”。而樋口一叶作为“砚友社派的女小说家”，“虽是砚友社派的人，他的小说却是人生派的艺术”。樋口一叶在周作人的日本文学史叙述中，同样处于“艺术派”向“人生派”过渡的位置，同样是“极可注意”的具有进步意义的作家，甚至脱离了《明治文学讲话》中无处安放的处境，而拥有了一个更为明晰的定位。

周作人的这篇演讲发表于新文化运动高潮时期，以进化论的观点译介外国文学史，将复杂的文学现象简化，以变革传统诗学，从而变革中国社会，达到声援新文化运动之目的。于是，樋口一叶也就作为进化论文学史观中的一环，以进步女小说家的形象进入了中国。

当然，樋口一叶的这一形象在那个新旧思想不断更迭、新旧话语不断交锋的时代并未维持很久。进入 20 世纪二三十年代，从日本留学归国的谢六逸开始了更为系统的对日本文学史的研究和译述。1923 年 11 月与 12 月，谢六逸在《小说月报》上连载了《近代日本文学》，后以此为基础，于 1927 年在上海开明书店出版《日本文学》，1929 年 9 月于北新书局出版《日本文学史》，同年 10 月于上海商务印书馆出版《日本文学》（万有文库），该书 1931 年 8 月又作为"百科小丛书"之一出版，1940 年于长沙商务印书馆出版《日本之文学》。

据作者自述，《近代日本文学》一文的材料"泰半取自高须梅溪氏的《近代文艺史论》《明治文学十一讲》二书，并参证宫岛新三郎的《明治文学文艺年鉴》等"[1]。该文对樋口一叶的介绍，也基本编译自《近代文艺史论》。原书以"作为人的樋口一叶（人としての樋口一葉）"为标题，积极评价了樋口一叶的文学成就，其中有且仅有 3 处表达出作者略显消极或略带主观性的看法：一是樋口一叶文学的成功一定程度上来源于当时社会对闺秀作家的欢迎以及评论家的同情；二是樋口一叶后期文学陷入反抗又妥协、妥协又反抗的情形，这是当时女性无法摆脱的宿命；三是樋口一叶对男性角色的描写趋向于类型化，几近失败，是其作品的缺陷。[2]值得注意的是，这 3 处都被编译者删去。

1929 年和 1931 年出版的《日本文学》一书基本是在这篇文章的基础之上写成的，其中有关樋口一叶的内容基本不变，只是对其定位由"一位新进的女文学家"上升到"她是明治时代最著名的作家"。于是，这一时期的樋口一叶形象就是一位"以被虐的女性的资格，执着激烈的反抗态度"的"明

---

[1] 谢六逸：《近代日本文学》，《小说月报》1923 年第 14 卷第 11 期。
[2] 高须梅溪：《近代文芸史論》，日本评论社，1921，第 372~381 页。

治时代最著名的作家"。

1921 年，谢六逸曾在东京撰写过一篇《妇人问题与近代文学》，论述了自然主义文学与妇女解放运动的关系，认为"除了妇女自身已俱觉悟之外，辅助启发她们思想的，就是由文学方面入手"[①]。由此可见，在新文化运动方兴未艾之际，谢六逸所推崇的依然是"描写人生、描写个性"的"为人生的艺术"，并希望这类文学更多地进入中国，以解放国民尤其是妇女的思想，而樋口一叶正是这样一位"真诚地思考人生与艺术的作家"。因此，将原文的消极评价删去，更有利于塑造一个清晰的、反抗的、积极的、具有时代代表性的女文学家形象，以声援新文学、传播新思想。

于是，一位在日本本国文学史中无处安放的女作家经由翻译的"折射"在异国拥有了鲜明的形象，获得了相对清晰的身份定位。

三 1940 年代：殖民统治下知识分子笔下的纯文学作家

1944 年，樋口一叶的短篇小说《歧途》由张我军翻译，刊载于《艺文杂志》[②]第 2 卷第 1 期。这是樋口一叶的作品首次被完整地译介到中国。译者在"小引"中称樋口一叶为"明治时代的第一流作家"，"这时代的日本文学界，正是透谷与藤村一帮人创办《文学界》杂志，开始浪漫主义运动的时代；可以说，日本的近代文学最初步入了建设第一期的时候。小说方面，以尾崎红叶和幸田露伴为二大家分庭抗礼的 1920 年代（明治）行见结束了；在这个时候，异军突起的，正是一叶女士"[③]。可以看出，在张我军的笔下，樋口

---

① 谢六逸：《妇人问题与近代文学》，《新中国》1920 年第 2 卷第 5 期。
② 《艺文杂志》是 1943 年在当时日伪统治区北京创办的文学刊物。该刊物的整体风格偏向中日文学创作与交流，政治色彩并不浓厚。刊物刊载了许多有关日本文学的翻译与创作作品，为钱稻孙、周作人、俞平伯等当时在京有留日背景的文人提供了一个创作平台。
③ 2000 年台海出版社《张我军全集》，《〈歧途〉译者小引》，原载 1942 年 10 月《日本研究》第 1 卷第 2 期。但据笔者考证，《日本研究（北平）》杂志发行于 1943 年，因此，樋口一叶作品的首次完整译介应该始于 1944 年。

一叶不属于任何文学流派,也不再承担建构进步文学史或思想解放的任务,只是一个单纯的文学创作者。这与特定意识形态和诗学形态下译介主体的选择有着不可分割的联系。

1924 年,张我军第一次来到新文化运动的中心北京。在迅速吸收新文学思想后,他返回台湾,掀起了台湾新文学运动大论战。1926 年,张我军再次来到北京,这期间除文学翻译外,他还译介了《社会学概论》(上海北新书局,1929)、《人类学泛论》(上海神州国光出版社,1931)、《人性医学》(北平人文书店,1932)、《法西斯主义运动论》(北平人文书店,1933)、《资本主义社会的解剖》(北平青年书店,1933)等涉及社会学、人类学、医学等各个领域的社会科学论著。这一时期的翻译活动显现出与五四新文学思潮以及中国社会变革之间的密切联系。而这一特征,在 1937 年北平沦陷后开始消退。为了巩固"大东亚新秩序",日本文学界提出"大东亚文学"的概念,并策划召开了 3 次"大东亚文学者大会",企图对中国沦陷区文学进行干预和渗透。身在沦陷区的张我军参加了其中两次,但每一次都表达出"勉为其难"的意思。这时,纯文学的翻译便成为他们寄意抒怀的最后一道窗口。如果说这一时期对自然主义作家德田秋声和白桦派作家武者小路实笃的译介,是张我军通过对五四"人道主义"和"自由主义"的继承进行的隐秘反抗,那么对无门无派的樋口一叶的译介则是一种更加纯粹的心灵的释放。

于是,20 世纪 40 年代的樋口一叶在矛盾而痛苦的遭受殖民统治的知识分子的译介下,以"异军突起"的纯文学作家形象进入了中国。

四　1950 年代至 1960 年代:批判现实主义作家樋口一叶

张我军在译者小引中提到,使樋口一叶成为"第一流作家的作品,是「たけくらべ」(争长)「にごりえ」(浊流)「わかれ道」(歧途)……将来有机会,

那两篇我还想介绍给我国的读者"①。然而事实上，直到中华人民共和国成立后的 1955 年，樋口一叶的小说才又一次被译介到中国。「たけくらべ」由萧萧译为《青梅竹马》，「おおみそか」由徐汲平译为《大年夜》，刊载于《译文》杂志 1955 年 1 月号。在该号后记中，译者萧萧简要介绍了樋口一叶及其作品："樋口一叶是日本明治时代杰出的现实主义作家……她始终为了活命而挣扎，饱尝了不合理的社会制度给予日本人民的，尤其是给予妇女的痛苦。……《大年夜》写于一八九四年。……作者对贫苦的阿峰和她舅父一家表示了深厚同情；而对新兴的资产阶级代表人物的主妇则给以无情的讽刺。……（《青梅竹马》）这个作品直到今天仍为日本人民深深喜爱的原因是通过作者塑造的形象，真实地反映了那些生活在日本社会底层的无辜的人民的悲惨命运。"可见，1950 年代的樋口一叶被塑造成为一名"现实主义作家"。

1962 年，由萧萧翻译、人民文学出版社出版的《樋口一叶选集》问世。这是樋口一叶的作品第一次被系统地译介到中国。这部选集包含《埋没》《大年夜》《行云》《浊流》《十三夜》《自焚》《岔路》《青梅竹马》8 部短篇小说，以及 28 篇日记。刘振瀛在译作前言中对樋口一叶其人及其作品做了较为详尽的介绍。他将樋口一叶定位为"十九世纪末叶日本优秀的女作家，也是日本近代批判现实主义文学早期开拓者之一"，同时还将樋口一叶与"日本资产阶级文学界"划清界限，认为"以肤浅的写实主义为标榜的砚友社文学集团的活动已趋向衰落，但能真实反映人民生活的作品才开始萌芽。一八八七年，二叶亭四迷发表了长篇小说《浮云》，为日本近代批判现实主义奠定了基础。……樋口一叶代表着《文学界》从浪漫主义向现实主义文学过渡时代的一股潮流"。与 20 世纪 50 年代"现实主义"作家的定位相比，60 年代的樋口一叶被纳入"批判现实主义"这一脉络清晰的文学流派之中。

在当时，译介资本主义国家的文学作品，必须对作者身份进行考察，只

---

① 张我军：《歧途》，《艺文杂志》1944 年第 2 卷第 1 期。

有"现实主义的"和"进步的"作家作品才有资格进入中国读者的视野。译自日本的作品被赋予浓厚的批判现实主义色彩。在译介主体的想象中,日本作家与中国作家一样,批判"社会底层的黑暗的本质"[1];日本人民同中国人民一样,喜爱那些描写"社会底层的无辜的人民的悲惨命运"[2]的作品。

五 1980 年代至今:擅写爱情的明治新女性

改革开放后至 20 世纪 90 年代,未曾有新的樋口一叶作品翻译出版。直至 21 世纪,樋口一叶作品的译介才终于迎来了一次小高潮。2005 年至 2021 年,以书籍形式出版的樋口一叶个人作品或作品集共计 13 部,另有一部作家合集《所谓世间,那就是你》将《十三夜》收入其中。

进入新世纪的樋口一叶,拥有了一个前所未有的新形象 —— 善于描写爱情的女作家。2005 年中国和平出版社出版的《青梅竹马》,虽使用萧萧译文,但将其定位为"经典爱情读本",扉页有语"我是为了抚慰世间女性的痛苦和失望而降生到这个世上的"[3]。2010 年万卷出版公司同样以《青梅竹马》为名出版了萧萧所译 8 部短篇,作家洁尘为其作序,在洁尘笔下,"爱情题材是樋口一叶最拿手的主题……《青梅竹马》之所以成为樋口一叶的代表作,在于这是她所拿手的爱情题材的一次完美写作"[4]。2018 年百花洲文艺出版社出版的《青梅竹马》中,译者序称:"她独特细腻的女性视角与历经坎坷的感情生活,也让她的作品具有穿越时代的魅力与感动,对于当代读者,尤其是女性读者,她笔下的爱情故事不仅格外真实,而且能够引起强烈的情感共鸣……很容易让人想起张爱玲。"[5]2020 年云南美术出版社出版的《青梅

---

① 樋口一叶:《樋口一叶选集》,萧萧译,人民文学出版社,1962,前言。
② 樋口一叶:《樋口一叶选集》,萧萧译,人民文学出版社,1962,前言。
③ 樋口一叶:《青梅竹马》,萧萧译,和平出版社,2005,扉页。
④ 樋口一叶:《青梅竹马》,萧萧译,万卷出版公司,2010,序言。
⑤ 樋口一叶:《青梅竹马》,小岩井译,百花洲文艺出版社,2018,译者序。

竹马》属于"爱情短经典"丛书之一，该丛书汇集了世界7位文学家的经典爱情短篇。可见，自1918年以来，樋口一叶在中国的形象虽然发生了多次流变，但其作为严肃文学作家的内核始终未变，而进入新时期后，在译者、出版商等多方译介主体的合力下，樋口一叶被蒙上了一层通俗文学作家的面纱。

与之相对，从事日本文学研究的译者则开始关注樋口一叶的女性身份，将其塑造为一个具有女性意识的"明治新女性"。2014年万卷出版公司出版、文学研究者朱园园译《青梅竹马》中，译者序中写道："逆境中的苦苦挣扎令她的目光更加冷静深邃，能将'女性在当代社会中的悲哀、无奈和愤怒'的主题冷凝在自己作品中，揭示出女性悲剧命运的深层社会原因。"[①]2010年吉林大学出版社出版的《青梅竹马》和2011年上海外语教育出版社出版的《樋口一叶作品选》都为双语读物，主要面向高校学生。在吉林大学出版社版中，译者将樋口一叶称作"明治新时代妇女社会角色变化的先驱者"[②]；在上海外语教育出版社版中，译者引用樋口一叶日记中的一段话，"访问我的人中，十之八九只是关心对方是个妇女，为了好奇而来……他们所写的评论没什么价值，作品有缺点也看不见，有优点也不能具体地提出来"，并对此评论道，"这里显示出她的自负和女性意识的觉醒"[③]。同年6月，台湾译者林文月翻译的选集《十三夜》出版，在"与一叶对话——代跋"中，译者同样引用这段日记，凸显出作者与译者共同的女性身份。事实上，在1962年的萧萧译本前言中，刘振瀛也引用了这段话，而当时所论证的，是"日本资产阶级文学界的庸俗无聊"以及樋口一叶对待文学事业的严肃态度。这便更为直接地显示出意识形态与主流诗学转变后作家及作品形象的改变。

20世纪80年代中期，一股重评现代文学史的"重写文学史"思潮兴起，新的"现代化"文学批评范式影响日增。这种"现代化"的文学批评范式将

---

① 樋口一叶：《青梅竹马》，朱园园译，万卷出版公司，2014，译者序。
② 樋口一叶：《青梅竹马》，傅羽弘、宋婷译，吉林大学出版社，2010，序言。
③ 樋口一叶：《樋口一叶作品选》，曾峻梅译注，上海外语教育出版社，2011，导读。

现代经济的发展和都市商业文明作为一种新的文学衡量标尺，试图将中国文学纳入世界现代文学的版图之中。[①]各类文学，包括翻译文学受到了重新评估，以新的面貌出现在大众面前。被禁锢数十年的"爱情"主题成为出版商迎合市场的优选，恰有作家余华将《青梅竹马》推崇为"最美的爱情小说"[②]。于是，在激烈的市场竞争之下，樋口一叶被塑造为爱情作家博取读者眼球。

而学界译者所塑造的"新女性"樋口一叶则与女性主义文学批评的引入有着密切关联。20世纪90年代，随着西方女性主义文学批评经典论著的译入，中国的女性主义文学批评开始走向成熟，从性别视角出发的研究占据樋口一叶研究的主流，兼具学者和译者二重身份的译介主体显示出对樋口一叶及其作品"女性意识"的关注。

结　语

世界上不同国家民族的自我想象与自我认同，总是在与特定他者形成的镜像关系中完成的。[③]我"看"他者，但他者的形象也传递了我自己的某个形象。我想言说他者，但在言说他者时，我却否认了他，而言说了自我。当我们将目光投向"我所言说的他者"时，其实也是在进行一场自省与自查。

翻译作为一种跨文化的交际活动，正是言说他者的直接场域。他者形象通过翻译这面"棱镜"的折射而发生变易，译介活动的主体由此成为塑造他者形象的主体。我们在对日本文学的译介中言说日本，塑造日本这一异国形象，再现日本的文化现实，而通过这种再现，又揭示和说明了我们自身生活于其中的那个意识形态和文化的空间。

1910年代到1930年代对樋口一叶的译介缘于中国新小说"毫无成绩"

---

① 童宛村：《新时期通俗文学思潮与中国当代文学的转型》，《中州学刊》2020年第9期。
② 余华：《文学不是空中楼阁——在复旦大学的演讲》，《文艺争鸣》2007年第2期。
③ 周宁：《跨文化形象学：当下中国文化自觉的三组问题》，《厦门大学学报》2008年第6期。

的"弊病",彼时的日本在中国学者的眼中是一个将西方思想"创造的模拟","赶上了现代世界的思潮,在'生活的河中'一同游泳"的先进的东方国家。在中国知识分子的想象中,中日两国都是"生来就和西洋的命运及境遇迥异之东洋人","中国现时小说情形,仿佛明治十七八年时的样子"。① 译介日本这一"他者",目的是为当时的中国提供自我调整和自我批判的思想资源。于是,在日本文学史中无处安放的女作家樋口一叶被整合为一个清晰的形象以符合进化论史观下的文学史叙述,从而声援中国新文学。20 世纪五六十年代樋口一叶的形象由"现实主义作家"进一步细化为"批判现实主义作家",此时的译介目的不再是自我调整和自我批判,而是完成自我想象和自我认同。改革开放后,"重写文学史"思潮兴起,中国文学要进入世界文学的版图,在激烈变化的转折期找到新的自我定位,则有必要遵循现代经济的发展和都市商业文明这种新的文学衡量标尺,翻译文学也不例外,以畅销为目的的"爱情作家"樋口一叶形象由此诞生。相比之下,40 年代译介而来的樋口一叶既不属于某个流派,亦不具备某种特色,只是一位纯文学作家。此时,单纯的宏大叙事已无法解释这一现象,唯有走入译者的精神世界,才能意识到对纯文学作家的译介或许是他寄意抒怀的最后一扇窗。

总之,无论在哪个时代,翻译这面"棱镜"都是有力的形象塑造工具,使他者形象服务于自我也反映出自我。本文基于勒菲弗尔"折射"理论与比较文学形象学的共同诉求,将二者有机结合,以作家形象变迁为可视线索,既可以使翻译史研究回归历史语境,又可以通过微观史实反观宏大叙事,不失为翻译史研究的一种有效方法。

---

① 周作人《日本近三十年小说之发达》,《新青年》1918 年第 5 卷第 1 号。

森田思轩的翻译人生与翻译观

武　琼[*]

【内容摘要】鉴于翻译研究多以中西方为主较为单一的现状，本文从提供多元化视角的立足点出发，聚焦与中国共享"变字母为汉字"翻译经验的邻国日本，对明治时期的著名翻译家森田思轩进行了考察。获称"翻译王"的森田思轩在日本翻译史上属于划时代的存在，于中国而言，其译作则一度成为鲁迅、梁启超等转译西方文学的重要底本。本文在明治日本的时代语境中，对翻译家森田思轩从其人其学、译事译业、译本分析、译论考察四个方面进行分析，略补中国对日本翻译家研究的空缺。

【关键词】森田思轩　明治翻译文学　周密文体

引　言

　　"新理踵出，名目纷繁"①的外国翻译理论当中，日本的身影显得颇为

---

　*　武琼：北京大学外国语学院博士研究生，山西大学外国语学院助教。
①　罗新璋：《翻译论集（修订本）》，商务印书馆，2021，第1页。

单薄。1997 年，孙歌在《中华读书报》介绍《翻译的思想》一书中指出日本
将翻译与思想联系起来的做法似乎与中国学术习惯颇有出入，但未尝不可能
"暗示某种为我们所陌生的名义"。① 廖七一在梳理 20 世纪中国翻译批评话
语时，高度称赞孙歌的问题意识，称"何以翻译在日本多为思想史学者关注，
而在中国更多引起技术层面的争论"，是"振聋发聩的提问"，同时不无惋
惜地指出它"似乎没有引起翻译批评界的注意"。② 颇能证实对日本译学界
讨论不充分的还有一例，2021 年《鲁迅研究月刊》发表关于鲁迅最早外国文
学翻译《哀尘》所据日文底本的研究，指出鲁迅以森田思轩"和（文）三汉（文）
七"译本作为底本转译时曾发生汉文脉共享现象，但对其日译者森田思轩的
情况仍需据《日本大百科全书》做简要介绍。③ 其实，这位被明治日本尊称"翻
译王"的青年翻译家森田思轩，在孙歌介绍的日本岩波书店 1991 年出版的《翻
译的思想》一书中已有过专门讨论。可见，无论是书名"陈旧"、内容实际
仍很"新鲜"的《翻译的思想》，还是饮誉明治译坛的翻译家森田思轩，在
中国的介绍与研究都稍显不足。本文则聚焦从几乎没有什么翻译活动到一跃
成为公认"翻译王国"④ 的明治时代，以时称"翻译王"的森田思轩研究为
切入点，略补此缺。

一　时代中的译者：思轩其人其学

"历史性是翻译的本质特征之一"⑤，对翻译家的考察必须立足于历史
语境。森田思轩所处的明治时代，"是西方文化怒涛般涌入日本国门的时代，

① 孙歌：《翻译的思想》，载许钧编《翻译思考录》，湖北教育出版社，1998，第 9 页。
② 廖七一：《20 世纪中国翻译批评话语研究》，北京大学出版社，2020，第 324~325 页。
③ 岳笑囡、潘世圣：《〈哀尘〉底本：森田思轩译〈随见录〉第四则——汉文脉共享与鲁迅的"翻译"政治》，《鲁迅研究月刊》2021 年第 4 期。
④ 田中千春：《日本翻译史概要》，《中国翻译》1985 年第 11 期。
⑤ 刘云虹、许钧：《走进翻译家的精神世界——关于加强翻译家研究的对谈》，《外国语》2020 年第 1 期。

翻译和传播异质文化成为当时知识分子的共同使命"①。而这些译介西方文
学的青年的一大特点是，"吃汉学的乳汁长大，借助古代汉文学的修养，来
翻译西方小说"②，这样的描述同样适用于森田思轩。

　　森田思轩于 1861 年出生在备中国笠冈村（现冈山县西部），自小接触
汉学，7 岁由父亲与叔父口授汉文，识字后喜读《三国志》。11 岁就读于笠
冈遍照寺的"启蒙所"③，年少才高，很早便可列席轮讲《论语》《左传》。
13 岁毕业后，于同年就读于庆应义塾大阪分校，后迁至德岛庆应义塾分校，
15 岁转入位于东京三田的庆应义塾本校，师从福泽谕吉等明治时期颇负盛名
的知识分子，在此期间修习英文。据川户道昭对庆应义塾所存学业勤惰表的
调查，森田思轩 15 岁即升入塾内最高的"本科第一等"，在学期间成绩非常
优异④。之后，退学回乡，居家两年，18 岁在父亲劝说下进入兴让馆⑤钻研汉学，
入塾第二年便被选为"都讲"（相当于塾生的班长），足见其高才。21 岁时
因遭人嫉妒，再次退学回乡。同年，受庆应义塾时代恩师矢野龙溪邀请前往
东京，入职其主持的《邮政报知新闻》，成为一名记者，先于文坛得名，后
蜚声译坛，成为明治人称"翻译王"的著名翻译家，享年 36 岁。

　　从上述森田思轩的经历来看，他显然具有"先修汉学，后习西学"这
一明治知识分子的一般性侧面，那因其自身知识结构形成的特殊性侧面又
如何呢？

　　22 岁的森田思轩在写给他人的书信中，曾对自己的学力做过冷静的评

---

① 丸山真男：《日本的思想》，区建英、刘岳兵译，生活·读书·新知三联书店，2009，第 109 页。
② 严绍璗、王晓平：《中国文学在日本》，花城出版社，1990，第 283 页。
③ 明治初期，以福山藩的教育改革为中心开设的民间初等教育机构，多以村为单位募集运营资金，
　借寺院作为办学场所，1872 年明治政府颁布学制以后多被改造为近代小学学校，比如森田思
　轩入学的启蒙所，在他毕业时已更名为敬业小学。
④ 川戸道昭「初期翻訳文学における思軒と二葉亭の位置」、載川戸道昭等編『森田思軒集 1』、
　大空社、2002 年、第 335 页。
⑤ 兴让馆是 1853 年由备中国寺户村一桥家（藩）倡导而创设的乡学。第一任馆长阪谷希八郎是
　德川幕府最高学府昌平赞教授，著名朱子学者，以朱熹制定的《白鹿洞书院揭示》作为校训。
　森田思轩在学期间担任馆长的是著名汉学家坂田警轩，其后任教于同志社、庆应义塾、哲学
　馆等。

价："吾交诸名士，量己测人，汉学一道虽无人能出吾右，至于洋学，胜吾十倍者非罕。然此情形亦属自然，因彼攻洋学之际，恰我始汉学之时。"相关研究者基本认为这种情况属实，即以同时代的文学家、翻译家二叶亭四迷（十六七岁后在东京外国语学校修习俄文五年）为例，两人汉欧学问比例自然不同。[1] 而在新旧学问共存相争的明治二十年代，译者的学问结构对其翻译活动具有重大影响。总之，基本可以认为，森田思轩欧汉学问兼修，两相比较，则汉学实力更胜于洋学。

二 试错中的前行：思轩译事译业

如前所述，森田思轩先在文坛得名，之后才开始翻译事业。起初，他先在《邮政报知新闻》发表汉诗，得到社内一致好评，亦师亦友的矢野龙溪有心提携，让他为自己的新作《经国美谈》撰写"正史摘节""跋文""鳌头评注"等。随着政治小说《经国美谈》影响不断扩大，名震一时[2]，森田思轩的才华也开始被读书界认可，文名渐扬[3]。此后，他先是被派往中国报道《天津条约》签订事宜，后又随师游历欧美诸国，发表《北清纪行》《柏林通信》等见闻实录。记者的身份对作为翻译家的他有不可忽视的影响，正如齐藤美野所指出的，"从本质上讲，译者与记者都在介绍新事物"[4]。

矢野龙溪主持的《邮政报知新闻》大众化改革为翻译家思轩的诞生提供了土壤。1886 年 9 月 19 日，矢野龙溪为报纸即将新设的"报知丛谈"登载广告，称将设小说一栏，由社友九人译述或创作小说，"一试文苑英华之才"，并

① 川戸道昭「初期翻訳文学における思軒と二葉亭の位置」，载川戸道昭等編『森田思軒集1』、大空社、2002 年、第 342 頁。
② 邹振环：《〈经国美谈〉的汉译及其在清末民初的影响》，《东方翻译》2013 年第 5 期。
③ 川戸道昭「若き日の森田思軒—矢野龍溪との交流を中心に—」，载川戸道昭等編『森田思軒集 2』、大空社、2003 年、第 340 頁。
④ 斉藤美野『近代日本の翻訳文化と日本語——翻訳王森田思軒の功績』、ミネルヴァ書房、2012 年、第 116 頁。

"广乞读者诸君公评"，其中就有森田思轩以及他本人。以此为契机，森田思轩开启了他的翻译人生。同年 10 月开始连载的《印度太子舍摩物语》（原作者不详）一般被认为是森田思轩正式登上译坛的首部作品。[①]

　　然而，甫登译坛的森田思轩遭受了重大打击。他的首部译作并不成功，读者来信投诉"思轩居士之文，固陋迂腐，无趣之至"，直言为报社计，应速将其逐出编辑行列。森田思轩的弟子原抱一庵曾在自己的回忆录中谈到老师在那前后的心境，"本意拮据经营，一举博得天下喝采"，岂料评价不佳，遭人投诉，矢野社长下令中止连载，居士狼狈不堪。自此，森田思轩开始调整战略，欲言之处有所抑，欲书之处有所收，用字尽量平俗朴实，小心翼翼，惨淡经营，《法曼二学士谭》（1887 年 3 月至 5 月期间连载）终于收获好评，同年 9 月还以《铁世界》为标题发行了单行本，矢野社长信任复加，投诉的来稿终于大减。[②]齐藤美野认为这是森田思轩开始注重读者反应，在译文通俗易读程度上下功夫的结果[③]；川户道昭则指出，"报知社内首屈一指的汉文家思轩，通过平衡自身丰厚的汉文素养与读者大众的喜好需求，实现了方向调整，而受矢野报刊大众化改革影响才有的此种方向调整，正是使名翻译家思轩诞生的一大要因"[④]。用原抱一庵的话来说，是"十分之力隐三分，露诸笔端仅七分"。川户道昭通过对译文的具体考察指出，观《法曼二学士谭》以来的译文，较之以前文章确实更加平易通俗，且多用口语体，即以缺乏汉学素养的现代人读来亦在可解之列。[⑤]关于森田思轩广受好评的译文特点，留待下节详述。

　　总之，虽非一路坦途，森田思轩终于在"小心翼翼""惨淡经营"中摸

---

① 斉藤美野『近代日本の翻訳文化と日本語——翻訳王森田思軒の功績』、ミネルヴァ書房、2012 年、第 116 頁。
② 原文于 1894 年发表于《少年园》第 126 期，题为《王子村舍杂话》，川戸道昭在『若き日の森田思軒—矢野龍溪との交流を中心に—』第 346 页抄录部分原文，本文据此转引翻译。
③ 斉藤美野『近代日本の翻訳文化と日本語——翻訳王森田思軒の功績』、ミネルヴァ書房、2012 年、第 116 頁。
④ 川戸道昭「若き日の森田思軒—矢野龍溪との交流を中心に—」、載川戸道昭等編『森田思軒集 2』、大空社、2003 年、第 347 頁。
⑤ 川戸道昭「若き日の森田思軒—矢野龍溪との交流を中心に—」、載川戸道昭等編『森田思軒集 2』、大空社、2003 年、第 348 頁。

索出了一条通向"翻译王"的道路。"报知丛谈"专栏开设以前的 1885 年,《邮政报知新闻》年发行量为 171 万份,登载思轩翻译作品两年多后的 1888 年,年发行量为 664 万份,增长近 4 倍,在东京报刊的销量排行中从第八位跃至榜首。[1] 除《邮政报知新闻》外,思轩后来也在《国民之友》杂志发表译作。据统计,思轩生前出版单行本译作 10 种,去世后出版 2 种,并编有一卷《思轩全集》(最初计划是五卷本,最终只出版一卷),其作品被收录于各种文学全集。发表于报刊的译作有 50 种以上,通过思轩的译笔,日本国民读到了凡尔纳、雨果、爱伦·坡、霍桑、梭维斯特、欧文等众多外国作家的作品。[2]

三 周密文体之魅力:思轩译文分析

森田思轩的传记作者谷口靖彦认为,"思轩翻译的魅力,一言以蔽之,在于文体。格调高雅、雄劲明快的汉文调文章糅以西欧直译文法形成的文体魅力,正是思轩被时人誉为翻译王的原因所在"[3]。

研究界对这点基本可以达成共识,事实上,当前相关研究也大多聚焦于森田思轩的翻译文体展开。而 Hadley 对明治时期日本翻译西方文学的统计也颇可作为旁证。据调查,森田思轩既非明治时期从事翻译时间最长的译者,也不是最高产的译者(翻译作品数量排名第三,位于森鸥外与上田敏之后),还不是译作出现在最多出版物上的译者(排名第八)。[4]

思轩的翻译文体有何特别之处呢?回答这个问题之前,有必要先对明治

---

① 斉藤美野『近代日本の翻訳文化と日本語——翻訳王森田思軒の功績』、ミネルヴァ書房、2012 年、第 116 頁。
② 斉藤美野『近代日本の翻訳文化と日本語——翻訳王森田思軒の功績』、ミネルヴァ書房、2012 年、第 118 頁。
③ 谷口靖彦「森田思軒の伝記を執筆して」,載川戸道昭等編『森田思軒集 2』、大空社,2003 年、第 355 頁。
④ Hadley James,"The beginnings of literary translation in Japan: an overview", *Perspectives: Studies in Translation Theory and Practice*,No.4,2008, p560-575.

时期翻译文学做一概览。无论是森田思轩提出的"三变说"[①]，还是柳田泉在此基础上修正后提出的"四期说"[②]，若仅举其荦荦大端者，可以说，明治时期翻译文学经历了从"内容本位"到"尊重形式"的转变，标志性事件就是藤田茂吉、尾崎庸夫译《系思谈》的出现。《系思谈》之革新性在于一改此前仅仅描摹西方小说故事情节的翻案作风，认识到小说"构思文辞相成方得妙趣"，创造出了思轩评价"严谨精微"的翻译文体，开如实反映西方小说精微细密思想的"周密文体"之纪元。而思轩本人正是其所谓"周密文体"公认的集大成者。[③]

那么，何为"周密文体"呢？高桥修将其定义为"使用汉文措辞，按照欧文主宾格等语法要素进行直译的翻译文体"[④]。齐藤美野为其总结了两大特征，一为"直译调"，二为"汉文调"。[⑤]斋藤希史则通过实例对这种"欧文直译体"进行了分析[⑥]，即以思轩于 1893 年发表于《国民之友》178 号的华盛顿·欧文 *The Stout Gentleman* 的译文为例，分析其翻译文体的特点。

原文：The rain pattered against the casements; the bells tolled for church with a melancholy sound. I went to the windows in quest of something to amuse the eye; but it seemed as if I had been placed completely out of reach of all amusement.

---

① 森田思轩曾为益田克德所译利顿小说《夜与晨》写过一篇序言，分析了明治初期翻译文学的变迁史，其中"明治翻译文学三变说"颇受研究者关注，后来广被各种文学史和研究论文引用。思轩认为，1878 年丹羽纯一郎译利顿作品《花柳春话》是日本真正译介西方小说之嚆矢，自此翻译文学纷然群起，蔚然成风，其文体则仍属于以汉文脉为主的旧文体；1885 年藤田茂吉、尾崎庸夫译《系思谈》开翻译文体新局面，措辞造句为之一变，虽偶有晦涩之处，但参较原文来看，翻译极为精细，可谓以此为发端才在 1889 年前后涌现大量周密文体的翻译；1885 年益田克德口译、"速记界第一人"若林玵藏笔录译成的《夜与晨》，则标志着日本小说文体转向口语为主，预示着一种即将到来的新变化。

② 柳田泉被认为是对明治翻译文学研究有开创之功的学者，他将明治前半期的翻译文学分为四期，前两个变化节点采用森田思轩的观点，但第三个变化他认为并非产生于益田克德译《夜与晨》，而是二叶亭四迷翻译的《约会》，其开启了言文一致翻译文体的时代。

③⑤斉藤美野『近代日本の翻訳文化と日本語——翻訳王森田思軒の功績』、ミネルヴァ書房、2012 年、第 132 頁。

④ 高橋修「森田思軒の〈周密〉訳」、載高橋修等編『翻訳小説集二』、岩波書店、2002 年、第 557 頁。

⑥ 齋藤希史『漢文脈の近代——清末＝明治の文学圏』、名古屋大学出版会、2005 年、第 206~207 頁。

思轩译文：雨は窓扇を打て簌々声を作し近寺の鐘は一種あはれげなる響を伝ふ、余は何等か目を娯ましむべきものを得むと欲して窓のほとりにゆけり然れども余は一切娯しみといへるものより以外に棄てられたる者の如くなりき

斎藤希史将思轩译文与发表于前一年的另一译本（堺利彦译）进行比较，指出思轩译文中汉文成分是很明显的，比如，"窗扇"是《佩文韵府》所收词藻，"雨打窗扇作簌簌声"的遣词造句，很容易让人联想到南宋陆游的"急雪打窗闻簌簌"。① 不妨联系川户道昭对明治二十年代读者群像的描写来理解森田思轩译文给人的印象。按照川户道昭的描述，那是个"参马琴之文、释司各特小说，引陶渊明诗、赏华兹华斯"的时代，人们深受旧文学的熏陶洗礼，如此说来，诸如上引的森田思轩译文自然颇能迎合读者的古典审美趣味，受到时人追捧便也不足为奇。②

除汉文调外，森田思轩的直译手法使其译文颇有新鲜感。可以看到，思轩译文基本是逐词而译，语序、句子结构都最大限度地与原文保持一致。还需注意到，思轩此处将"I"直译为"余"的做法在当时日本翻译界是很少见的③，斎藤希史拿来对照的堺利彦译本便对人称进行了省略，未明确将"I"译出。这点与中国晚清翻译西方小说时的情形颇为类似。陈平原就曾指出，晚清译者或怕读者不习惯这种叙事方法，或担心读者将"我"等同于译者，都不直译西方第一人称，西洋小说技巧很难传入中国，如李提摩太在政治小说《百年一觉》（1894）中把"我"改译为"某"，林纾在言情小说《巴黎茶花女遗事》（1899）中把"我"改译为"小仲马"。④ 对照此种情形，便

---

① 齋藤希史『漢文脈の近代——清末＝明治の文学圏』、名古屋大学出版会、2005 年、第 206~207 頁。

② 川戸道昭「初期翻訳文学における思軒と二葉亭の位置」、載川戸道昭等編『森田思軒集 1』、大空社、2002 年、第 350 頁。

③ 斉藤美野『近代日本の翻訳文化と日本語——翻訳王森田思軒の功績』、ミネルヴァ書房、2012 年、第 161 頁。

④ 陈平原：《中国小说叙事模式的转变》，北京大学出版社，2010，第 72~73 页。

更能体会思轩译文之用心于传递原文异貌。而思轩也曾明确主张应将西方第一人称叙事引入日本文学。[①]有研究者称，若将日本嫁接西方新概念的西周，比之我国清末的翻译家严复，那么，将外来异种文本与本土文本进行大面积对译的思轩，或可比于我国林纾。[②]但若论及译笔，至少从上述考察可以看到，两者在有关如何处理源语当中异质性成分的立场上可谓有着巨大差别。

游记作家迟塚丽水的一段评论很好地总结了思轩翻译文体的特点和在当时的影响。迟塚丽水评论道："思轩译文以森严汉文为骨，以崭新洋文为肉，更添以雅道俗语为肌肤，创造出一种典雅文体，被时人奉为权威，一时罕有敌手。"[③]

四　"无神之祭坛，不宰献牺牲"：思轩译论述评

森田思轩在丰富的翻译实践中对翻译问题做过诸多思考，并留下不少谈论翻译问题的文字。本节将尝试通过对这些言论的具体考察，管窥蠡测，勾勒翻译家思轩的翻译观。

关于思轩的翻译观，目前研究者的看法主要有以下几种。齐藤美野认为，对于思轩而言，文学翻译既需要将外国文化的异质要素引入，也必须能被日本读者接受，也就是说，他的翻译观当中存在着源语文化导向与译语文化导向两种主张，直译与意译并非二元对立的概念，而是一个连续体的两个极点。[④]加藤周一与丸山真男在整理思轩三篇重要译论时撰写题解，指出思轩

---

① 斉藤美野『近代日本の翻訳文化と日本語——翻訳王森田思軒の功績』、ミネルヴァ書房、2012 年、第 160~162 頁。

② 齐一民：《日本语言文字脱亚入欧之路：日本近代言文一致问题初探》，知识产权出版社，2014，第 224 页。

③ 斉藤美野『近代日本の翻訳文化と日本語——翻訳王森田思軒の功績』、ミネルヴァ書房、2012 年、第 127 頁。

④ 斉藤美野『近代日本の翻訳文化と日本語——翻訳王森田思軒の功績』、ミネルヴァ書房、2012 年、第 241~242 頁。

面对翻译中的不可译问题一面苦恼一面成长，有"翻译意识的变化"。[1]斋藤希史则认为，汉学造诣深厚的思轩在费心措辞造句以助文采的同时，也通过慎用成语典故等努力，试图将汉文与中国古典拉开距离，创造一种可堪欧译的文体，这是他在"进步主义立场"与"文化主义立场"的夹缝中艰难摸索出来的文体之路。[2]

虽然有人取笑明治时期知识分子不过是把"横文字变成竖文字"，但正如丸山真男所指出的，"把横的变成竖的"实际上是把产生于完全不同传统的文化移植过来的工作，难度很大。变横为竖的方法之不同，是翻译者态度的体现。[3]下面不妨就以互为表里的"译者态度"与"翻译方法"为线索整理思轩关于翻译问题的思考。

先说译者态度。森田思轩在从事翻译活动时始终有着强烈的主体意识。他在《翻译的心得》中开篇就批判了毫无心得体会便等闲从事翻译的弊害，浩叹今人从事翻译者"大胆者"众，呼吁"小心者"的出现。[4]思轩在《写给坪内逍遥的信》中，曾就其翻译观有过一段比较完整的表述。文中指出："译事之难，不在润色一辞一句，而在钻研如何使得辞句与篇章和谐合拍，承上启下，转折过渡浑然天成，读不碍目，诵不拗口，闻不逆耳，与此同时，其辞其句仍有原作的丰姿力量，分毫不损。"[5]这是思轩心目中理想的翻译。但他也认识到了翻译面临的现实语言处境，即"两国语言相殊甚巨，有时不免需以我动词译彼名词，以我副词译彼形容词，又或需续彼短句为长句，断彼长句为短句"。基于对翻译理想与翻译现实的认识，思轩提出："杀原作

① 加藤周一、丸山真男「解題」，載加藤周一、丸山真男編『日本近代思想体系 15：翻訳の思想』、岩波書店、1991 年、第 283~284 頁。
② 齋藤希史『漢文脈の近代——清末＝明治の文学圏』、名古屋大学出版会、2005 年、第 226~227 頁。
③ 丸山真男：《日本的思想》，区建英、刘岳兵译，三联书店，2009，第 109~110 页。
④ 森田思軒「翻訳の心得」，載加藤周一、丸山真男編『日本近代思想体系 15：翻訳の思想』、岩波書店、1991 年、第 284~287 頁。
⑤ 森田思軒「坪内逍遥宛の書簡」，載加藤周一、丸山真男編『日本近代思想体系 15：翻訳の思想』、岩波書店、1991 年、第 287~291 頁。

之辞，是为活原作之句；杀原作之句，是为活原作之势；颠倒其辞，是为存
其力量，变换其句，是为保其声调。总之，宰杀牺牲之要义，不在牺牲，而
在敬奉神灵。无神之祭坛，不宰献牺牲；无不得已之故，不更改原作文辞，
可谓译者之德操。"可见，思轩非常看重如实传达原作，以我国译论而言，
即严复所标举的"信"字，他所谓"译者既有义务使译作不劣于原作，也有
义务使译作不优于原作，因劣故失其真，优亦失其真"，正是钱锺书对"信"
之注解，"依义旨以传，而能如风格以出，斯之谓信"[①]。至于这种翻译观
的形成，思轩本人在《翻译的苦心》中吐露，是受到中国佛经翻译的影响。
他坦言自己虽不通梵语，不能对照原文与译文，但观中国集能文之士译出
之文体，与中国固有之文颇不相同，可见翻译绝非仅取其意，必定也用力
于保存原作文辞。[②]此外，结合思轩的人生经历来看，这种注重"临场感""如
实性"的翻译观的形成，也可能受到他需要据实报道现场情况的记者身份的
影响。

　　再说具体的翻译方法。落实到语言层面，思轩指出想要保存原作文辞精
神的一大难点在于，日本的固有表达十分匮乏，故而只能借助文明更为古老
的中国汉字词汇，但须注意的是，应尽可能避开"退避三舍"等用典之词；
此外，中国有"己所不欲勿施于人"的表述，假使西方"己所欲，施于人"
表述的是同样的意思，亦不应将肯定译作否定，因为肯否之间便可见双方国
风、民俗、心境等之不同。[③]总之，基于"一国之文，有一国固有意趣精神"
的认识，思轩提倡翻译应择取平易正常词汇，不用包含特殊由来、义理审美
的语词，以尽可能呈现原作精神。思轩还曾撰写过一篇《日本文章的将来》
（1888），构想通过平衡汉字和西洋文辞实现一种理想的未来文体。齐一民

---

① 钱锺书：《译事三难》，载罗新璋编《翻译论集（修订本）》，商务印书馆，2021，第 23 页。
② 森田思軒「翻訳の苦心」，载加藤周一、丸山真男編『日本近代思想体系 15：翻訳の思想』、
　　岩波書店、1991 年、第 292~295 頁。
③ 森田思軒「翻訳の苦心」，载加藤周一、丸山真男編『日本近代思想体系 15：翻訳の思想』、
　　岩波書店、1991 年、第 294 頁。

认为，身处东西文字文化的"文本最前线"，思轩出于对"粗大的汉文"与明治以来日本在西方影响下日渐"细密的思考"之间矛盾的体悟，通过翻译实践进行着文体的改革。[①] 或许可以说，在多达 30 种的明治文体的"众声喧哗"[②]中，森田思轩保存原作异质性的翻译观与从语言现状出发的方法论，孵化出古风犹存、亦透新鲜的独特翻译文体，才成就了明治翻译家森田思轩。

结 语

日本翻译研究的一个重要特点是于译词研究用力颇多，尤其是在思想史上具有特别意义的汉字译名研究，对翻译观点、翻译理论则兴致不高[③]，但这并不代表日本没有值得关注的翻译家和翻译思想。王克非虽对明治时代译者及其翻译观做过介绍，但其中并无明治时期名噪一时的翻译家森田思轩。[④]这或许也与森田思轩是个短命的翻译家和记者有关，加之他未从事文学创作，较二叶亭四迷、森鸥外等，在日本亦属关注度不够、有待进一步研究的翻译家。[⑤]我国当前有限的述及森田思轩的研究主要基于"道源西籍，取径东瀛"的研究立足点，将其置于近代中国取道日本转译外国小说的语境中展开，除上述岳笑囡与潘世圣对鲁迅据思轩日文底本转译《哀尘》的研究外，范苓考察了思轩译本对梁启超据此底本转译的《十五小豪杰》的影响，重心都放在

---

① 齐一民：《日本语言文字脱亚入欧之路：日本近代言文一致问题初探》，知识产权出版社，2014，第 224 页。
② 斉藤美野：『近代日本の翻訳文化と日本語——翻訳王森田思軒の功績』、ミネルヴァ書房、2012 年、第 101 頁。
③ 王克非：《汉字与日本近代翻译——日本翻译研究述评之一》，《外语教学与研究》1991年第 4 期。
④ 王克非：《汉字与日本近代翻译——日本翻译研究述评之一》，《外语教学与研究》1991年第 4 期。
⑤ 斉藤美野：『近代日本の翻訳文化と日本語——翻訳王森田思軒の功績』、ミネルヴァ書房、2012 年、第 4 頁。

思轩译本如何构成中国早期翻译西方小说的理想参考文本①。这种研究立场固然是必要的，但鉴于当前翻译研究多以中西方为主较为单一的现状，提供更多元化视点的研究也是必要的，本文对日本翻译家森田思轩的介绍即出于此种问题意识。作为共享"汉文脉"的邻国，中日两国在共享"变字母为汉字"经验的翻译领域，诸如翻译规范、翻译选材、翻译文体选择等值得讨论的问题还有很多。

---

① 范苓:《翻译文体的选择与创新——明治言文一致文体对梁启超的影响》,《辽宁师范大学学报》2009 年第 3 期。

仲跻昆阿拉伯语诗歌汉译的"三美"

周玉森 [*]

【中文提要】阿拉伯语诗歌汉译迄今已有 170 多年的历史，其方法也从汉语四言句式，到汉语自由诗体，再到汉语五言句式、七言句式、七言歌行体。许渊冲的"三美论"，为诗歌翻译提出了一个统一的评判标准和努力方向。本文对阿拉伯语诗歌格律做了简要介绍，拟以"三美"为标准，以仲跻昆教授部分阿拉伯语诗歌译文为例，对阿拉伯语诗歌汉译所采用的方法进行分析，以期对探讨阿拉伯语诗歌汉译方法有所裨益。

【关键词】仲跻昆 阿拉伯语诗歌 汉译 "三美"

引 言

北京大学外国语学院教授仲跻昆先生一生致力于阿拉伯文学译介和研究，2018 年获中国翻译协会"翻译文化终身成就奖"。他一直任教于北京大

---

* 周玉森，安徽外国语学院阿拉伯语副教授。

学东方语言系，先后担任北京大学阿拉伯语教研室主任兼希伯来语教研室主任、中国外国文学学会理事、阿拉伯文学研究会会长、中国中东学会理事等职。仅 2005 年至 2015 年十年间就获得埃及高教部表彰奖，阿联酋"谢赫扎耶德国际图书奖之年度文化人物奖"、沙特阿拉伯"阿卜杜拉国王国际翻译奖之荣誉奖"等多项大奖。

仲跻昆教授以其非凡的毅力和事业进取心著称，他的著作，为我国的阿拉伯文学和东方学研究留下了极其宝贵的财富。迄今为止，仲跻昆教授堪称我国大规模翻译阿拉伯语诗歌第一人。作为在阿拉伯古诗、现当代自由体新诗、散文诗等汉译方面产生过重大影响的学者，其译诗风格与技巧，必将对我们进行这方面的实践与研究产生积极影响。

仲跻昆教授阿拉伯语诗歌汉译呈现的"三美"是阿拉伯语诗歌翻译的典范，其工整的格律、优美的意境在很好地还原作者作品的基础上更加贴近国人对诗歌的感受，所以也是其他诗歌翻译可以借鉴的。而仲跻昆教授自己一生也追求所译诗歌的"三美"，曾多次提及诗歌的翻译不仅仅追求意到，更多地要关注诗歌的艺术价值。

一 仲跻昆与"三美论"

诗词翻译标准"三美论"是许渊冲提出的第一个新论。[①] 他认为鲁迅提出的汉语"三美论"（意美以感心，形美以感目，音美以感耳）可以应用于诗词翻译，即诗词翻译应该尽可能传达原诗的意美、音美和形美。他说："……在译诗时，传达原诗意美是最重要的，是第一位的；传达原诗音美是第二位的，传达原诗形美是第三位的，最好是'三美'齐全，如果不能兼顾，就要从全局考虑取舍。"[②]

---

① 许渊冲：《翻译的艺术》，五洲传媒出版社，2018，第 7 页。
② 许渊冲：《翻译的艺术》，五洲传媒出版社，2018，第 20 页。

1. "三美论"的提出

提出"三美论"的理由是，许渊冲认为翻译是一门艺术，是将一种语言转化成另一种语言的艺术，"真"被视为文学翻译的低标准，"美"才是文学翻译的高标准。用定型定量的科学方法去解决文学翻译中求真和求美之间的矛盾是做不到的，因此，翻译是一门艺术。而译诗还要在传达原诗内容的基础上，尽可能传达原诗的形式和音韵。许渊冲主张译诗要有原诗的形象，既然是诗，就不能译成散文，因为散文诗不押韵、不好记、不顺口，更谈不上传达原诗的音美和形美。认为翻译是一门艺术的还有刘开古，他说："翻译不仅是一种艺术，一种技巧，一种文字的再创作，而且也是一门语言科学，它和语言学、词汇学、语法学、修辞学关系密切。"[1]

张泽乾也坚持翻译是一门艺术，他认为："作为创造的艺术、审美的艺术的翻译的艺术，其最基本的方面仍在于实践性，因此，创造美可以说乃是翻译艺术的本质特征。"[2]郭沫若对译诗也要求尽量使其像一首诗，并提出"诗人译诗，以诗译诗"和"两道手"的译法，即让精通外语的人先把原诗翻译成汉语，再请诗人重新对译文进行修改和润色，使其像一首诗。茅盾认为："文学翻译是用一种语言工具把原作的艺术意境传达出来，使读者在读译文时能够像读原作一样得到启发、感动与美的感受。"[3]

"在译诗竞赛中，应用三条标准：第一，译文是否达意，能使读者知之（理解），这是低标准；第二，译文是否传情，能使读者好之（喜欢），这是中标准；第三，译文能否感动读者，使其乐之（愉快），这是高标准。"[4]此标准主张"三美"同时再现。

2. 仲跻昆对"三美论"的诠释

仲跻昆教授对译诗的"三美论"持赞同态度，他认为"译事难，译诗尤

---

[1] 刘开古：《阿拉伯语汉语翻译教程》，上海外语教育出版社，1991，第2页。
[2] 张泽乾：《翻译概论》，外语教学与研究出版社，2009，第29页。
[3] 刘开古：《阿拉伯语汉语翻译教程》，上海外语教育出版社，1991，第2页。
[4] 许渊冲：《翻译的艺术》，五洲传媒出版社，2018，第170页。

难，犹如戴着枷锁跳舞……译诗讲究三美：意美、音美、形美，古体诗尤甚，中阿诗歌皆然。译出的诗歌既然想要让中国读者读起来也像诗，那就得也按照这个标准去努力，去衡量，以供中国读者去鉴赏"①。

翻译要忠于原文，仲跻昆教授觉得有些读者对严复提出的"信、达、雅"理解得很片面。他认为："翻译的标准归结为一个字——'信'则足矣！译文真正做到'信'了，原意固然不会走样；同时，原文本来是'达'的，译文若真是'信'，也就应当做到'达'。至于'雅'，那要看原文如何，原文是'雅'的，译文也照样'雅'，自然是'信'；原文'雅'，译文'俗'，固然是不'信'，但原文本来是'俗'的，译文偏要'雅'得很，也是不'信'，没有忠实原作的风格，也不能算是好的翻译！"②孙致礼也坚持翻译要"尊重原著，全面求信；不断修订，精益求精"③。因此，仲跻昆教授译诗的一贯主张是"'既要对得起作者，也要对得起读者'，即译出的诗句既要忠实原意，中国读者读起来还要像诗，有诗的味道"④，且"译后总要反复读几遍，尽力让它能朗朗上口"⑤。他认为意美是原诗的事，译诗只要把原诗的意思、意境表达出来足矣。音美，就是译诗尽可能符合诗歌的格律，虽不一定要求那么严谨，但要有节调、押韵、铿锵和谐、顺口、好听。形美，阿拉伯语诗歌，每行（拜特 بيت ）诗的上半联与下半联从右至左横向整齐排列。汉译时可略做变动，改为纵向排列。

阿拉伯语诗歌汉译最难解决的问题，实际是翻译形式的问题。仲跻昆教授用现代汉语诗歌相应的形式翻译阿拉伯语诗歌，形式上基本对应，既较好地解决了音美与形美的问题，同时也没有与意美相冲突。由于阿汉两种语言差异巨大，要让阿拉伯语诗歌在汉译中"三美"完全再现，似乎不太可能。

---

① 仲跻昆：《阿拉伯古诗100首》，北京大学出版社，2019，第3页。
② 仲跻昆：《天方探幽》，北京大学出版社，2017，第340页。
③ 孙致礼：《全面求"信"，尽可能照原作来译》，《中国翻译》2020年第2期。
④ 仲跻昆：《黎巴嫩诗选》，作家出版社，2019，第141~142页。
⑤ 仲跻昆：《天方探幽》，北京大学出版社，2017，第349页。

"不过在'意美''音美''形美'三者的关系中，'意美'是第一位的……如能译得'三美'齐全，那更是其乐无穷了。"[1] 仲跻昆教授就是这样在不可能中寻找到了可能，在翻译过程中，努力"找到一个恰切的词、恰切的句子，用恰切的文风、文体表达原文原意"[2]。其译诗全面求"信"，措辞精练，准确达意，雅俗相间，朗朗上口，于平淡处展现了丰富的汉语诗歌格律知识功底，实现了"三之"（知之、好之、乐知）。"诗歌之花一旦离开故土，便可能凋谢（原文如此）。然而，译者将诗之花插入异语的花瓶中，使其英姿焕发，仿佛生长在故土，又获得了新的生命。这无疑是个奇迹。实际上，这是各民族文化之精华相互移植之成功的象征。"[3] 仲跻昆教授以其深厚的汉阿两种语言的功底和阿拉伯语诗歌汉译技巧，采用七言句式、七言歌行体等形式，较好地解决了阿拉伯语诗歌汉译中的"三美"问题，既是实践上的可贵尝试，也是理论上的大胆创新，给后学者以很大启发。

3. 仲跻昆教授作品中的"三美论"例

仲跻昆教授《阿拉伯古诗 100 首》译本，中、阿文合璧，其中 47 首诗歌选自《阿拉伯古代诗选》译本，有的诗歌题名做了更改，如《阿拉伯古代诗选》译本中的原诗歌题名译文"辗转荒漠""为了维护尊严""惜往昔……""勇士行"等，在《阿拉伯古诗 100 首》译本中，则分别为"侠寇行""矜夸""盔甲不解剑不离！""格言"等。所选的诗歌作者有 97 位，均为阿拉伯古代（5世纪至 18 世纪末）各个时期具有代表性的著名诗人，并附有诗人简介，是学习阿拉伯语、研究阿拉伯文学一部难得的参考书。

一首阿拉伯古诗往往很长，不少长诗还含有多个题旨，显得内容芜杂、结构松散。阿拉伯人常把作诗比喻成串珍珠，把一个拜特诗作为一个单位，喻为一颗珍珠，把一首诗喻为一串珍珠，因而在编选他人诗作时，常把他们

---

① 许渊冲：《翻译的艺术》，五洲传媒出版社，2018，第 123 页。
② 仲跻昆：《天方探幽》，北京大学出版社，2017，第 339 页。
③ 许钧：《翻译概论》，外语教学与研究出版社，2009，第 12 页。

认为最优美的诗行节选出来。仲跻昆教授在选译阿拉伯语诗歌时，"也沿用了这一方法：有些诗是全译，另一些则是选译。还有，阿拉伯古诗一般没有标题，标题往往是后人所加，有些则是译者加的"[1]。

其翻译方法"通常是把一个拜特（联句）译成两行，为一个单位，下空一行"。如：

———————————————

———————————————（韵）

———————————————

———————————————（韵）

———————————————

———————————————（韵）

"有时也将短诗中的一个拜特（联句）译成四行，成一小节"[2]，如盖斯·本·宰利哈的《我要向真主诉说》、瓦达侯·也门的《热恋的青年》等。

"译诗力求与我们传统的'五言诗'或'七言诗'相似。"仲跻昆教授在译诗时，不是削足适履，为了追求"五言""七言"而以辞害意。"因为有时诗句过短，意思表达不清楚，不如诗句长一些。"如他译的穆斯林·本·瓦立德（Muslim bn al-Walid，757~823）的怨世诗。"当然，也不必每首诗都要每句字数一样，长短一齐。"如他译的"乌姆鲁勒·盖斯（Umru'al-Qays，500~540）和祖海尔（Zuhayr bn Abi Sulma，约520~609）的《悬诗》，每首都长达一百多联句，译成一韵到底已属不易，实在未能做到每句长短一致"[3]。

———————————

[1]　仲跻昆：《阿拉伯古代诗选》，人民文学出版社，2001，第11页。
[2]　仲跻昆：《黎巴嫩诗选》，作家出版社，2019，第141页。
[3]　仲跻昆：《天方探幽》，北京大学出版社，2017，第347~348页。

仲跻昆教授在阿拉伯语诗歌汉译中除采用了汉语自由诗体、五言句式、七言句式外，还采用了其他韵式，如七言歌行体、行押韵、跳行韵、节转韵等。韵式是指在诗歌中韵部的划分和押韵的方式。在诗词之中，韵就是韵脚，是诗词格律的基本要素之一。汉字一字一音，每个音隶属于不同的韵，即现代汉语拼音中所说的韵母。同韵母的字在一首诗词中被用于一部分句子的末尾，就叫"押韵"。因押韵的字在句子的末尾，所以又称其为"韵脚"。[①]七言歌行源于古乐府，又称乐府歌行体，为南朝鲍照所独创。[②]起初，歌行体模拟两汉乐府，并自创格调，为七言，也有五言、杂言，可兼用长短句，形式自由灵活、婉转流动、纵横多姿、富于变化，可用于歌唱。其主要特点如下。

（1）篇幅可长可短。

（2）表达方式类似古乐府的叙事方法，把刻画人物、记录言谈、发表议论、抒发感慨融为一体，内容充实而生动。

（3）声律、韵脚比较自由，平仄不拘，中途可以换韵。

（4）句式灵活，多为七言，有些以七言为主，穿插三言、五言、九言。

（5）诗人常以"歌""行"或"歌行"来命名。

读仲跻昆教授的译本，给人以阿拉伯语诗歌诗情诗意的美感，在求"信"原诗的基础上，创造性地采用了汉语自由诗体、五言句式、七言句式，以及七言歌行体、行押韵、跳行韵、节转韵等，较好地向读者呈现了阿拉伯语诗歌汉译中的"三美"。钱钟书感叹"美丽的妻子不忠实，忠实的妻子不美丽"，他将许渊冲的译文称作"不忠实的美人"。笔者认为将仲跻昆教授的译文称作"不忠实的美人"，实至名归。

---

① 张小燕、陈佳：《诗词格律全集》，中国华侨出版社，2014，第28~29页。
② 张小燕、陈佳：《诗词格律全集》，中国华侨出版社，2014，第118~119页。

二 阿拉伯语诗歌的格律形式与韵脚

1. 阿拉伯语诗歌的格律形式

"阿拉伯是一个诗歌的民族。诗歌被认为是阿拉伯人的史册与文献,它像一面镜子,真实而生动地反映了阿拉伯民族的历史与社会现实。诗歌是阿拉伯文学,特别是阿拉伯古代文学的主要表现形式。"[1]

据史料记载,流传至今最早的阿拉伯语诗歌,出现在伊斯兰降示前150年至200年,贾希利叶时期的文学也是从这一时间算起。这一时期的作品最主要的体裁是诗歌,而最著名的诗歌和诗人是《悬诗》及其作者。阿拉伯古诗的内容大体分为开篇(描写沙漠营地、情人旧居,触景伤情)、序曲(نسيب)"纳西布"(回忆当年恋情、分别的情景,描述情人的倩影)、描状(وصف,描写诗人的坐骑,或骆驼或马,或描写沙漠旅途中所见到的各种景象)等。其主题大体分为矜夸与激情、赞颂、讽刺、悼亡、恋情、描状、哲理、咏酒等。

"阿拉伯古代的诗歌是一种格律诗。诗人作诗皆须遵循严格而复杂的格律形式。"[2]汉语格律诗的韵律,有平仄要求。阿拉伯古诗有36种韵律、66种韵脚(قافية),分别包含在16种格律(العروض)和格律5圆图解之中。阿拉伯语诗歌无论长短均由诗行组成,每行诗分两"半联",或两"扇",相当于汉语格律诗的上阕和下阕。研究表明,各种体裁的阿拉伯诗行结构都有一定的韵律,这些韵律由不超过10种形式的音步(أفاعيل)所组成,一般只有8个音步,其中有2个音步以2个不同的韵律形式出现。[3]

2. 阿拉伯语诗歌的韵脚

古人云:"诗言志。""诗歌是最古老的文学语言……是人们用来表达

---

① 仲跻昆:《阿拉伯文学史》第三卷,北京大学出版社,2020,第18页。
② 仲跻昆:《阿拉伯文学通史》(上卷),译林出版社,2010,第56页。
③ 萨法·卡卢西:《诗歌格律分析艺术》(第4版),贝鲁特,1974,第26~30页。

内心的愿望和情感的"[①]，是集中反映社会生活并具有一定节奏和韵律的文学体裁。而诗歌所具有的音韵美、语言美和意象美等文体特征，又被视为文学翻译的难点。对于阿拉伯语诗歌的翻译，首先要考虑的是诗歌的体式，从某种程度上讲体现着诗歌的精髓。阿拉伯语诗歌具有严谨的韵律和韵脚，如上所述，每行诗分两"半联"，每行结尾字母为韵，无论长短，一韵到底。采用什么方式翻译阿拉伯语诗歌，如何做到"意"与"形"兼顾，成为仲跻昆教授及其学生一直探究的问题。

如上所述，阿拉伯语诗歌有 66 种韵脚，通常采用阿拉伯语 28 个字母名称命名，如第一个字母（أ）艾利夫韵脚，称为 قافية الهمزة。每个阿拉伯语单词结尾字母的合口符、开口符、齐齿符、静符四个音符，都可能分别作为一首诗歌的韵脚，如艾利夫合口符韵脚，称为 قافية الهمزة المضمومة，且在一首诗中一韵到底。具体样式如下：

------ ------（韵）

------ ------（韵）

------ ------（韵）

------ ------（韵）

------ ------（韵）[②]

借"韵"体现音律之美，不失为一种实现"意""音""形"兼顾的好方法。

三　仲跻昆教授阿拉伯语诗歌汉译的"三美"实践

意美，求"信"原意；音美，以"顿"代"步"（语言学上，"顿"代表"音步"），合辙押韵；形美，拜特（阿拉伯诗上半联和下半联）字数相等，排列整齐。这是仲跻昆教授翻译阿拉伯语诗歌的"三美"实践。

---

① 张小燕、陈佳：《诗词格律全集》，中国华侨出版社，2014，第 3~4 页。
② 仲跻昆：《黎巴嫩诗选》，作家出版社，2019，第 140~141 页。

例 1：

白沙尔·本·布尔德（714~784）格律诗原文：

يكلمها طَرْفِي فتُومئ بطرفها

فيُخبرُ عمّا في الضمير من الوجدِ

فإن نظر الواشون صدَّتْ وأعرضتْ

وإن غفلوا قالتْ لستَ على العهدِ

译文：

> 不必 / 开口 / 用眼睛，
>
>   表尽 / 心中 / 几多情；
>
> 人前 / 假装 / 不相识，
>
>   背后 / 常问 / 旧誓盟。[①]

    原诗为长律（بحر الطويل），韵脚为 قافية الدال المكسورة，以阿拉伯语字母齐齿符 "الدال" 押尾韵，一韵到底，对仗工整。每个拜特八个音步，每扇四个音步，对仗严谨整齐。以首行诗为例，其音步分析如下：

يكل   / مها طَرْفِي / فتُوم   / ئُ بطرفها

فعول   / مفاعيل   / فعول   / مفاعل

فيُخب   / رُ عمّا في / الضمير   / من الوجدِ

فعول   / مفاعيل   / فعول   / مفاعل

---

① 仲跻昆：《阿拉伯古诗 100 首》，北京大学出版社，2019，第 146 页。

全诗只有两个拜特，四扇排列整齐，二扇、四扇以阿拉伯语字母齿齿符"الدال"押尾韵，对仗工整。为传达原文的意美，做到准确达意，译文以"顿"代"步"，对文字进行了精心组合，努力做到以七言句式组成"二二三"，在"三美"不可兼得的情况下，"首先可以不要求音似，也可以不要求形似；但是无论如何，都要尽可能传达原文的意美和音美"[1]。译文做到了这一点，在"形"与"意"之间进行了取舍，没有盲目追求严谨的对仗和平仄，但读起来铿锵和谐、朗朗上口，原诗含情脉脉的风度韵味跃然纸上，再现了原文的意美和音美。

例2：

大艾阿沙（530~629）律诗原文：

وقد غَدَوْتُ إلى الحَانُوتِ يَتْبَعُني
شَاوٍ مِشَلٌّ شَلُولٌ شُلْشُلٌ شَوِلُ

في فِتْيَةٍ كسُيُوفِ الهِندِ قد عَلِمُوا
أنْ لَيسَ يَدفعُ عن ذي الحِيلةِ الحِيَلُ

نازعتهمْ قضبَ الرّيحانِ متكئاً
وقهوة مزّةٍ راووقها خَضِلُ

لا يستفيقونَ منها، وهي راهنة
إلاَّ بِهَاتِ! وإنْ علَّوا وإنْ نَهلُوا

يسعى بها ذو زجاجاتٍ له نطفٌ
مُقَلَّصٌ أسفَلَ السِرْبالِ مُعتَمِلُ

---

① 许渊冲：《翻译的艺术》，五洲传媒出版社，2018，第103页。

ومستجيبٍ تُخال الصَنجَ يسمعُه
إذا ترجَعُ فيهِ القينة الفضلُ

والساحباتُ ذيولَ الخَزَ آونة
والرافلاتُ على أعجازها العجلُ

منْ كلَ ذلك يومٌ قدْ لهوتُ به
وفي التَجارِب طُولُ اللَهوِ والغَزَل

译文:

清晨 / 我 / 常去 / 酒馆,
　　随从 / 烤肉 / 勤又灵,

酒友 / 似箭 / 皆英俊,
　　无所 / 不能 / 样样精。
我们 / 争扯 / 香草枝,
　　开怀 / 畅饮 / 杯不停。

一杯 / 一杯 / 又一杯,
　　只愿 / 买醉 / 不愿醒。
身穿 / 短衫 / 戴耳坠
　　酒保 / 勤快 / 紧侍奉。

　　琵琶 / 伴奏 / 响板起，

　　　　袅袅 / 欲绝 / 歌女声。

　　伴唱 / 群女 / 衣锦绣，

　　　　丰臀 / 撩人 / 自生情。

　　天天 / 如此 / 欢乐场，

　　　　声色 / 伴我 / 度人生。①

　　原诗为简律（بحر البسيط），韵脚为قافية اللام المضمومة，以阿拉伯语字母合口符"اللام م"押尾韵，一韵到底，每个拜特八个音步，每扇四个音步，对仗严谨整齐。以首行诗为例，其音步分析如下：

وقد غَدَوْتُ / إلى ال /حانُوتِ يَتْ / بَغْني

مستفعلن / فعلن / مستفعلن / فعل

شَاوٍ مِشَلٌّ / شَلُول / نشَلشَلٌ / شَوِلُ

مستفعلن / فعلن / مستفعلن / فعل

　　全诗有八个拜特，共十六扇。译文以传达"意美"为先，保留了"原汁原味"的异国风情，译文在"形美"上进行了取舍，前八扇尾韵均为仄韵，后八扇采取了换韵，尾韵为仄平仄平韵。译文采用了七言歌行体，求"信"原文，准确达意，文字优美，措辞精练，使中国读者读起来像诗，铿锵有力，朗朗上口，诗味十足，向读者传达了原诗的意境之美。

　　例3：

　　乌姆鲁勒·盖斯的悬诗原文片段：

──────────

　　① 仲跻昆：《阿拉伯古诗100首》，北京大学出版社，2019，第34页。

١- قِفَا نَبْكِ مِنْ ذِكْرَى حَبِيبٍ وَمَنْزِلِ

بِسِقْطِ اللِّوَى بين الدَخُولِ فَحَوْمَلِ

٢- فَتُوضِحَ فَالْمِقْرَاةِ لَمْ يَعْفُ رَسْمُهَا

لِمَا نَسَجَتْهَا مِنْ جَنُوبٍ وَشَمْأَلِ

٣- تَرَى بَعَرَ الآرْآمِ في عَرَضَاتِها

وقِيعَانِهاكَأَنَّهُ حَبُّ فُلْفُلِ

٤- كَأَنِّي غَدَاةَ الْبَيْنِ يَوْمَ تَحَمَّلُوا

لَدَى سَمُرَاتِ الْحَيِّ نَاقِفِ حَنْظَلِ

٥- وُقُوفاً بِهَا صَحْبِي عَلَيَّ مَطِيَّهُمْ

يَقُولُونَ: لا تَهْلِكْ أَسًى وَتَجَمَّلِ

٦- وإنَّ شِفَائِي عَبْرَةٌ مُهراقَةٌ

فَهَلْ عِنْدَ رَسْمٍ دَارِسٍ مِنْ مُعَوَّلِ

译文:

朋友 / 勒马 / 且住脚，
　　情人 / 故里 / 共凭吊。

几经 / 风沙 / 遗迹在，
触景 / 伤情 / 泪如潮。

当年 / 嬉戏 / 庭院中，

　如今 / 羚羊 / 遗矢 / 似胡椒。

忆昔 / 情人 / 分别时，

含悲 / 如把 / 苦瓜嚼。

旅伴 / 上前 / 勤安慰：

　"劝君 / 节哀 / 勿烦恼！"

千般 / 钟情 / 化为泪，

　人去 / 地空 / 亦徒劳。①

原文是长律（بحر الطويل），韵脚为 قافية اللام المكسورة。每个拜特八个音步，每扇四个音步，对仗严谨整齐。以首行诗为例，其音步分析如下：

ومنزلي /	حبيب /	كمنذكري /	قفانب
مفاعلن /	فعولن /	مفاعيلن /	فعولن

فحومل /	دخول /	لوابيند /	بسقطل
مفاعلن /	فعول /	مفاعيلن /	فعولن

这首诗原文意思是诗人触景生情，目睹荒芜的遗址，勾起他对在那里所经历的爱情和离别的回忆，译文充分表达了原文的意思和意境，传情达意，谓之"意美"；译文采用了七言歌行体，在韵式上做了取舍，做到了"形似"；使读者读起来诗味十足，准确地传达了原文的"意美"和"音美"。

笔者发现，仲跻昆教授在阿拉伯语诗歌汉译过程中，除了采用五言句式、

---

① 仲跻昆：《阿拉伯古诗 100 首》，北京大学出版社，2019，第 5 页。

七言句式、七言歌行体外，还采用了其他韵式。

（1）行押韵

行押韵，就是诗歌的每行都有固定的统一的韵脚。以阿拉伯诗人纪伯伦（جبران خليل جبران，1883~1931）《你们若编织……》这首诗的译文为例：

《你们若编织……》

你们若围绕我的白日编猜想，
　　你们若围绕我的黑夜织中伤，

那你们摧不毁我的坚忍顽强，
　　也夺不走我怀中的玉液琼浆。

在我的人生中有宁静的住房，
　　在我的心灵中有和平的殿堂。

谁从死亡的食品中吸收营养，
　　就绝不会害怕去将睡梦品尝。[①]

这首诗译文每行的韵母都是 ang，同韵到底，符合行押韵每行都有固定、统一韵脚的要求，读起来朗朗上口，给人以乐感之美。

（2）节转韵

节转韵，是指诗歌节与节之间出现了不同的韵脚，产生了转韵的现象。以纳吉布·阿里达《我在底层》这首诗的译文为例：

---

① 仲跻昆《黎巴嫩诗选》，作家出版社，2019，第53页。

《我在底层》

我在底层，

　　我患有病。

难道就没有人给我药品，

　　给我力量，让我振奋；

把我从深渊拽到顶峰，

　　让我扶着他在世间前行；

我们道路遥远，

　　更兼一身孑然。

难道在路上就没有一位旅伴或是向导？

　　难道就没有来自朋友的武器或是祈祷？

啊！请佑护没带水袋的远行者！

　　他在荒漠中，被海市蜃楼迷惑。①

这首诗译文每节出现了不同的韵脚：病、奋、行、然、祷、惑。诗歌利用转韵也同样能加强色彩的对比，尤其是当它和节奏的改变相结合的时候。可见译文用韵讲究，体现了诗歌所负有的艺术特征。

（3）跳行韵

跳行韵，是指诗韵的跳行性。从单一的韵部来看，就是诗的第一行不讲

---

① 仲跻昆《黎巴嫩诗选》，作家出版社，2019，第105页。

究韵，第二行要求押韵，或隔了几行又出现韵部。以候忒艾（？ ~679）《斥母》这首诗的译文为例：

《斥母》

去一边！离我坐远点儿！
愿真主别让你扰乱世上的清静！

我不是告诉过你，我恨你？
可是你好像就是不懂。

你难道是个筛子，什么秘密也存不住？
或者是火炉，与人唠叨起来就不肯动？
愿真主让你这个老太婆不得好报，
让你儿女都对你忤逆，而不孝敬！

我知道，你一生都没做什么好事，
死了倒也许会让好人高兴。①

　　这首诗的韵字为静、懂、动、敬、兴，韵母有 ing、ong，第一行不押韵，第二行出现了韵部。为准确地向读者转达原作的诗意，译文灵活运用跳行韵，展现了仲跻昆教授丰富的汉语诗歌格律知识功底。译文风格独特，能够吸引读者对诗歌的意境产生联想。

---

① 仲跻昆：《阿拉伯古代诗选》，人民文学出版社，2001，第 101~102 页。

结　语

总之，仲跻昆教授的阿拉伯语诗歌汉译既是实践上的典范，也是理论上的创新。其译诗全面求"信"，准确达意，不仅以"三美"传达了原诗的意境，而且是对阿拉伯语诗歌翻译理论与实践的完善与发展，对后学者翻译阿拉伯语诗歌具有很强的实际指导意义。

图书在版编目（CIP）数据

东方研究. 第二十五辑 / 唐孟生主编. -- 北京：
社会科学文献出版社，2024.5
ISBN 978 - 7 - 5228 - 2925 - 8

Ⅰ.①东… Ⅱ.①唐… Ⅲ.①东方学 - 文集 Ⅳ.
①K107.8 - 53

中国国家版本馆 CIP 数据核字（2023）第 236227 号

东方研究（第二十五辑）

主　　编／唐孟生

出 版 人／冀祥德
责任编辑／卫　羚
责任印制／王京美

出　　版／社会科学文献出版社·人文分社（010）59367215
　　　　　地址：北京市北三环中路甲 29 号院华龙大厦　邮编：100029
　　　　　网址：www.ssap.com.cn
发　　行／社会科学文献出版社（010）59367028
印　　装／三河市尚艺印装有限公司

规　　格／开 本：787mm × 1092mm　1/16
　　　　　印 张：20.25　字 数：290 千字
版　　次／2024 年 5 月第 1 版　2024 年 5 月第 1 次印刷
书　　号／ISBN 978 - 7 - 5228 - 2925 - 8
定　　价／128.00 元

读者服务电话：4008918866